suhrkamp taschenbuch
wissenschaft 267

D1719912

Zwi Batscha, geb. 1922, ist senior lecturer für Politikwissenschaft an der Universität Haifa. Im Zentrum seiner Forschungsarbeiten stehen die politischen Theorien in Deutschland zur Zeit der Französischen Revolution. Veröffentlichungen u. a.: *Gesellschaft und Staat in der politischen Philosophie Fichtes* (1970); in Hebräisch: *Moderne politische Theorien* (3 Bände).

Richard Saage, geb. 1941, ist Akademischer Rat am Seminar Wissenschaft v. d. Politik der Universität Göttingen. Seine Forschungsschwerpunkte sind Probleme der frühbürgerlichen Theorie und der sozialen Demokratie, sowie Faschismus und Konservatismus. Veröffentlichungen u. a.: *Eigentum, Staat und Gesellschaft bei Immanuel Kant*, Stuttgart 1973; *Faschismustheorien. Eine Einführung*, München 1976.

Kants unter dem Eindruck des Baseler Friedens von 1795 entstandene Schrift »Zum ewigen Frieden« hat unter seinen Zeitgenossen großes Aufsehen erregt und eine heftige publizistische Diskussion entfacht. Unter anderem haben Johann Gottlieb Fichte, Friedrich Schlegel und Joseph Görres an Kant anknüpfend versucht, mit eigenen Untersuchungen über dessen Vorstellungen hinauszugehen.

In ihrer Einleitung skizzieren die Herausgeber zunächst die Grundrisse des Kantschen Modells einer internationalen Friedenssicherung. Im nächsten Schritt diskutieren sie die Frage, wie Kant seine Friedensutopie mit der historischen Wirklichkeit zu vermitteln sucht, um schließlich zu prüfen, zu welchen Resultaten bzw. praktischen Folgerungen Fichte, Schlegel und Görres in der Auseinandersetzung mit den Grundpostulaten des Kantschen Modells gelangen: geht Kant von einer aufgeklärten Utopie aus, die die aus der politischen Ökonomie der bürgerlichen Gesellschaft resultierenden restriktiven Voraussetzungen ihrer Verwirklichung in sich aufgenommen hat, so wird die Friedensutopie in dem Maße, wie sie sich bei Fichte und Schlegel in ihrer Zielsetzung radikalisiert, von ihrem konkreten Bedingungskontext gelöst, bis sie beim jungen Görres, nun vollends verabsolutiert, in ihr Gegenteil umschlägt; sie verkehrt sich zur missionarischen Kreuzzugsideologie, deren emanzipatorischer Anspruch in der Praxis seine eigenen Prämissen verleugnen muß.

Friedensutopien
Kant/Fichte/Schlegel/Görres

Herausgegeben und eingeleitet von
Zwi Batscha und Richard Saage

Suhrkamp

suhrkamp taschenbuch wissenschaft 267
Erste Auflage 1979
© Suhrkamp Verlag Frankfurt am Main 1979
Suhrkamp Taschenbuch Verlag
Alle Rechte vorbehalten, insbesondere das
des öffentlichen Vortrags, der Übertragung
durch Rundfunk und Fernsehen
sowie der Übersetzung, auch einzelner Teile.
Satz: IBV Lichtsatz KG, Berlin
Druck: Nomos Verlagsgesellschaft, Baden-Baden
Printed in Germany
Umschlag nach Entwürfen von
Willy Fleckhaus und Rolf Staudt.

Inhalt

Einleitung der Herausgeber[*]

Unter dem Eindruck des Baseler Friedens von 1795 entstanden, hat Kants Schrift »Zum ewigen Frieden« unter seinen Zeitgenossen großes Aufsehen erregt und eine breite publizistische Diskussion entfacht. So haben Johann Gottlieb Fichte, Friedrich Schlegel und Joseph Görres an Kant anknüpfend versucht, mit eigenen Untersuchungen über dessen Vorstellungen hinauszugehen. Erscheinen ihre Friedenskonzeptionen teilweise auch dezidierter und kühner als die im »Ewigen Frieden« vorsichtig formulierten Gedanken, so ist es das Ziel der folgenden Ausführungen, den hierfür zu zahlenden Preis aufzuzeigen.[1] Um nun aber verdeutlichen zu können, in welcher Richtung der im »Ewigen Frieden« entfaltete Ansatz modifiziert bzw. weiterentwickelt wurde, soll in den nachfolgenden Erörterungen das Kantsche Modell einer internationalen Friedenssicherung zunächst in seinen Grundrissen skizziert werden. Dabei liegt der Schwerpunkt anfangs auf den Funktionsbedingungen, die für die Wirksamkeit dieser Friedenskonzeption vorausgesetzt sind. Im Anschluß daran ist zu fragen, ob von Kant über deren normative Verbindlichkeit hinaus empirisch-historische Tendenzen ausgemacht werden, die, falls mit jenen konvergierend, seinen Überlegungen eine zusätzliche Plausibilität verleihen. Erst dann können wir uns dem eigentlichen Problem zuwenden, der Frage nämlich, wie er seine Friedensutopie[2] mit der historischen Wirklichkeit zu vermitteln sucht. Schließlich haben wir in der Perspektive dieser Fragestellung zu prüfen, zu welchen Resultaten bzw. praktischen Folgerungen Fichte, Schlegel und Görres in der Auseinandersetzung mit den Grundpostulaten des Kantschen Modells gelangen.

I.

Im »Ewigen Frieden« bindet Kant die Möglichkeit der Überführung einer durch kriegerische Auseinandersetzungen charakterisierten zwischenstaatlichen Sphäre in einen umfassenden Frie-

---

[*] Dieser Einleitung liegt der Aufsatz zugrunde: »Friedensutopien des ausgehenden 18. Jahrhunderts«, in: *Jahrbuch des Instituts für Deutsche Geschichte der Universität Tel Aviv*, Bd. IV S. 111 ff.

denszustand bekanntlich an sechs negative (Präliminarartikel) und drei positive Bedingungen (Definitivartikel). Die erste negative Funktionsvoraussetzung seines Friedensmodells fordert, daß »kein Friedensschluß für einen solchen gelten (soll), der mit dem geheimen Vorbehalt des Stoffes zu einem künftigen Kriege gemacht worden«[3] ist. Gegen die absolutistische Arkanpolitik gerichtet, die die »wahre Ehre des Staates« »in beständiger Vergrößerung der Macht« sieht, verlangt Kant mit diesem Artikel mehr als bloß einen Waffenstillstand, d. h. einen »Aufschub der Feindseligkeiten«, sondern das »Ende aller Hostilitäten« schlechthin. Ferner besteht eine weitere Voraussetzung für den internationalen Frieden in dem Verbot, daß ein »für sich bestehender Staat (klein oder groß, das gilt hier gleichviel) von einem andern Staate durch Erbung, Tausch, Kauf oder Schenkung erworben werden« kann. Für Kant ist nämlich ein Gemeinwesen nicht »(wie etwa der Boden, auf dem er seinen Sitz hat) eine Habe (patrimonium)«, sondern »eine Gesellschaft von Menschen, über die niemand anders, als er selbst, zu gebieten und zu disponieren hat«. Als »moralische Person« muß er vor jeder Instrumentalisierung geschützt sein. »Auch die Verdingung der Truppen eines Staats an einen andern, gegen einen nicht gemeinschaftlichen Feind, ist dahin zu zählen; denn die Untertanen werden dabei als nach Belieben zu handhabende Sachen gebraucht und verbraucht«.[4] Als weitere Bedingung nennt Kant die Forderung, daß »stehende Heere (miles perpetuus) ...mit der Zeit ganz aufhören (sollen)«. Indem nämlich diese ein Wettrüsten bewirken, durch dessen »Kosten der Friede endlich noch drückender wird als ein kurzer Krieg«, seien »sie selbst Ursache von Angriffskriegen, um diese Last loszuwerden«. Auch müsse die Praxis der Söldnerheere, nämlich der »Gebrauch von Menschen als bloße Maschinen und Werkzeuge in der Hand eines anderen (des Staates)« »mit dem Rechte der Menschheit in unserer eigenen Person« als unvereinbar angesehen werden. Dagegen optiert Kant für ein aus »Staatsbürger(n) in Waffen« bestehendes Volksheer, dessen Funktion freilich rein defensiv sein soll. Die vierte negative Voraussetzung geht davon aus, daß »keine Staatsschulden in Beziehung auf äußere Staatshändel gemacht werden«.[5] Eine solche Maßnahme führe unvermeidlich in den Staatsbankrott. Allerdings sei »zum Behuf der Landesökonomie (der Wegebesserung, neuer Ansiedlungen, Anschaffung der Magazine für besorgliche Mißwachsjahre u.s.w.)... diese Hülfsquelle unverdächtig«. Die fünfte Bedingung schließlich verbietet, daß sich ein »Staat... in die Verfassung und Regierung eines andern Staats gewalttätig« einmischt. Wie dies schon beim zweiten und dritten Präliminarartikel der Fall war, leitet Kant auch hier seine Forderung aus der auf der volonté générale der Vollbürger gegründeten Autonomie eines Staates ab, die durch Intervention von außen in Frage gestellt würde. Ist allerdings die gesellschaftliche und politische Polarisierung eines Landes so weit fortgeschritten, daß de facto die bestehende Verfassung als aufgehoben gelten muß, weil zwei Staaten existieren, von denen jeder »auf das Ganze Anspruch« erhebt, kann es »einem äußern Staat nicht für Einmischung in die Verfassung des andern (denn es ist alsdann Anarchie) angerechnet werden«[6], wenn er darum um Hilfe gebeten wird. Das letzte Postulat bezieht sich nun nicht unmittelbar auf den Frieden selber, sondern stellt auf eine »Ethisierung« des Krieges ab: »Es soll sich kein Staat im Kriege mit einem andern solche Feindseligkeiten erlauben, welche das wechselseitige Zutrauen im künftigen Frieden unmöglich machen müssen: als da sind, Anstellung der Meuchelmörder (percussores), Giftmischer (venefici), Brechung der Kapitulation, Anstiftung des Verrats (perduellio) in dem bekriegten Staat etc.«

Wenn Kant mit diesen Präliminarartikeln die Faktoren nennt, die seiner Meinung nach strukturell eine Realisierung des Friedens verhindern, dann stellt sich die Frage, welches positive Surrogat er an die Stelle des von ihm kritisierten zwischenstaatlichen Bereichs setzen will. Diese Problematik versucht er durch eine Konzeption der internationalen Friedenssicherung zu lösen, die auf drei Voraussetzungen beruht. Die erste Voraussetzung folgt aus Kants Einsicht in die Verklammerung von innerstaatlicher Struktur und außenpolitischem Verhalten, die er, soweit wir sehen können, als einer der ersten in dieser Schärfe erkannt hat. Nach Kant kann sich eine internationale Friedensordnung nämlich nur unter der Bedingung konsolidieren, daß die an ihr partizipierenden Staaten *Republiken* sind. Deren Organisationsstruktur ist dadurch charakterisiert, daß sie erstens eine »nach Prinzipien der Freiheit der Glieder einer Gesellschaft (als Menschen); zweitens nach Grundsätzen der Abhängigkeit aller von einer einzigen gemeinsamen Gesetzgebung (als Untertanen); und drittens, die nach dem Gesetz der Gleichheit derselben (als Staatsbürger) gestiftete Verfassung – die einzige, welche aus der Idee des ursprünglichen Vertrags hervorgeht, auf der alle rechtliche Gesetzgebung eines Volks gegründet sein muß«[7], besitzen. Nur eine staatliche Einheit, deren inneres Konstitutionsprinzip das aus der volonté générale der Besitzbürger[8] fließende Recht ist, wird sich auch nach außen, d. h. im zwischenstaatlichen Bereich, an diesem orientieren. Darüber hinaus bringt Kant aber noch ein anderes Argument ins Spiel, das für das pazifistische Verhalten der Republiken spricht: es ist das wohlverstandene, in der Steuerautonomie verankerte materielle Interesse der die Republik konstituierenden Besitzbürger, das sie an außenpolitischen Abenteuern hindert.[9] In einer Verfassung dagegen, »wo der Untertan nicht Staatsbürger, die also nicht republikanisch ist«, sei »es die unbedenklichste Sache von der Welt«, eine außenpolitische Aggression zu versuchen, weil das Oberhaupt des Gemeinwesens als Staatseigentümer einen Krieg risikolos zu führen und daher aus unbedeutenden Ursachen zu beschließen in der Lage ist. Die fingierte Rechtfertigung des militärischen Unternehmens könne er dem dazu jederzeit bereiten diplomatischen Korps ruhig überlassen.

Nachdem Kant die innerstaatlichen Voraussetzungen für einen zwischenstaatlichen Friedenszustand expliziert hat, wendet er sich der Frage zu, wie dieser institutionell abzusichern sei. Diese Problematik versucht er mit dem Postulat zu beantworten, daß »das Völkerrecht... auf einen Föderalism freier Staaten gegründet sein (soll)«.[10] Zur Begründung dieser Forderung gelangt er, indem er den Übergang der einzelnen vom Naturzustand in das Gemeinwesen auf den zwischenstaatlichen Bereich überträgt: »Völker, als Staaten, können wie einzelne Menschen beurteilt werden, die sich in ihrem Naturzustande (d. i. in der Unabhängigkeit von äußern Gesetzen) schon durch ihr Nebeneinandersein lädieren, und deren jeder, um seiner Sicherheit willen, von dem andern fordern kann und soll, mit ihm in eine, der bürgerlichen ähnliche, Verfassung zu treten, wo jedem sein Recht gesichert werden kann«. Freilich trifft die Analogie zwischen der Herstellung des inner- und zwischenstaatlichen Friedenszustandes nur begrenzt zu. Denn im Sinne jener Projektion müßten die einzelnen Staaten »eben so wie einzelne Menschen, ihre wilde (gesetzlose) Freiheit aufgeben, sich zu öffentlichen Zwangsgesetzen bequemen und so einen (freilich immer wachsenden) Völkerstaat (civitas gentium), der zuletzt alle Völker der Erde umfassen würde, bilden«.[11] Da aber die Völker nach ihrer Idee des Völkerrechts auf ihrer Autonomie bestehen, »so kann an die Stelle der positiven Idee einer Weltrepublik (wenn nicht alles verloren werden soll) nur das negative Surrogat eines den Krieg abwehrenden, bestehenden, und sich immer ausbreitenden Bundes den Strom der rechtsscheuenden, feindseligen Neigungen aufhalten, doch mit beständiger Gefahr ihres Ausbruchs«.

Auf einer dritten Ebene kommt es Kant schließlich darauf an, eine Rechtssphäre zu begründen, die den zwischenstaatlichen Friedenszustand gleichsam vollendet: es ist das »Weltbürgerrecht«, das ihm zufolge »auf Bedingungen der allgemeinen Hospitalität eingeschränkt sein« soll und das »das Recht eines Fremdlings« meint, »seiner Ankunft auf dem Boden eines andern wegen, von diesem nicht feindselig behandelt zu werden«.[12] Zwar könne dieser »ihn abweisen, wenn es ohne seinen Untergang« geschehe. Verhalte er sich aber friedlich, so dürfe »ihm nicht feindlich« begegnet werden. Abgeleitet wird dieses Besuchsrecht aus dem »Recht des gemeinschaftlichen Besitzes der Oberfläche der Erde, auf der, als Kugelfläche«, die Menschen »sich nicht ins Unendliche zerstreuen« können, so daß sie sich »einander dulden (...) müssen«, sowie aus der Tatsache, daß »ursprünglich (...) niemand an einem Ort der Erde zu sein mehr Recht hat, als der andere«. Allerdings betont Kant, daß »die Befugnis der fremden Ankömmlinge, sich nicht weiter erstreckt, als auf die Bedingungen der Möglichkeit, einen Verkehr mit den alten Einwohnern zu versuchen«. Wenn Kant hofft, daß auf diese Weise »entfernte Weltteile mit einander friedlich in Verhältnisse kommen, die zuletzt öffentlich gesetzlich werden, und so das menschliche Geschlecht endlich einer weltbürgerlichen Verfassung immer näher bringen können«, so lehnt er andererseits scharf die ausbeuterische Kolonialpolitik der »gesitteten, vornehmlich handelstreibenden Staaten unseres Weltteils« ab.[13]

Versuchten die bisherigen Ausführungen die idealtypische Skizzierung der dreistufigen Konstruktion des Kantschen Friedensmodells, so wurde damit zugleich auch die Diskrepanz deutlich, die dieses System der Bedingungen eines weltweiten Friedens von der Realität des ausgehenden 18. Jahrhunderts trennte. Wollte Kant dem Vorwurf gutgemeinter, aber naiver und möglicherweise gefährlicher Friedensvorstellungen entgehen, die, falls auf ihre Realisierung nicht von vornherein verzichtet wurde, ihrerseits nur durch Kriege zu verwirklichen waren, so mußte es ihm darauf ankommen, Vermittlungsebenen auszumachen, die seinen Vernunftpostulaten eine empirische Verwirklichungschance verbürgten, ohne in ihr Gegenteil umschlagen zu müssen. Daß Kant diese Gefahr sah und ihr bereits in der Konstruktion seines Modells zu begegnen suchte, hat, wie bereits deutlich geworden sein dürfte, sein Verzicht auf die Konzeption eines homogenen, den internationalen Frieden garantierenden Völkerstaates genauso deutlich gemacht wie sein striktes Verdikt gewalttätiger Intervention in die inneren Angelegenheiten eines Volkes[14]: wenn es nach Kant einen internationalen Frieden gibt, dann im Rahmen eines Völkerbundes, der die Autonomie der einzelnen Staaten nicht aufhebt, sondern voraussetzt. Wie aber konnte angesichts dieser Prämisse in einer überwiegend monarchisch organisierten Welt die entscheidende Voraussetzung seines Friedensmodells, nämlich die republikanische Struktur der Staaten, erfüllt werden? Oder anders gefragt: Wie konnte Kant mit einem Modell, das, wie es scheint, den bestehenden Status quo prinzipiell akzeptierte, diesen zugleich überwinden wollen?

Zunächst ist in diesem Zusammenhang wichtig, daß Kant zwischen der Monarchie und der Republik keine unüberwindbaren Gegensätze sieht. Das für die Republik konstitutive Gewaltenteilungsprinzip wird von Kant nämlich keineswegs als ein empirischer Kontrollmechanismus verstanden, sondern als eine regulative Idee, die dem einzelnen lediglich einen Bewertungsmaßstab an die Hand gibt. Dies vorausgesetzt, kann ein Staat schon auf der Grundlage der Gewaltenteilung, also republikanisch, regiert werden, »wenn er gleich noch, der vorliegenden Konstitution nach, despotische Herrschermacht besitzt«.[15] Nach Kant ist es also sehr gut möglich, daß ein absolut herrschender Fürst den Rechtsstaat und damit die Republik verwirklicht. Welches Interesse sollte er aber an solchen Reformen haben? In seiner Schrift »Mutmaßlicher Anfang der Menschengeschichte« deduziert Kant es aus dem egoistischen Verhalten der Staaten gegeneinander, »denn Kriegsgefahr ist auch noch jetzt das einzige, was den Despotismus mäßigt; weil Reichtum dazu erfordert wird, daß ein Staat jetzt eine Macht sei, ohne Freiheit aber keine Betriebsamkeit, die Reichtum hervorbringen könnte, stattfindet«.[16] Diese Freiheit breitet sich auf reformerischem Wege weiter aus; ihr Vordringen resultiert aus der Logik der Selbstbehauptung der Staaten im internationalen Wettbewerb.[17] Es ist also der eigene Vorteil, den die Herrschenden im Sinne ihrer Machterhaltung, langfristig gesehen, zu wahren gezwungen sind, auf den Kant setzt, wenn er die Prognose stellt, die

Aufklärung werde »nach und nach bis zu den Thronen hinauf gehen, und selbst auf ihre Regierungsgrundsätze Einfluß haben«.

Wenn Kant so im faktischen Vorherrschen der Monarchien im ausgehenden 18. Jahrhundert kein Hindernis für die allmähliche Herausbildung republikanischer Strukturen sieht, so weist er darüber hinaus auf zwei Tatsachen hin, die ihm die realitätsbezogene Relevanz seiner Friedenskonzeption zu garantieren schienen. Zunächst macht er darauf aufmerksam, daß es doch »bei der Bösartigkeit der menschlichen Natur, die sich im freien Verhältnis der Völker unverhohlen blicken läßt (indessen daß sie im bürgerlich-gesetzlichen Zustande durch den Zwang der Regierung sich sehr verschleiert)«, erstaunlich sei, wenn das »Wort Recht aus der Kriegspolitik noch nicht als pedantisch ganz hat verwiesen werden können, und sich noch kein Staat erkühnet hat, sich für die letztere Meinung öffentlich zu erklären«.[18] Dieser Tatbestand beweise die, wenngleich noch nicht aktualisierte »moralische Anlage« im Menschen, die hoffen lasse, daß sie doch einmal über das »böse Prinzip« in ihm und das anderen siegen werde. Zum andern sieht Kant »die Ausführbarkeit (objektive Realität)« der für den Völkerbund konstitutiven Idee des Föderalismus durch das Ereignis der Französischen Revolution bestätigt: dadurch, daß »ein mächtiges und aufgeklärtes Volk« eine Republik, »die ihrer Natur nach zum ewigen Frieden geneigt sein muß«, gegründet habe, stelle »diese einen Mittelpunkt der föderativen Vereinigung für andere Staaten« dar, »um sich an sie anzuschließen, und so den Freiheitszustand der Staaten, gemäß der Idee des Völkerrechts zu sichern, und sich durch mehrere Verbindungen nach und nach immer weiter auszubreiten«.[19]

Aber Kant geht bei seinem Versuch, sein Friedensmodell mit der Realität zu vermitteln, noch einen Schritt weiter. Neben dem bloß beschreibenden Aufweis von Indizien reflektiert er nämlich die Mechanismen in der empirischen Welt, die als Motor einer Entwicklung dienen, deren Ziel die auf einer weltbürgerlichen Verfassung gegründeten Friedensordnung ist. Für Kant wirkt nämlich hinter dem antagonistischen Verhalten der Staaten gleichsam eine »List der Vernunft«, die Ausdruck der »großen Künstlerin Natur« ist. Aus deren »mechanischem Laufe« leuchte »sichtbarlich Zweckmäßigkeit (hervor)«, indem durch »die Zwietracht der Menschen Eintracht selbst wider ihren Willen«[20] entstehe. Wie können nun aber Kriege die Realisierung des ewigen Friedens fördern? Wie gewährleistet die Natur, daß »dasjenige, das der Mensch nach Freiheitsgesetzen tun sollte, aber nicht tut, dieser Freiheit unbeschadet auch durch einen Zwang der Natur, daß er es tun werde, gesichert sei, und zwar nach allen drei Verhältnissen des öffentlichen Rechts, des Staats-, Völker- und weltbürgerlichen Rechts«.[21] Auf der Ebene des Staatsrechts stellt Kant zunächst fest, daß selbst dann, »wenn ein Volk auch nicht durch innere Mißhelligkeit genötigt würde, sich unter den Zwang öffentlicher Gesetze zu begeben«, es dennoch zu diesem Schritt durch den »Krieg von außen« gezwungen würde, »indem, nach der vorher erwähnten Naturanstalt, ein jedes Volk ein anderes es drängende Volk zum Nachbarn vor sich findet, gegen das es sich innerlich zu einem Staat bilden muß, um, als Macht, gegen diesen gerüstet zu sein«. Aber mit der Bildung von Staaten als solchen ist für den zwischenstaatlichen Frieden noch wenig bewirkt; denn seine konstitutive Voraussetzung ist, wie wir sahen, die Existenz von Republiken. Nun sind diese aber am schwersten zu stiften und noch schwerer zu erhalten, so »daß viele behaupten, es müsse ein Staat von Engeln sein, weil Menschen mit ihren selbstsüchtigen Neigungen einer Verfassung von sublimer Form nicht fähig wären«. Dieses Argument sieht Kant jedoch dadurch widerlegt, daß das antagonistische Verhalten der einzelnen durch die Vermittlung der Natur seine eigene Neutralisierung erfährt, so daß der Mensch, wenngleich nicht ein moralisch-guter Mensch, dennoch ein guter Bürger zu sein gezwungen wird«.[22] Angesichts dieser Hilfestellung von seiten der Natur ist Kant zufolge »das Problem der Staatserrichtung (...), so hart wie es auch klingt, selbst für ein Volk von Teufeln (wenn sie nur Verstand haben), auflösbar...«.[23] Was Kant so für den innerstaatlichen Bereich feststellt, sieht er auch in dem Verhältnis der »noch sehr unvollkommen organisierten Staaten« sich herausbilden: nämlich die Annäherung an die Rechtsidee. Erreicht wird dies dadurch, daß sich die Natur – analog dem personalen Antagonismus – der zwischenstaatlichen Konflikte bedient, um die egoistischen Interessen der Völker zu einem Mittel zu verwenden, das »den inneren sowohl als äußeren Frieden(...) beförder(t) und (...) sicher(t)«.

Die Natur begünstigt aber durch die inner- und zwischenstaatlichen Antagonismen nicht nur die Entstehung republikanischer Staaten, sondern sichert auch in langfristiger Perspektive den organisatorischen Rahmen des ewigen Friedens, nämlich den auf einer föderativen Vereinigung beruhenden Völkerbund. Dieser setzt, wie wir sahen, die Autonomie der einzelnen Staaten und im Hinblick auf das Völkerrecht »die Absonderung vieler voneinander unabhängiger benachbarter Staaten voraus«. Um demgegenüber die Entstehung einer Universalmonarchie zu verhindern, in der »die Gesetze mit dem vergrößerten Umfang der Regierung immer mehr an ihrem Nachdruck einbüßen, und ein seelenloser Despotism, nachdem er die Keime des Guten ausgerottet hat, zuletzt doch in Anarchie verfällt«[24], bedient sich die Natur zweier Mittel: Es ist die Verschiedenheit der Sprachen und Religionen, deren »Hang zum wechselseitigen Hasse« und kriegerischen Konflikten »bei anwachsender Kultur und der allmählichen Annäherung der Menschen zu größerer Einstimmung in Prinzipien« in einen konstruktiven Wettbewerb einmündet, der ein Gleichgewicht zwischen den Völkern hervorbringt und sichert. Andererseits integriert die Natur die Völker zugleich durch deren Streben nach wirtschaftlicher Prosperität: was nämlich der Begriff des Weltbürgerrechts allein nicht »gegen Gewalttätigkeit und Krieg... würde gesichert haben«, folgt aus dem »wechselseitigen Eigennutz«, d. h. den ökonomischen Interessen der einzelnen Staaten: »Es ist der Handelsgeist, der mit dem Kriege nicht zusammen bestehen kann, und der früher oder später sich jedes Volks bemächtigt.[25]

Freilich wirft die so festgestellte objektive Tendenz zum ewigen Frieden die Frage auf, welchen Stellenwert die bewußte Aktion von Individuen und Regierungen im Hinblick auf die Verwirklichung eines stabilen zwischenstaatlichen Rechtssystems besitzt. Realisiert die Natur ihre Ziele autonom, indem sie Individuen und Staaten nur als Instrumente benutzt? Oder hängt letzten Endes der Frieden auch von der gezielten Leistung der Staaten und deren Politiker ab? Es scheint zunächst, als ob Kant den objektiven Faktor eindeutig betont: »Wenn ich von der Natur sage: sie will, daß dieses oder jenes geschehe, so heißt das nicht soviel, als: sie legt uns eine Pflicht auf, es zu tun (denn das kann nur die zwangsfreie praktische Vernunft), sondern sie tut es selbst, wir mögen wollen oder nicht«.[26] Diese These modifiziert Kant aber in dem Sinne, daß zwar die Natur »durch den Mechanismus in den menschlichen Neigungen selbst den ewigen Frieden«[27] garantiert. Dies kann aber nur mit einer Sicherheit geschehen, »die nicht hinreichend ist, die Zukunft desselben (theoretisch) zu weissagen, aber doch in praktischer Absicht zulangt, und es zur Pflicht macht, zu diesem (nicht bloß schimärischen) Zwecke hinzuarbeiten«. Der mit dem Wirken der Natur verklammerte Fortschritt in Richtung auf den ewigen Frieden ist also weder Gegenstand theoretischer Naturerkenntnis, noch läßt er sich einseitig ableiten aus den kategorischen Imperativen der praktischen Vernunft. »Dennoch ist eine teleologische, an der Idee der Zweckmäßigkeit orientierte Denkweise, die Kant ›reflektierende Urteilskraft‹ nennt, nicht nur möglich, sondern sogar geboten. Die naturwissenschaftlich-theoretische Analyse erkennt nur kausale Zusammenhänge; doch daß in der Natur, zum Beispiel in Organismen, das teleologische Prinzip der Zweckmäßigkeit herrscht, drängt sich der Erkenntnis auf und muß, als erkenntnisleitendes regulatives Prinzip, bei dem Bemühen, die Gesetzmäßigkeiten natürlicher Zusammenhänge zu erkennen, zur Natur ›hinzugedacht‹ werden«.[28] Dies vorausgesetzt, wird gesagt werden können, daß der »Mechanism« der Natur keineswegs die politisch Agierenden aus der Verantwortung entläßt, für den Frieden zu wirken: dieser bleibt, gerade weil die Natur ihn als objektiv *möglich* unterstellt, in letzter Instanz Angelegenheit der Menschen.[29]

Bringen wir wesentliche Elemente der Kantschen Friedensutopie auf eine Kurzformel, so kann von ihr gesagt werden, daß auf sie zutrifft, was Georg Picht als entscheidendes Moment einer aufgeklärten Utopie bezeichnet, nämlich »von einer kritischen Reflexion auf die prognostisch zu erschließenden realen Möglichkeiten des Handelns«[30] begleitet zu sein. In der Tat sahen wir, daß für Kant die Bedingungen der Verwirklichung seines Friedensmodells dessen integrierter Bestandteil ist. Indem er den Zwängen einer auf die Bedürfnisse von akkumulierenden Besitzbürgern zugeschnittenen innen- und außenpolitischen Ordnung Rechnung trägt, legte er seiner emanzipatorischen Phantasie Zügel an und restringierte sie auf das unter bestimmten historischen Bedingungen in einer bürgerlichen Welt Mögliche. Zwar zielt seine Konzeption auf die Abschaffung von Kriegen überhaupt ab. Gleichzeitig ist er aber bereit, die Schwierigkeiten, die aus einer solchen Zielsetzung folgen, als Korrektiv des utopischen Anspruchs zu akzeptieren.[31]

II.

1796 veröffentlichte Johann Gottlieb Fichte eine Rezension mit dem Titel »Zum ewigen Frieden – ein philosophischer Entwurf von Immanuel Kant«. Auf den ersten Blick scheint es, als ob sich Fichte im großen und ganzen mit dem Kantschen Ansatz identifiziert.

Freilich muß bereits hier auf einige Abweichungen von wichtigen Kantschen Theoremen hingewiesen werden, die Fichte in seiner Rezension fälschlicherweise so interpretiert, als befänden sie sich im prinzipiellen Einklang mit eigenen Reflexionen. Diese Divergenzen erscheinen deswegen nicht uninteressant, weil sie die Vermutung nahelegen, daß Fichte die Rezension der Kantschen Schrift in erster Linie als ein Mittel sah, mit dessen Hilfe er die zentralen Resultate seiner etwa zur gleichen Zeit (1796) erschienenen Schrift »Grundlage des Naturrechts« in populärer Weise vortragen wollte. Deutlich wird dies z. B., wenn er die Kantsche lex permissiva erläutert: »Sie ist nur möglich dadurch, daß das Gesetz auf gewisse Fälle nicht gehe, – woraus man, wie Rec. glaubt, hätte ersehen mögen, daß das Sittengesetz, dieser kategorische Imperativ, nicht die Quelle des Naturrechts sein könne, da er ohne Ausnahme unbedingt gebietet: das letztere aber nur Rechte gibt, deren man sich bedienen kann, oder auch nicht«.[32] Die damit ausgesprochene Trennung zwischen Naturrecht und Sittengesetz, die genau dem Reflexionsstand Fichtes zu dieser Zeit entspricht, läßt sich aber weder aus Kants Überlegungen zur lex permissiva noch aus dem Anhang »Über die Mißhelligkeit zwischen der Moral und der Politik in Absicht auf dem ewigen Frieden« ableiten. Diese Tendenz Fichtes, Kantsche Gedankengänge im Medium der eigenen zu interpretieren und charakteristisch umzudeuten, begegnet uns noch evidenter, wenn er feststellt: »Es gibt sonach, wie jeder daraus leicht folgern kann, nach Kants Lehre kein eigentliches Naturrecht, kein rechtliches Verhältnis der Menschen, außer unter einem positiven Gesetze und einer Obrigkeit; und der Stand im Staate ist der einzige wahre Naturstand des Menschen: – alles Behauptungen, die sich unwidersprechlich dartun lassen, wenn man den Rechtsbegriff richtig deduziert.[33] Zwar entfaltet Kant im »Ewigen Frieden« keine Theorie des Naturrechts; dies bleibt seiner »Rechtslehre« vorbehalten. Daß aber »der Stand im Staate der einzige wahre Naturstand des Menschen« ist, kann jedoch unmöglich als eine von Kant in seiner Friedensschrift entwickelte These ausgegeben werden. Vielmehr kontrastiert er den Friedenszustand dem Naturzustand und weist ausdrücklich darauf hin, daß der erstere »also gestiftet werden (muß)«.[34]

Ferner sieht Kant im Unterschied zu der Fichteschen Interpretation in der Anmerkung auf derselben Seite den »bloßen Naturzustand« wie Hobbes durch Gesetzlosigkeit charakterisiert. Ähnlich geht Fichte vor, wenn er seinen neuen Rechtsbegriff darzustellen sucht. Ausgehend von Kants »alle Menschen, die aufeinander wechselseitig einfließen können, müssen zu irgendeiner bürgerlichen Verfassung gehören«, beweist er die Unmöglichkeit der menschlichen Isolation. Aus dieser Grundfeststellung folgt sein intersubjektiver und sozialer Rechtsbegriff, der gegenüber der subjektiven Fassung des Rechts bei Kant nicht nur eine Weiterentwicklung, sondern in gewisser Weise auch deren Negation darstellt. »Nur inwiefern Menschen in Beziehung aufeinander gedacht werden, kann von Rechten die Rede sein, und außer einer solchen Beziehung... ist ein Recht nichts«.[35] Aus dieser These leitet Fichte dann den Staat als Zwangsanstalt ab, der in der Garantie der Rechte der einzelnen seinen eigentlichen instrumentellen Zweck hat. Vorsichtiger verfährt er allerdings bei der Auseinandersetzung mit der von Kant geforderten Trennung zwischen legislativer und exekutiver Gewalt. Hier bekennt er nämlich, daß er »seine Darstellung der Kantischen hinzufügen«[36] möchte. Die zentrale Differenz zwischen beiden Ansätzen besteht darin, daß Fichte dem Gewaltenteilungsprinzip seine in der »Grundlage des Naturrechts« entwickelte Konzeption der Absonderung des Volkes von seinen Herrschern nach Errichtung des Staates gegenüberstellt. Im Gegensatz zu Kant optiert er dafür, daß die Eigentümer nach der Konstituierung des Gemeinwesens in einer apolitischen Sphäre ausschließlich auf ihre Rolle als private Warenproduzenten beschränkt bleiben. Eine Politisierung tritt erst ein, wenn ihre Repräsentanten, die Ephoren, die Inhaber der staatlichen potestas wegen Machtmißbrauch vor dem sich dann zu einer politischen Größe konstituierenden Volk anklagen.

Trotz dieser Abweichungen verteidigt jedoch Fichte Kants Friedensmodell ausdrücklich gegen den Vorwurf, die ihm zugrundeliegende Hauptidee sei »für nicht viel mehr anzusehen, als für einen frommen Wunsch, einen unmaßgeblichen Vorschlag, einen schönen Traum, der allenfalls dazu dienen möge, menschenfreundliche Gemüter einige Augenblicke angenehm zu unterhalten«.[37] Fichte würdigt demgegenüber nicht nur die wissenschaftliche Relevanz der Kantschen Schrift, sondern behauptet, von deren Hauptidee lasse sich »ebenso streng, als von anderen ursprünglichen Anlagen erweisen..., daß sie im Wesen der Vernunft liege, daß die Vernunft schlechthin ihre Realisation fordere, und daß sie sonach auch unter die zwar aufzuhaltenden, aber nicht zu vernichtenden Zwecke der Natur gehöre«. Dennoch ist nicht zu übersehen, daß Fichte in einem entscheidenden Punkt vom Kantschen Friedensmodell abweicht: war für diesen der Völkerbund als Föderalismus autonomer Staaten das Maximum der Realisationsmöglichkeiten des ewigen Friedens, so sieht Fichte in diesem Zustand nur die Zwischenphase eines Entwicklungsprozesses, dessen Ziel er in dem von Kant abgelehnten Völkerstaat projiziert.[38] Geht Fichte also in seiner Utopie des ewigen Friedens eindeutig über Kant hinaus, so stellt sich um so dringender die Frage, wie er sich die Vermittlung dieses Konzepts eines homogenen Völkerstaates, das die Autonomie seiner Mitglieder gleichsam konsumiert, vorstellt, ohne jene Homogenität durch den Rekurs auf Gewalt erzwingen zu müssen.

Auch hier scheint zunächst Fichte den Rahmen der Kantschen Überlegungen nicht sprengen zu wollen, wenn er wie dieser empirische Gründe auszumachen sucht, die die Realisierung des von der Vernunft inaugurierten Völkerstaates als Garant des ewigen Friedens in der Sinnenwelt als möglich und absehbar erscheinen lassen. Fichte geht in seiner Argumentation davon aus, daß man angesichts der aus jeder rechtswidrigen Verfassung resultierenden Unsicherheit annehmen sollte, »die Menschen müßten schon längst durch ihren eigenen Vorteil, welcher allein die Triebfeder zur Errichtung einer rechtmäßigen Staatsverfassung sein kann, bewogen worden sein, eine solche zu errichten«.[39] Wenn dies trotzdem nicht der Fall sei, dann könne dies nur dadurch erklärt werden, daß »die Vorteile der Unordnung... sonach noch immer die der Ordnung im allgemeinen überwiegen (müssen); ein beträchtlicher Teil der Menschen muß bei der allgemeinen Unordnung noch immer mehr gewinnen als verlieren, und denjenigen, die nur verlieren, muß doch noch die Hoffnung übrig sein, auch zu gewinnen«.[40] Indem nämlich der rücksichtslose Konkurrenzkampf der »verschiedenen Stände und Familien« mit Aussicht auf Bereicherung geführt werde, weil im innerstaatlichen Bereich »die Güter in unseren Staaten... noch bei weitem nicht alle benutzt und verteilt« sind und außerdem selbst bei völliger Ausnutzung der innergesellschaftlichen Ressourcen die Unterdrückung fremder Völker und Weltteile im Handel eine stets »fließende, ergiebige Hilfsquelle (eröffnet)«, sei die »Ungerechtigkeit bei weitem nicht drückend genug«[41], um die Realisierung eines rechtlich geregelten internationalen Friedenszustandes absehbar erscheinen zu lassen. Die Lösung dieses Dilemmas sieht Fichte in einem innergesellschaftlichen Zustand, in dem »der Mehrheit die sichere Erhaltung dessen, was sie hat, lieber wird, als der unsichere Erwerb dessen, was andere besitzen«. Wie aber soll jene materielle Selbstgenügsamkeit als Voraussetzung des internationalen Friedens gesellschaftlich verwirklicht werden? Fichte baut hier auf das »fortgesetzte Drängen der Stände und der Familien untereinander«, das ein Gleichgewicht unter diesen bewirke, »bei welchem jeder sich erträglich befindet. Durch die steigende Bevölkerung und Kultur aller Nahrungszweige müssen endlich die Reichtümer der Staaten entdeckt und verteilt werden; durch die Kultur fremder Völker und Weltteile müssen doch diese endlich auf den Punkt gelangen, wo sie sich nicht mehr im Handel bevorteilen, und in die Sklaverei wegführen lassen, so daß der letzte Preis der Raubsucht gleichfalls verschwinde«.

Es besteht kein Zweifel, daß Fichte das Problem der innergesellschaftlichen Voraussetzungen der Entstehung eines zwischenstaatlichen Friedens durch den Rekurs auf den liberalen Harmonieglauben[42] zu lösen sucht: durch die konkurrierenden Egoismen soll sich offenbar, vermittelt durch eine mystische »invisible Hand«, ein Gleichgewicht des Besitzes herstellen, das per se friedliche Motivationen erzeugt. Dieser Zustand setzt sich außerdem objektiv, d. h. ohne durch das Bewußtsein der einzelnen vermittelt zu sein, gleichsam hinter deren Rücken durch: das bei Kant zu beobachtende Spannungsverhältnis zwischen der durch die Natur bewirkten und durch sie transparent gemachten objektiven Tendenz und der bewußten Einwirkung auf den Geschichtsprozeß wird zugunsten der ersteren einseitig aufgelöst. Was aber noch wichtiger erscheint, ist, daß Fichte den bei Kant zu beobachtenden engen Konnex zwischen dem Friedensmodell und der historisch-gesellschaftlichen Realität abschwächt: jedenfalls bleibt bei ihm die Reflexion der Realisationsbedingungen des Friedens für die Struktur seiner Konzeption folgenlos. Unintegriert steht in seiner Rezension die Utopie des Völkerstaates mit einheitlicher Exekutive den sehr allgemein angedeuteten objektiven Bedingungen gegenüber: der Grund für diese »Abstraktheit« dürfte in dem Einfluß der Rousseauschen Konzeption sowie der politischen Praxis Robespierres auf Fichtes Denken gerade zu dieser Zeit[43] zu suchen sein: wie wir wissen, betrachteten beide die Mediatisierung des Allgemeinen Willens durch Zwischeninstanzen als Verfälschung der Identität von Herrschern und Beherrschten. In biographischer Hinsicht entspricht dem der Streit Fichtes mit den Studentenkorporationen in Jena, die er bekanntlich als partikularen Faktor im Universitätsleben ablehnte.[44]

In dem Maße, so könnte zusammenfassend gesagt werden, wie Fichte die Kantsche Zielvorstellung zugunsten einer größeren Homogenisierung der Völker – analog der innerstaatlichen Konstituierung – modifiziert, tritt die Frage der Vermittlung in ihrer Bedeutung für die Struktur seiner Friedensutopie in den Hintergrund. Diese Schwierigkeit löst Fichte auch nicht, wenn er die Errungenschaften der amerikanischen und französischen Revolution zur Stützung seiner These anführt.[45] Ohne seine Konzeption des Völkerstaates im geringsten zu konkretisieren, bleibt ihm nur die vage Hoffnung: »So läßt sich sicher erwarten, daß doch endlich ein Volk das theoretisch so leicht zu lösende Problem der einzig rechtmäßigen Staatsverfassung in der Realität aufstellen, und durch den Anblick ihres Glückes andere Völker zur Nachahmung reizen werde.«

III.

Detaillierter als Fichte setzte sich Friedrich Schlegel mit der Friedenskonzeption Kants auseinander: Das Resultat seiner Überlegungen, der Aufsatz »Versuch über den Republikanismus. Veranlaßt durch die Kantische Schrift zum ewigen Frieden«, erschien ebenfalls 1796. Ist bei Fichte die Tendenz zu beobachten, gleichsam von außen eigene Reflexionen auf Kantsche Theorie-Ansätze zu übertragen, so versucht Schlegel umgekehrt, durch immanente Kritik wichtiger Aspekte der Kantschen Schrift seine eigene Konzeption zu entfalten. Indem dabei analog dem Vorgehen Kants das Schlegelsche Friedensmodell aus einem spezifischen Begriff des Republikanismus resultiert, dürfte die entscheidende Differenz am ehesten deutlich werden, wenn wir von der Schlegelschen »Deduktion des Republikanismus« ausgehen.

Zunächst fällt auf, daß sie offensichtlich eine Überwindung des Kantschen Individualismus beabsichtigt.[46] Schlegel setzt nämlich als »theoretisches Datum«, aus dem die für die Republik konstitutive »höchste praktische Thesis« folgt, den Satz, »daß dem Menschen außer dem Vermögen, die das rein isolierte Individuum als solches besitzt, auch noch im Verhältnis zu anderen Individuen seiner Gattung, das Vermögen der Mitteilung (der Tätigkeiten aller übrigen Vermögen) zukomme; daß die menschlichen Individuen durchgängig im Verhältnis des gegenseitigen natürlichen Einflusses wirklich stehen oder doch stehen können«.[47] Die aus dieser theoretischen These als »Fundament und Objekt der Politik« folgende praktische Forderung postuliert nun, daß die »Gemeinschaft der Menschheit (sein) soll (...), oder das Ich soll mitgeteilt werden«.[48] Das Medium der Verwirklichung dieser Aufgabe ist der Staat, dessen entscheidende Prinzipien zu diesem Zweck die politische Freiheit und Gleichheit sind. Die erstere ist notwendig, weil der praktische Imperativ als Voraussetzung aller Politik »nicht bloß im Verhältnis aller Individuen, sondern auch in jedem einzelnen Individuo sein soll und nur unter der Bedingung absoluter Unabhängigkeit des Willens sein kann«.[49] Auf die Gleichheit kann nicht verzichtet werden, weil die aus der praktischen Thesis folgenden Postulate im Bereich des Gemeinwesens »nicht bloß für dies und jenes Individuum, sondern für jedes (gelten); daher ist auch die politische Gleichheit ein (...) wesentliches Merkmal zum Begriff des Staats«. Freiheit und Gleichheit erfordern nun aber ihrerseits, »daß der allgemeine Wille der Grund aller besonderen politischen Tätigkeiten sei (nicht bloß der Gesetze, sondern auch der anwendenden Urteile und der Vollziehung)«. Dessen negative Entsprechung, der Despotismus, dagegen enthalte den Privatwillen als »Grund der politischen Tätigkeit«. Ihm spricht Schlegel den Charakter eines Staates im engeren Sinne ab. Freilich konzediert er gleichzeitig, daß alle Staaten »von einem besonderen Zwecke, von Gewalt (...) und von einem Privatwillen – von Despotismus – ihren Anfang nehmen und also jede provisorische Regierung notwendig despotisch sein muß«. Wenn ferner der Despotismus aufgrund seiner zivil- und strafrechtlichen Maßnahmen sowie des Merkmals der Kontinuität seiner Mitglieder »neben seinem besonderen Zwecke das heilige Interesse der Gemeinschaft wenigstens nebenbei befördert und wider sein Wissen und Wollen den Keim eines echten Staates in sich trägt und den Republikanismus allmählich zur Reife bringt: so könnte man ihn als einen Quasistaat, nicht als eine echte Art, aber doch als eine Abart des Staats gelten lassen«.[50]

Daß Schlegel die besitzindividualistische Ausrichtung der Kantschen Republik durch einen gemeinschaftsbezogenen Staatsbegriff, der, vollendet, seine eigene Negation als Herrschaftsinstrument impliziert[51], zu ersetzen sucht, wird vollends deutlich, wenn wir uns seiner Kritik an den Begriffen der Freiheit, Gleichheit und Abhängigkeit zuwenden, die für Kants Republik-Ideal entscheidend sind. Bekanntlich deduzierte dieser »die Erklärung der rechtlichen Freiheit, sie sei die Befugnis, alles zu tun, was man will, wenn man nur keinem Unrecht tut«, als »leere Tautologie« und ersetzte sie dagegen durch »die Befugnis, keinen äußern Gesetzen zu gehorchen, als zu denen das Individuum seine Beistimmung habe geben können«.[52] Demgegenüber kommt es Schlegel darauf an, beide Definitionen als notwendige Momente einer konkreten Totalität zu fassen, die in ihrer isolierten Absolutsetzung »falsch« werden. Die bürgerliche Freiheit sei nämlich eine Idee, »welche nur durch eine ins Unendliche fortschreitende Annäherung wirklich gemacht werden kann«. Jede Progression aber enthalte ein erstes, letztes und mittlere Glieder. Infolgedessen gebe es auch in der unendlichen Annäherung an jene Idee »ein Minimum, ein Medium und ein Maximum«. Nach Schlegel ist nun die Kantsche Definition der rechtlichen Freiheit das »Minimum«, während als deren »Medium« die Befugnis zu gelten habe, »keinen äußeren Gesetzen zu gehorchen als solchen, welche die (repräsentierte) Mehrheit des Volkes wirklich gewollt hat und die (gedachte) Allgemeinheit des Volkes wollen könnte«.[53] Das »Maximum« der bürgerlichen Freiheit dagegen konkretisiere sich in der von Kant getadelten Explikation. Mit ihrer Realisierung in der sinnlichen Welt würde »die höchste politische Freiheit (...) der moralischen adäquat sein, welche von allen äußeren Zwangsgesetzen ganz unabhängig, nur durch das Sittengesetz beschränkt wird«. Ähnlich verhalte es sich mit Kants äußerer rechtlicher Gleichheit. Auch sie könne lediglich als »das Minimum in der unendlichen Progression zur unerreichbaren Idee der politischen Gleichheit« betrachtet werden. »Das Medium besteht darin, daß keine andere Verschiedenheit der Rechte und Verbindlichkeiten der Bürger stattfinde, als eine solche, welche die Volksmehrheit wirklich gewollt hat und die Allheit des Volks wollen könnte. Das Maximum würde eine absolute Gleichheit der Rechte und Verbindlichkeiten der Staatsbürger sein und also aller Herrschaft und Abhängigkeit ein Ende machen.« Mit der Verwirklichung dieses herrschaftsfreien Zustandes entfällt natürlich zugleich auch der dritte, für die Kantsche Republik konstitutive Begriff, nämlich die Abhängigkeit.

Entscheidend ist nun, daß es nach Schlegel zur Vollendung des Republikanismus notwendig ist, ihn zu internationalisieren: nicht auf der Grundlage des partiellen Republikanismus eines einzelnen Staates und Volkes, sondern nur im Rahmen eines universellen Republikanismus hat er eine Chance auf Verwirklichung. Dessen Existenz kann Schlegel zufolge nur das Resultat eines Prozesses sein, der über vier Stufen verläuft:

»1. Polizierung aller Nationen,
2. Republikanismus aller Polizierten,
3. Fraternität aller Republikaner,
4. die Autonomie jedes einzelnen Staates und die Isonomie aller«.[54]

Schlegel hat damit seine Konzeption des ewigen Friedens, die zwar von Vorstellungen Kants ausgeht, sie aber gleichzeitig qualitativ modifiziert, deutlich umrissen: Indem die Autonomie und Isonomie der Staaten als Äquivalente der Freiheit und Gleichheit der einzelnen im vollkommenen Gemeinwesen fungieren, läuft sein Modell auf eine herrschaftsfreie Weltvereinigung freier und gleicher Völker hinaus, die sich weder dem Kantschen Völkerbund noch Fichtes Völkerstaat subsumieren läßt. Von der Fichteschen Konzeption unterscheidet sich Schlegels Friedensutopie dadurch, daß dessen Völkerstaat durch eine zentralisierte Exekutive – analog den zwischenstaatlichen Verhältnissen – die Konflikte seiner Mitglieder nach »positiven Gesetzen« bereinigen soll. Im Gegensatz zu Schlegel bleibt bei Fichte also Herrschaft ein konstitutives Moment des internationalen Friedens. An Kants föderativem Völkerbund dagegen bemängelt Schlegel, daß er die Möglichkeit eines »ungerechten und überflüssigen Krieges« selbst dann noch impliziert, wenn seine Mitglieder durchweg republikanische Staaten sind. Der Zweck des Föderalismus im Kantschen Sinne nämlich bestehe darin, daß die Freiheit der republikanischen Staaten gesichert werde. Mithin setze dessen Völkerbund »Staaten von kriegerischer Tendenz, d.h. despotische Staaten voraus«, deren bloße Existenz genügend »Kriegsstoff« übriglasse. Damit ist die entscheidende Differenz zu Kant aufgezeigt. Im Gegensatz zu dessen Konzeption zielt Schlegel auf die Eliminierung von Herrschaft im inner- und zwischenstaatlichen Bereich ab: dies ist aber nur im Sinne einer Totalität zu erreichen, die die auf Herrschaftslosigkeit gegründete völlige Homogenität aller Völker voraussetzt und Freund-Feind-Konstellationen als mögliche Ursache neuer Herrschaftsstrukturen a priori ausschließt.

Wenn somit »der universelle und vollkommene Republikanismus und der ewige Friede (...) unzertrennliche Wechselbegriffe (sind)«, stellt sich die Frage nach der »historischen Notwendigkeit oder Möglichkeit« der angestrebten herrschaftsfreien Assoziation der Völker. Anders formuliert: Wie soll die Utopie vom Gedanken in die Wirklichkeit transponiert werden? Es ist genau diese Frage der Vermittlung, im Gegensatz zur logischen Stringenz der Utopie selber, die Schlegels Konzeption in ein merkwürdiges Zwielicht taucht. Zunächst scheint es so, als ob er die Notwendigkeit des Realitätsbezuges der Friedensutopie dezidierter fordert als Kant.[55] Aber Schlegel bleibt eigenartig abstrakt, wenn man seine eigenen Überlegungen mit dem von ihm selber formulierten Postulat konfrontiert, daß »die Gesetze der politischen Geschichte und die Prinzipien der politischen Bildung (...) die einzigen Data (sind), aus denen sich erweisen läßt, ›daß der ewige Friede keine leere Idee sei, sondern eine Aufgabe, die nach und nach aufgelöst, ihrem Ziel beständig näher kommt‹«. Über die inhaltliche Bestimmung jener »notwendigen Gesetze der Erfahrung« jedenfalls schweigt er sich aus. Diese Ratlosigkeit wird auch spürbar, wenn er die mögliche innerstaatliche Transformation der Despotien in Republiken kommentiert. Zunächst konzediert er, daß in der Welt der Erscheinung stets ein empirischer Wille als Surrogat des absolut allgemeinen Willens anzusehen sei und, »da die reine Auflösung des politischen Problems unmöglich ist«, man »sich mit der Approximation dieses praktischen x zu begnügen«[56] habe. Wie aber soll diese Annäherung bewirkt werden? Auf den ersten Blick sieht es so aus, als ob Schlegel sich in der Frage der Vermittlung seines Modells mit der Wirklichkeit den Vorstellungen Kants annähert. Deutlich wird dies, wenn er das eigentliche Hindernis auf dem Weg zum Republikanismus bezeichnet: Die Oligarchie, d.h. der orientalische Kastendespotismus bzw. das europäische Feudalsystem, die deswegen für die Realisierung republikanischer Prinzipien so gefährlich sind, weil »eben die Schwerfälligkeit des künstlichen Mechanismus, welche ihre physische Schädlichkeit lähmt, (...) ihr eine kolossale Solidität (gibt).[57] Gegenüber diesem absoluten Despotismus hebt Schlegel positiv die aufgeklärte Monarchie ab, die zwar in ihrer Form despotisch, in ihrem Geist jedoch repräsentativ und republikanisch sei«.[58] Offenbar sieht er in ihr ein Medium, innerhalb dessen sich republikanische Prinzipien verwirklichen können: jedenfalls wird deren Kriterium in der »größtmögliche(n) Beförderung des Republikanismus« ausgemacht.

Andererseits kontrastiert dieser reformerischen Strategie die Tatsache, daß Schlegel die revolutionäre Durchsetzung republikanischer Prinzipien keineswegs ausschließt. Lehnte Kant das Recht auf Revolution grundsätzlich ab, weil es seiner Meinung nach die Kontinuität des Rechtssystems schlechthin torpedierte, so stellte sich dieses Problem für Schlegel anders, weil er im Unterschied zu Kant in der »herrschenden Moralität die notwendige Bedingung der absoluten Vollkommenheit (des Maximums der Gemeinschaft, Freiheit und Gleichheit) des Staates ja sogar jeder höheren Stufe politischer Trefflichkeit«[59] sieht. Ausgehend von diesem Glauben an die absolute Vollkommenheit, die an Robespierres »vertu« gemahnt[60], konfrontiert er dem Kantschen Verdikt schroff das Recht auf Revolution. Zwar würde eine Verfassung, die einen Artikel enthält, »der in gewissen vorkommenden Fällen die Insurrektion peremtorisch geböte, (...) sich zwar nicht selbst aufheben; aber dieser einzige Artikel würde null sein: denn die Konstitution kann nichts gebieten, wenn sie gar nicht mehr existiert; die Insurrektion aber kann nur dann rechtmäßig sein, wenn die Konstitution vernichtet worden ist«.[61] Trotzdem lasse sich ein Artikel denken, der die Möglichkeiten in einer Verfassung bestimmt, »in welchen die konstituierte Macht für de facto annulliert geachtet werden und die Insurrektion also jedem Individuum erlaubt sein soll«. Dies ist der Fall bei einer transitorischen Diktatur[62], in der der Diktator seine Macht über die ihm zugestandene Zeit behauptet oder wenn ganz generell die konstituierte Gewalt sich gegen ihre eigene rechtliche Basis wendet. In diesem Falle ist die Revolution das einzige Mittel, den Republikanismus von neuem zu organisieren. »Diejenige Insurrektion ist also rechtmäßig, deren Motiv die Vernichtung der Konstitution, deren Regierung bloß provisorisches Organ und deren Zweck die Organisation des Republikanismus ist«.[63] Die zweite Möglichkeit einer Revolution ist nach Schlegel dann gegeben, wenn das Gemeinwesen auf der Grundlage eines absoluten Despotismus regiert wird; denn dieser »ist nicht einmal ein Quasistaat, sondern vielmehr ein Antistaat (wenn auch vielleicht physisch erträglicher) doch ein ungleich größeres politisches Übel als selbst Anarchie«. Aber auch das Recht auf Revolution wird von Schlegel in charakteristischer Weise modifiziert. Obwohl er für die demokratische Republik[64] und deren, wenn die Situation es erfordert, gewaltsame Einführung optiert, lehnt er die Massen als einen entscheidenden politischen Faktor in der Französischen Revolution ab. Die Distanzierung von den Sansculotten und dem vierten Stand wird sehr deutlich in seiner negativen Charakterisierung der Ochlokratie.[65]

Vielleicht zeigt sich an dieser – im Rahmen seiner Vermittlungsversuche erfolgenden – Zurücknahme des radikalen Anspruchs am deutlichsten der zentrale Strukturfehler des Schlegelschen Modells. Solange nämlich die Abschaffung von Herrschaft postuliert wird, ohne deren gesellschaftliche Basis als einen konstitutiven Faktor in den Reflexionszusammenhang mit einzubeziehen, muß der Begriff der Herrschaftslosigkeit vor einer Wirklichkeit kapitulieren, die sich diesem nicht fügen kann. Demonstrieren läßt sich dies auch an dem entscheidenden Aspekt, der die »Überwindung« der Kantschen Position indiziert, nämlich der Bestimmung des »politischen Werts« eines republikanischen Staates. Wie wir sahen, wird dieser neben der Freiheit und Gleichheit vor allem durch »das extensive und intensive Quantum der wirklich erreichten Gemeinschaft«[66] determiniert: für Schlegel ist denn auch neben der republikanischen Organisation die »herrschende Moralität die notwendige Bedingung der absoluten Vollkommenheit (des Maximums der Gemeinschaft, Freiheit und Gleichheit) des Staates, ja sogar jeder höheren Stufe politischer Trefflichkeit«. Was Schlegel also mit seinem Republik-Ideal intendiert, ist die Abstraktion von der für den Kantschen Rechtsstaat konstitutiven Selbständigkeit, die u. E. nur den im Arbeitsprozeß autonomen Produzenten das Stimmrecht verleiht. Ohne die »Basis« der politischen Theorie Kants, nämlich die private Disposition über Eigentum, grundsätzlich zu verlassen, soll das Prinzip der Selbständigkeit substituiert werden durch eine lebendige Gemeinschaft freier und gleicher Individuen. Im Gegensatz zu Schlegel hat Kant offensichtlich um die Vergeblichkeit dieses Unterfangens gewußt.[67]

Zusammenfassend läßt sich feststellen, daß Schlegel unter der Utopie des ewigen Friedens den Zustand der Herrschaftslosigkeit schlechthin versteht. Besticht diese Konzeption auch durch die logische Stringenz ihrer Ableitung und – von ihren Prämissen her – durch die emanzipatorischen Inhalte ihrer Konsequenzen, so ist andererseits nicht zu übersehen, daß sich ihr radikaler normativer Anspruch gegenüber der Vermittlung zur realen Welt immunisiert: der abstrakt geforderte Realitätsbezug ist angesichts der wenig überzeugenden Bemühungen Schlegels, ihn herzustellen, nichts als ein kontingentes Korrelat dieses Modells, das dessen innere Architektur eher stört als vollendet.

IV.

Wenn Kant die französische Republik vorsichtig als einen möglichen Kristallisationskern deutet, um den herum sich ein föderativer Völkerbund bilden kann, so interpretiert Joseph Görres in seiner 1798 erschienenen Schrift »Der Allgemeine Frieden, ein Ideal« die Liquidierung des Ancien Régime in Frankreich als ein Naturereignis von kosmischem Ausmaß, mit dem die eigentlich bewußte, d. h. von inner- und zwischenstaatlichen Konflikten befreite Geschichte der Menschheit erst beginnt. Was nämlich dem politischen und gesellschaftlichen Umsturz in Frankreich und seiner Bedeutung für das System der internationalen Beziehungen über alles historisch Kontingente hinaus die Bedeutung eines absoluten Wendepunktes in der Geschichte der Menschheit verleiht, ist die Tatsache, daß die Französische Revolution »die durch den Rost eines so langen Zeitraums unkenntlich gemachten Menschenrechte ihrem Usurpateur entriß und sie verklärt, in ihrem ursprünglichen Glanze, vor die Augen des erstaunten Europas hinpflanzte«.[68] Erst in der Perspektive der durch die französische Republik verwirklichten Menschenrechte ist es Görres zufolge möglich, die Geschichte der Menschheit sinnvoll zu deuten, nämlich als »ein Gemälde der Situationen, in die der Mensch gekommen ist und kommen mußte, um das zu werden, was er sein soll«.[69] Diese Entwicklung sieht Görres durch zwei idealtypische Fixpunkte (»Hauptsituationen«) begrenzt, »von denen sie und alle mit ihr verwandten Untersuchungen ausgehen und auf die sie zurückkommen müssen«. Der Ausgangspunkt jener Skala ist durch den sog. »Naturstand« bezeichnet, in dem »die tierischen Kräfte, so ungezügelt sie sind, in vollem zerstörenden Spiel« einen bellum omnium in omnes entfachen. Der Endpunkt der Entwicklung ist erreicht, wenn sich der »Stand der höchsten Kultur« realisiert hat und unter der absoluten Herrschaft des Sittengesetzes »das Reich des Geistes mit dem der Materie harmonisch ineinandergeflossen« sind.

Wie stellt sich Görres nun aber den Prozeß der Versittlichung im Rahmen seines Evolutionsmodells vor? Er geht hier von der Hypothese aus, daß das Sittengesetz und die damit gegebenen Urrechte des einzelnen bereits im Naturzustand virtuell in den Individuen angelegt sind. Werden diese durch »glückliche Zufälle unter einem milden Himmel, eine vorteilhafte Anlage etc.« teilweise schon im status naturalis verwirklicht, so ist eine Situation gegeben, in der die etwas ausgebildeteren Individuen »den Entschluß fassen, einen Staat zu formen«.[70] In diesem Augenblick entsteht eine qualitativ neue Form der Vergesellschaftung; denn zwischen den einzelnen »bildet sich aus dem Geistigen, das ihnen zum Anteil gefallen ist, (...) eine moralische Einheit, eine Universalintelligenz«.[71] Dieser stellt nun der Wille Aller die entscheidende Aufgabe, »einen Weg auszumitteln, um trotz des Widerstrebens der selbstsüchtigen Tierheit, trotz der Ungebundenheitsliebe jedes einzelnen, doch im ganzen durch künstliche Mittel die wechselseitige, im soeben verlassenen Stande der Barbarei suspendierte Ausübung der Urrechte aller zu sichern«.[72] Angesichts der auch nach dieser Willensäußerung noch vorherrschenden Disposition der einzelnen, einander die Urrechte zu verletzen, hat der Staat nur dann eine Chance, seinen Erziehungsauftrag zu erfüllen, wenn ihm ein Zueignungsrecht auf die »mit Kultur nur tingierten Menschen« zugestanden wird. Zu diesem Zweck erhält er außerdem nach einem bestimmten Grad der Versittlichung auch das Eigentumsrecht auf seine Untertanen. Offenbar an der Formationstheorie John Lockes orientiert[73], hat nämlich Görres zufolge »wie jedes individuelle geistige Wesen« auch »jener Staatsgeist das Recht, jede Materie, die die Spuren seiner Kraftanwendung trägt, ausschließend zu besitzen«.[74]

Unter dieser Voraussetzung scheint auf den ersten Blick die Verfügungsgewalt des Staates über seine Untertanen total zu sein, doch nach Görres, der sich hier offenbar an Fichte[75] anlehnt, nimmt die Ausübung des Eigentums- und Zueignungsrechts in dem Maße ab, wie die Moralisierung der ihm Unterworfenen voranschreitet. Er verschwindet schließlich ganz, wenn das Maximum an Sittlichkeit und Kultur erreicht ist, weil nun die Urrechte aller nicht mehr verletzt werden: jeder tut jetzt freiwillig, was er nach dem Sittengesetz tun soll. Auch ist in diesem Zusammenhang die Limitation der staatlichen potestas auf die ihm übertragenen Erziehungsaufgaben hervorzuheben. Die Eigentums- und Zueignungsrechte sind nämlich gegenstandslos, »wenn die Universalintelligenz, durch Zwang oder sonst eine rechtswidrig eingreifende

Ursache gedrungen, entweder eine in sich unrechtmäßige Form (die einen andern oder gar entgegengesetzten Zweck hat, als die höhere Kultur der geformten zu befördern), oder doch eine solche, die in den Händen derjenigen, die durch sie mit der obersten Gewalt bekleidet werden, gar zu leicht eine solche zweckwidrige Tendenz bekommt, adoptiert«.[76] In beiden Fällen steht den Untertanen ein Widerstandsrecht zu, weil die Machthaber das verletzen, was sie schützen und verwirklichen sollen: die Urrechte aller. Gleichzeitig hat Görres damit das entscheidende Kriterium jener Staaten genannt, die er – im Gegensatz zu Demokratien und Republiken – als Despotien ablehnt.

Eine Despotie liegt Görres zufolge vor, wenn wie bei Kant legislative und exekutive Gewalt in einer Person vereint sind (monarchisch-despotische Verfassung). Sind beide Funktionen getrennt, d. h. auf die ganze Masse der Bürger verteilt, so haben wir es mit einer Demokratie zu tun. Sie ist dann vollendet, wenn die Zahl der Machthaber ein Maximum erreicht: Jeder wird dann Teil der legislativen und exekutiven Gewalt sein (holarchisch-demokratische Verfassung). Da jetzt Machtmißbrauch ausgeschlossen ist, weil die völlige Identität von Herrschern und Beherrschten dies logisch unmöglich macht, wendet sich Görres auch gegen Kant, der bekanntlich die Demokratie eo ipso als Despotie bezeichnet.

Daß Görres wie Schlegel die Perspektive eines allgemeinen Friedens mit der Existenz herrschaftsfreier Assoziationen verbindet, wird vollends deutlich, wenn wir uns seiner Analyse des zwischenstaatlichen Zustandes und den Folgerungen zuwenden, die sich aus jenen für die Sicherung des internationalen Friedens ergeben. Für Görres sind aufgrund der despotischen Verfassung fast aller Nationen deren Beziehungen zueinander dem vorstaatlichen Zustand der einzelnen Gemeinwesen völlig analog.[77] Die Aufhebung dieses zwischenstaatlichen Naturzustandes ist nach Görres nur möglich, wenn auf einem allgemeinen Völkerkonvent nicht nur die Urrechte der Staaten gegeneinander entwickelt und eine Völkerverfassung verabschiedet wird, »in der eine der besseren jener vier oben angegebenen Regierungsformen (nämlich die polyarchisch republikanische und die holarchisch demokratische, die Verf.) zu Grunde liegt«, sondern auch »die Gesetze des Konflikts eines Staates mit ihm fremden Individuen« bestimmt sowie ein »Kodex für die Kollisionen verschieden gebürgerter Individuen«[78] entworfen worden ist. Das Verhältnis der auf dem Gesamtwillen basierenden Regierung der Weltrepublik zu deren Mitgliedern ist der innerstaatlichen Relation zwischen den Machthabern und den Untertanen völlig analog: der Allgemeine Wille des Völkerstaates hat aufgrund seiner sittlichen Priorität und der daraus resultierenden Erziehungsfunktion ein Zueignungs- bzw. Eigentumsrecht auf die ihm angeschlossenen Gemeinwesen. Die mit diesen Rechten gegebene Zwangsgewalt schwächt sich in dem Maße ab, wie sich die allgemeine Sittlichkeit oder »Kultur« der einzelnen Mitgliederstaaten verwirklicht hat: sie verschwindet ganz, wenn das Maximum an sittlicher Sublimation der Völker erreicht und der Allgemeine Frieden diesen zur zweiten Natur geworden ist: das Phänomen der Herrschaft gehört dann der Geschichte an.

Wie aber soll dieser Entwurf im Bereich der historischen Realitäten verwirklicht werden? Wie wir sahen, war es gerade diese Frage, gegen deren Beantwortung sich Schlegels Modell einer herrschaftsfreien Assoziation der Völker sperrte. Görres dagegen glaubt, diese Problematik definitiv dadurch lösen zu können, daß er nicht wie Kant im revolutionären Frankreich das Indiz einer Tendenz zum ewigen Frieden sah, sondern in ihm ein historisches Subjekt entdecken zu können glaubte, das nicht nur das Recht, sondern die Pflicht hat, »eine Idee zu verwirklichen, die das Altertum nicht kannte; die unter allen Jahrhunderten nur das Neunzehnte ausgebildet sehen konnte; (...) nämlich: die einer großen Völkerrepublik«.[79] Erst die französische Republik und die in ihr durchgesetzten »gesetzmäßigen, Mißbräuchen weniger unterworfenen Formen« rücke die Realisation dieser Idee dadurch in den Bereich der Möglichkeit, daß die von ihr veranlaßten Kriege »in allen dazu empfänglichen freigewordenen Völkern jene glückliche Disposition« hervorbringen, »deren Dasein wir auch vorher nötig fanden, wenn Individuen die Stimme des Pflichtgebots hören und aus dem Stande der Barbarei herausgehen sollen«. Das Recht des revolutionären Frankreich, seine Nachbarstaaten im Sinne der in seiner konstitutionellen Struktur verankerten Friedensidee zu »republikanisieren«, ergibt sich aus der Tatsache, daß »ebenso wie nun nach dem bisherigen ein rechtmäßig organisierter Staat, im Augenblick seiner Bildung, ein inneres Zueignungs-, und nach derselben, ein inneres Eigentumsrecht auf seine Individuen bekommt«, das revolutionäre Frankreich ein »äußeres Zueignungsrecht auf die (es) umgebenden Barbaren (erhält); und nach der Einverleibung derselben ein ebenso gegründetes Eigentumsrecht als wie das auf seine Urbürger. Er hat nicht nötig, hiezu eine Verletzung abzuwarten; schon die Maxime derselben, bloß ihren Vorteil zur Richtschnur und die Befriedigung ihrer tierischen Gelüste sich zum Zwecke zu machen, ist Verletzung genug«.[80] Das Zueignungs- und Eigentumsrecht der französischen Republik besteht aber nicht nur gegenüber den despotischen Staaten, sondern gilt auch im Hinblick auf die der Völkerrepublik beigetretenen Nationen.[81]

Spätestens an dieser Stelle wird klar, daß sich die Friedensutopie bei Görres als affirmative Legitimationstheorie des revolutionären Frankreich erweist. Ohne die soziale und politische Realität der französischen Republik am Vorabend der napoleonischen Ära kritisch mit ihren eigenen Prinzipien zu konfrontieren, legitimiert sie im Namen der Abschaffung von Herrschaft deren Herrschaftsanspruch im zu begründenden Völkerstaat und im Namen des Friedens deren Recht auf offensive Kriegführung. Damit ist keineswegs, wie konservative Kritiker suggerieren, das Urteil über die Utopie eines weltweiten Friedens schlechthin gesprochen; wohl aber verdeutlicht die Wendung, die das Friedensmodell bei Görres in seinen praktischen Auswirkungen nimmt, Gefahren, die ein naives Utopieverständnis impliziert: Geht Kant aus von einer aufgeklärten Utopie, die gleichsam die aus der politischen Ökonomie der bürgerlichen Gesellschaft resultierenden restriktiven Voraussetzungen ihrer Verwirklichung in sich aufgenommen hat, so wird die Friedensutopie in dem Maße, wie sie sich bei Fichte und Schlegel in ihrer Zielsetzung radikalisiert, von ihrem konkreten Bedingungskontext gelöst, bis sie beim jungen Görres, nun vollends verabsolutiert, in ihr Gegenteil umschlägt: sie verkehrt sich zur missionarischen Kreuzzugsideologie, deren emanzipatorischer Anspruch in der Praxis seine eigenen Prämissen verleugnen muß. Gleichzeitig konnte diese Untersuchung aber auch zeigen, daß jeder Versuch, die Utopie per se unter Totalitarismus-Verdacht zu stellen, zu kurz greift. »Das Abwägen von Vor- und Nachteilen«, schreibt ein konservativer Interpret, »ist nicht Sache der Utopie, die ja alle Nachteile abschaffen will. Daran liegt das Gefährliche dieses Denkens: Aus Verzweiflung darüber, das Wesen der Macht nicht erkennen zu können, nimmt es Zuflucht zur schieren Gewalt. Das Problem des gehegten Krieges soll gelöst werden, indem der totale Krieg begonnen wird. Das Problem des Freund-Feind-Verhältnisses wird durch die reine Freund-Theorie gelöst, die sich ver-

wirklicht, indem man den Feind abschafft«.[82] Man sieht: um uto-
pisches Denken als solches zu diffamieren, wird von »der« Utopie
und ihren totalitären Implikationen gesprochen. Daß Utopien
nicht notwendig abstrakt und blind gegenüber dem »Wesen der
Macht« – was immer dies heißen mag! – sein müssen, sondern kon-
kret, d. h. realitätsbezogen im »Abwägen von Vor- und Nachteilen« ihr eigentliches Zentrum besitzen können, dürfte nicht zuletzt
Kant überzeugend gezeigt haben.

Kfar-hamakabi / Göttingen
im Oktober 1978
Zwi Batscha und
Richard Saage

Anmerkungen

1 Um Mißverständnissen vorzubeugen, sei bereits hier darauf hingewiesen, daß das
Ziel dieser Studie gleichzeitig in dem Nachweis besteht, daß es »die« Utopie nicht
gibt. Vielmehr wird man differenzieren müssen zwischen in ihren praktischen
Auswirkungen sehr unterschiedlichen utopischen Ansätzen: je nachdem, in welchem Maße sie den polit-ökonomischen Kontext, von dem sie ausgehen, berück-
sichtigen.

2 Freilich muß betont werden, daß der Begriff »Utopie« von den Verfassern dieses
Aufsatzes, nicht aber von Kant gebraucht wird. Er selbst distanziert sich von den
Utopien Platons, Thomas Morus' u. a., indem er deren subjektive und unprak-
tische Momente hervorhebt. Sie seien denn auch »nie (...) nur versucht worden«.
Ihnen konfrontiert er sein rechtliches Postulat des »Ewigen Friedens«, dem »sich
(...) zu nähern, nicht allein denkbar, sondern so weit es mit dem moralischen Gesetze zusammen bestehen kann, Pflicht« ist. (Immanuel Kant, Der Streit der Fakultäten, in: I. Kant, *Schriften zur Anthropologie, Geschichtsphilosophie, Politik
und Pädagogik 1*, Werkausgabe Band XI, hrsg. v. W. Weischedel, Frankfurt 1977
[stw 192], S. 366.)

3 In diesem Band S. 39, auch die drei folgenden Zitate.

4 Ebd., S. 40, auch die drei folgenden Zitate.

5 Ebd., S. 41, auch die beiden folgenden Zitate.

6 Ebd., S. 42

7 Ebd., S. 44

8 Zu den besitzindividualistischen Grundlagen der Kantschen Republik vgl.
Richard Saage, *Eigentum, Staat und Gesellschaft bei Immanuel Kant*, Stuttgart
1973.

9 In diesem Band S. 49, auch das folgende Zitat.

10 Ebd., S. 46, auch das folgende Zitat.

11 Ebd., S. 49, das folgende Zitat ebd., S. 49f.

12 Ebd., S. 50, die folgenden fünf Zitate S. 50f.

13 Vgl. hierzu in diesem Band S. 51.

14 Vgl. hierzu in den 5. Präliminarartikel, ebd., S. 41f.

15 Ebd., S. 62

16 Immanuel Kant, *Mutmaßlicher Anfang der Menschengeschichte*, in: Werkausgabe Band XI, a.a.O., S. 98

17 Immanuel Kant, *Idee zu einer allgemeinen Geschichte in weltbürgerlicher Absicht*, ebd., S. 46, auch das folgende Zitat.

18 In diesem Band S. 47, auch das folgende Zitat.

19 Ebd., S. 48f.

20 Ebd., S. 52

21 Ebd., S. 55, auch die beiden folgenden Zitate.

22 Ebd., S. 56

23 Ebd., auch die drei folgenden Zitate.

24 Ebd., S. 57, auch die beiden folgenden Zitate.

25 Ebd.

26 Ebd., S. 55

27 Ebd., S. 57, das folgende Zitat S. 57f.

28 Walter Euchner, Kant als Philosoph des politischen Fortschritts, in: Eduard Gerresheim (Hrsg.), *Immanuel Kant 1724/1974. Kant als politischer Denker*, Bonn-Bad Godesberg 1974, S. 24 f. Euchner weist allerdings zu Recht darauf hin, daß Kant in der 1798 erschienenen Schrift »Der Streit der Fakultäten« glaubte, »angesichts der weltweit verbreiteten Solidarität mit der französischen Revolution, die das Streben der Menschen nach besseren politischen Zuständen unmißverständlich erkennen lasse, nun nicht mehr bloß von einer teleologischen Betrachtung der Geschichte sprechen zu müssen, sondern den wahren, allen Ungläubigen zum Trotz auch für die strengste Theorie haltbare(n) Satz formulieren zu können: ›daß das menschliche Geschlecht im Fortschreiten zum Besseren immer gewesen sei, und so fernerhin fortgehen werde‹« (a.a.O., S. 10).

29 Vgl. hierzu in diesem Band S. 57f.

30 Georg Picht, *Prognose, Utopie, Planung. Die Situation der Menschen in der Zukunft der technischen Welt*, Stuttgart 1967, S. 42.

31 Daß Kants Friedensutopie aus heutiger Sicht ihre prognostischen Schwächen hat, ist in der Literatur oft hervorgehoben worden. Damit ist aber keineswegs widerlegt, was von Raumer an der Kantschen Friedenskonzeption hervorhebt, daß sie nämlich »den Boden des Wirklichen nicht verläßt, ja daß er dieses Wirkliche nüchterner und illusionsloser sieht als irgendeiner seiner Vorgänger, das macht ihn, den Idealisten, gleichzeitig zum ersten Realisten des Friedensgedankens in der europäischen Geistesgeschichte« (Kurt von Raumer, *Ewiger Friede. Friedensrufe und Friedenspläne seit der Renaissance*, Freiburg und München 1953, S. 174).

32 In diesem Band S. 86

33 Ebd., S. 88

34 Ebd., S. 43

35 Ebd., S. 87

36 Ebd., S. 89f.

37 Ebd., S. 85, auch das folgende Zitat.

38 Ebd., S. 91

39 Ebd., S. 92

40 Ebd.

41 Ebd., die beiden folgenden Zitate S. 97f..

42 Bekanntlich hat sich Fichte vom Laisser-faire-Prinzip als »Garanten« des Friedens
   in seinem 1800 erschienenen »Geschlossenen Handelsstaat« distanziert. Seine
   Friedenskonzeption basiert in dieser Schrift darauf, daß jeder Staat seine »natürlichen« Grenzen erhält: gemeint ist damit ein Territorium, auf dem die Bewohner
   ihre wirtschaftliche Autarkie verwirklichen können, die sie vom internationalen
   Handel unabhängig macht. Vgl. hierzu Iring Fetscher, *Modelle der Friedenssicherung*, München 1972, S. 47 ff.

43 Vgl. Zwi Batscha, *Gesellschaft und Staat in der politischen Philosophie Fichtes*,
   Frankfurt 1970, S. 152 ff. sowie A. R. Palmer, *The Age of Democratic Revolution*,
   Princeton 1964, Vol. II, S. 114 ff.

44 Vgl. I. H. Fichte, *J. G. Fichtes Leben und literarischer Briefwechsel*, Sulzbach
   1830, B. I, S. 78 ff.

45 Vgl. in diesem Band S. 92, auch das folgende Zitat.

46 Vgl. Johanna Schulze. *Die Auseinandersetzung zwischen Adel und Bürgertum in
   den deutschen Zeitschriften der letzten drei Jahrzehnte des 18. Jahrhunderts*, Berlin 1925, S. 65 ff.

47 In diesem Band S. 97 f. Schlegel reagierte mit diesem Aufsatz nicht nur auf Kantsche Theoreme, sondern veranlaßte auch umgekehrt Kant zu einer Stellungnahme.
   Kant antwortet nämlich auf die von Schlegel aufgeworfene Frage, ob die Entwicklung des Menschengeschlechts zum Besseren nur ein praktisches Problem sei oder
   ob sie aus der Erfahrung abgeleitet werden könne. Faßt Kant den Fortschritt im
   »Ewigen Frieden« als praktisches Problem, so glaubt er ihn im 2. Teil des »Streits
   der Fakultäten« aufgrund der durch die Französische Revolution sichtbar gewordenen Tendenzen von der Erfahrung her begründen zu können. Vgl. hierzu auch
   Anm. 28.

48 Ebd., S. 98

49 Ebd., die folgenden vier Zitate S. 98 f.

50 Ebd., S. 99

51 Die Konzeption der herrschaftsfreien Gesellschaft dürfte Friedrich Schlegel unter
   dem direkten Einfluß Fichtes entwickelt haben. Er war 1794 Fichtes Schüler in
   Jena, als dieser im Rahmen seiner Vorträge über die »Bestimmung des Gelehrten«
   seine Theorie des absterbenden Staats entwickelte.

52 Ebd., S. 95, auch die beiden folgenden Zitate.

53 Ebd., auch die drei folgenden Zitate S. 95 f.

54 Ebd., S. 105, die beiden folgenden Zitate S. 105 f.

55 Vgl. hierzu S. 106 in diesem Band, das folgende Zitat S. 106 f.

56 Ebd., S. 99

57 Ebd., S. 103

58 Ebd., das folgende Zitat S. 103 f.

59 Ebd., S. 105

60 Kant dagegen distanziert sich, wie es scheint, von Robespierre, wenn er schreibt:
   »Weh aber dem Gesetzgeber, der eine auf ethische Zwecke gerichtete Verfassung
   durch Zwang bewirken wollte! Denn er würde dadurch nicht allein gerade das Gegenteil der ethischen bewirken, sondern auch seine politische untergraben und unsicher machen« (*Die Religion innerhalb der Grenzen der bloßen Vernunft*, in:
   Werkausgabe Band VIII, a.a.O., S. 754).

61 In diesem Band S. 108, auch das folgende Zitat.

62 Am antiken Vorbild orientiert, ist nach Schlegel in bestimmten Sonderfällen eine
   zeitlich begrenzte Diktatur durchaus vorteilhaft; zudem steht sie keineswegs im
   Gegensatz zu den Grundsätzen des Republikanismus und der repräsentativen De-

mokratie.

63 In diesem Band S. 108, das folgende Zitat S. 109

64 Nach Schlegel ist der Republikanismus deswegen demokratisch, weil für ihn der Allgemeine Wille konstitutiv ist, der als Idealität seine Entsprechung in der »Welt der Erscheinung« im Willen der Mehrheit hat. Dies vorausgesetzt, muß Schlegel denn auch Kants Urteil über die Demokratie modifizieren, wonach unter den drei Staatsformen der Autokratie, Aristokratie und Demokratie, »die der Demokratie im eigentlichen Verstande des Worts notwendig ein Despotism« ist. (In diesem Band S. 45) Schlegel wendet demgegenüber ein, »der von Kant gegebene Begriff der Demokratie (scheint) der Ochlokratie angemessener zu sein. Die Ochlokratie ist der Despotismus der Mehrheit über die Minorität« (a.a.O., S. 103).

65 Vgl. hierzu in diesem Band S. 103

66 Ebd., S. 105, auch das folgende Zitat.

67 Vgl. hierzu Richard Saage, Besitzindividualistische Perspektiven der politischen Theorie Kants, in: *NPL 2*, 1972, S. 192 f.

68 In diesem Band S. 121

69 Ebd., S. 144, auch die drei folgenden Zitate.

70 Ebd., S. 145

71 Ebd. Der hier skizzierte Gedankengang Görres' steht stark unter dem Einfluß Rousseaus. Vgl. hierzu insbesondere das 8. Kapitel des I. Buches des »Contrat Social«. Zum Einfluß Rousseaus in Deutschland vgl. Bernard Weissel, *Von wem die Gewalt in den Staaten herrührt. Beiträge zu den Auswirkungen der Staats- und Gesellschaftsauffassungen Rousseaus auf Deutschland im letzten Viertel des 18. Jahrhunderts*, Berlin 1963.

72 Ebd., S. 145, auch das folgende Zitat.

73 Vgl. John Locke, *Zwei Abhandlungen über die Regierung*, Hrsg. Walter Euchner, Frankfurt 1967, S. 218 f.

74 In diesem Band S. 146

75 Vgl. Johann Gottlieb Fichte, Beitrag zur Berichtigung der Urteile des Publikums über die französische Revolution, in: Johann Gottlieb Fichte, *Schriften zur Revolution*, Hrsg. Bernard Willms, Köln und Opladen 1967, S. 93.

76 In diesem Band S. 146

77 Ebd., S. 147 f.

78 Ebd., S. 148

79 Ebd., auch das folgende Zitat.

80 Ebd., S. 147

81 Ebd., S. 150 f.

82 Roman Schnur, Weltfriedensidee und Weltbürgerkrieg 1791/92, in: *Der Staat*, 2, (1963), S. 317.

Immanuel Kant
Zum ewigen Frieden – Ein philosophischer Entwurf*

* Erschien zuerst bei Friedrich Nicolovius, Königsberg 1795, neue vermehrte Auflage Königsberg 1796. Die Edition von 1796 liegt dem hier abgedruckten Text zugrunde.

Zum ewigen Frieden

Ob diese satirische Überschrift auf dem Schilde jenes holländischen Gastwirts, worauf ein Kirchhof gemalt war, die *Menschen* überhaupt, oder besonders die Staatsoberhäupter, die des Krieges nie satt werden können, oder wohl gar nur die Philosophen gelte, die jenen süßen Traum träumen, mag dahin gestellt sein. Das bedingt sich aber der Verfasser des Gegenwärtigen aus, daß, da der praktische Politiker mit dem theoretischen auf dem Fuß steht, mit großer Selbstgefälligkeit auf ihn als einen Schulweisen herabzusehen, der dem Staat, welcher von Erfahrungsgrundsätzen ausgehen müsse, mit seinen sachleeren Ideen keine Gefahr bringe, und den man immer seine elf Kegel auf einmal werfen lassen kann, ohne, daß sich der *weltkundige* Staatsmann daran kehren darf, dieser auch, im Fall eines Streits mit jenem sofern konsequent verfahren müsse, hinter seinen auf gut Glück gewagten, und öffentlich geäußerten Meinungen nicht Gefahr für den Staat zu wittern; – durch welche *clausula salvatoria* der Verfasser dieses sich dann hiemit in der besten Form wider alle bösliche Auslegung ausdrücklich verwahrt wissen will.

Erster Abschnitt,
welcher die Präliminarartikel zum ewigen Frieden unter Staaten enthält

1. »Es soll kein Friedensschluß für einen solchen gelten, der mit dem geheimen Vorbehalt des Stoffs zu einem künftigen Kriege gemacht worden.«

Denn alsdenn wäre er ja ein bloßer Waffenstillstand, Aufschub der Feindseligkeiten, nicht *Friede*, der das Ende aller Hostilitäten bedeutet, und dem das Beiwort *ewig* anzuhängen ein schon verdächtiger Pleonasm ist. Die vorhandene, obgleich jetzt vielleicht den Paziszierenden selbst noch nicht bekannte, Ursachen zum künftigen Kriege sind durch den Friedensschluß insgesamt vernichtet, sie mögen auch aus archivarischen Dokumenten mit noch so scharfsichtiger Ausspähungsgeschicklichkeit ausgeklaubt sein. – Der Vorbehalt (reservatio mentalis) alter allererst künftig auszudenkender Prätensionen, deren kein Teil für jetzt Erwähnung tun mag, weil beide zu sehr erschöpft sind, den Krieg fortzusetzen, bei dem bösen Willen, die erste günstige Gelegenheit zu diesem Zweck zu benutzen, gehört zur Jesuitenkasuistik, und ist unter der Würde der Regenten, so wie die Willfährigkeit zu dergleichen Deduktionen unter der Würde eines Ministers desselben, wenn man die Sache, wie sie an sich selbst ist, beurteilt. –
Wenn aber, nach aufgeklärten Begriffen der Staatsklugheit, in beständiger Vergrößerung der Macht, durch welche Mittel es auch sei, die wahre Ehre des Staats gesetzt wird, so fällt freilich jenes Urteil als schulmäßig und pedantisch in die Augen.

2. »Es soll kein für sich bestehender Staat (klein oder groß, das gilt hier gleichviel) von einem andern Staate durch Erbung, Tausch, Kauf oder Schenkung erworben werden können.«

Ein Staat ist nämlich nicht (wie etwa der Boden, auf dem er seinen Sitz hat) eine Habe (patrimonium). Er ist eine Gesellschaft von Menschen, über die niemand anders, als er selbst, zu gebieten und zu disponieren hat. Ihn aber, der selbst als Stamm seine eigene Wurzel hatte, als Pfropfreis einem andern Staate einzuverleiben, heißt seine Existenz, als einer moralischen Person, aufheben, und aus der letzteren eine Sache machen, und widerspricht also der Idee des ursprünglichen Vertrags, ohne die sich kein Recht über ein Volk denken läßt.[1] In welche Gefahr das Vorurteil dieser Erwerbungsart Europa, denn die andern Weltteile haben nie davon gewußt, in unsern bis auf die neuesten Zeiten gebracht habe, daß sich nämlich auch Staaten einander heuraten könnten, ist jedermann bekannt, teils als eine neue Art von Industrie, sich auch ohne Aufwand von Kräften durch Familienbündnisse übermächtig zu machen, teils auch auf solche Art den Länderbesitz zu erweitern. – Auch die Verdingung der Truppen eines Staats an einen andern, gegen einen nicht gemeinschaftlichen Feind, ist dahin zu zählen; denn die Untertanen werden dabei als nach Belieben zu handhabende Sachen gebraucht und verbraucht.

3. »Stehende Heere (miles perpetuus) sollen mit der Zeit ganz aufhören.«

Denn sie bedrohen andere Staaten unaufhörlich mit Krieg, durch die Bereitschaft, immer dazu gerüstet zu erscheinen; reizen diese an, sich einander in Menge der Gerüsteten, die keine Grenzen kennt, zu übertreffen, und, indem durch die darauf verwandten Kosten der Friede endlich noch drückender wird als ein kurzer Krieg, so sind sie selbst Ursache von Angriffskriegen, um diese Last loszuwerden; wozu kommt, daß zum Töten, oder getötet zu werden in Sold genommen zu sein einen Gebrauch von Menschen als bloßen Maschinen und Werkzeugen in der Hand eines andern (des Staats) zu enthalten scheint, der sich nicht wohl mit dem Rechte der Menschheit in unserer eigenen Person vereinigen läßt. Ganz anders ist es mit der freiwilligen periodisch vorgenommenen Übung der Staatsbürger in Waffen bewandt, sich und ihr Vaterland dadurch gegen Angriffe von außen zu sichern. – Mit der Anhäufung eines Schatzes würde es ebenso gehen, daß er, von andern Staaten als Bedrohung mit Krieg angesehen, zu zuvorkommenden Angriffen nötigte (weil unter den drei Mächten, der *Heeresmacht,* der *Bundesmacht* und der *Geldmacht,* die letztere wohl das zuverlässigste Kriegswerkzeug sein dürfte; wenn nicht die Schwierigkeit, die Größe desselben zu erforschen, dem entgegenstände).

4. »Es sollen keine Staatsschulden in Beziehung auf äußere Staatshändel gemacht werden.«

Zum Behuf der Landesökonomie (der Wegebesserung, neuer Ansiedlungen, Anschaffung der Magazine für besorgliche Mißwachsjahre usw.) außerhalb oder innerhalb dem Staate Hülfe zu suchen, ist diese Hülfsquelle unverdächtig. Aber, als entgegenwirkende Maschine der Mächte gegen einander, ist ein Kreditsystem ins Unabsehliche anwachsender und doch immer für die gegenwärtige Forderung (weil sie doch nicht von allen Gläubigern auf einmal geschehen wird) gesicherter Schulden – die sinnreiche Erfindung eines handeltreibenden Volks in diesem Jahrhundert – eine gefährliche Geldmacht, nämlich ein Schatz zum Kriegführen, der die Schätze aller andern Staaten zusammengenommen übertrifft, und nur durch den einmal bevorstehenden Ausfall der Taxen (der doch auch durch die Belebung des Verkehrs, vermittelst der Rückwirkung auf Industrie und Erwerb, noch lange hingehalten wird) erschöpft werden kann. Diese Leichtigkeit Krieg zu führen, mit der Neigung der Machthabenden dazu, welche der menschlichen Natur eingeartet zu sein scheint, verbunden, ist also ein großes Hindernis des ewigen Friedens, welches zu verbieten um desto mehr ein Präliminarartikel desselben sein müßte, weil der endlich doch unvermeidliche Staatsbankerott manche andere Staaten unverschuldet in den Schaden mitverwickeln muß, welches eine öffentliche Läsion der letzteren sein würde. Mithin sind wenigstens andere Staaten berechtigt, sich gegen einen solchen und dessen Anmaßungen zu verbünden.

5. »Kein Staat soll sich in die Verfassung und Regierung eines andern Staats gewalttätig einmischen.«

Denn was kann ihn dazu berechtigen? Etwa das Skandal, was er den Untertanen eines andern Staats gibt? Es kann dieser vielmehr, durch das Beispiel der großen Übel, die sich ein Volk durch seine Gesetzlosigkeit zugezogen hat, zur Warnung dienen; und überhaupt ist das böse Beispiel, was eine freie Person der andern gibt, (als scandalum acceptum) keine Läsion derselben. – Dahin würde zwar nicht zu ziehen sein, wenn ein Staat sich durch innere Verunreinigung in zwei Teile spaltet, deren jeder für sich einen besondern Staat vorstellt, der auf das Ganze Anspruch macht; wo einem derselben Beistand zu leisten einem äußern Staat nicht für Einmischung in die Verfassung des andern (denn es ist alsdann Anarchie) angerechnet werden könnte. So lange aber dieser innere Streit noch nicht entschieden ist, würde diese Einmischung äußere Mächte Verletzung der Rechte eines nur mit seiner innern Krankheit ringenden, von keinem andern abhängigen Volks, selbst also ein gegebenes Skandal sein, und die Autonomie aller Staaten unsicher machen.

> 6. »Es soll sich kein Staat im Kriege mit einem andern solche Feindseligkeiten erlauben, welche das wechselseitige Zutrauen im künftigen Frieden unmöglich machen müssen: als da sind, Anstellung der *Meuchelmörder* (percussores), *Giftmischer* (venefici), *Brechung der Kapitulation, Anstiftung des Verrats* (perduellio) in dem bekriegten Staat etc.«

Das sind ehrlose Stratagemen. Denn irgend ein Vertrauen auf die Denkungsart des Feindes muß mitten im Kriege noch übrig bleiben, weil sonst auch kein Friede abgeschlossen werden könnte, und die Feindseligkeit in einen Ausrottungskrieg (bellum internecinum) ausschlagen würde; da der Krieg doch nur das traurige Notmittel im Naturzustande ist (wo kein Gerichtshof vorhanden ist, der rechtskräftig urteilen könnte), durch Gewalt sein Recht zu behaupten; wo keiner von beiden Teilen für einen ungerechten Feind erklärt werden kann (weil das schon einen Richterausspruch voraussetzt), sondern der *Ausschlag* desselben (gleich als vor einem so genannten Gottesgerichte) entscheidet, auf wessen Seite das Recht ist; zwischen Staaten aber sich kein Bestrafungskrieg (bellum punitivum) denken läßt (weil zwischen ihnen kein Verhältnis eines Obern zu einem Untergebenen statt findet). – Woraus denn folgt: daß ein Ausrottungskrieg, wo die Vertilgung beide Teile zugleich, und mit dieser auch alles Rechts treffen kann, den ewigen Frieden nur auf dem großen Kirchhofe der Menschengattung statt finden lassen würde. Ein solcher Krieg also, mithin auch der Gebrauch der Mittel, die dahin führen, muß schlechterdings unerlaubt sein. – Daß aber die genannte Mittel unvermeidlich dahin führen, erhellt daraus: daß jene höllische Künste, da sie an sich selbst niederträchtig sind, wenn sie in Gebrauch gekommen, sich nicht lange innerhalb der Grenze des Krieges halten, wie etwa der Gebrauch der Spione (uti exploratoribus), wo nur die Ehrlosigkeit *anderer* (die nun einmal nicht ausgerottet werden kann) benutzt wird, sondern auch in den Friedenszustand übergehen, und so die Absicht desselben gänzlich vernichten würden.

Obgleich die angeführten Gesetze objektiv, d.i. in der Intention der Machthabenden, lauter *Verbotgesetze* (leges prohibitivae) sind, so sind doch einige derselben von der *strengen*, ohne Unterschied der Umstände geltenden Art (*leges strictae*), die *sofort* auf Abschaffung dringen (wie Nr. 1, 5, 6), andere aber (wie Nr. 2, 3, 4), die zwar nicht als Ausnahmen von der Rechtsregel, aber doch in Rücksicht auf die *Ausübung* derselben, durch die Umstände, *subjektiv* für die Befugnis erweiternd (leges latae), und Erlaubnisse enthalten, die Vollführung *aufzuschieben*, ohne doch den Zweck aus den Augen zu verlieren, der diesen Aufschub, z.B. der *Wiedererstattung* der gewissen Staaten, nach Nr. 2, entzogenen Freiheit, nicht auf *dem* Nimmertag (wie August zu versprechen pflegte, ad calendas graecas) auszusetzen, mithin die Nichterstattung, sondern nur, damit sie nicht übereilt und so der Absicht selbst zuwider geschehe, die Verzögerung erlaubt. Denn das Verbot betrifft hier nur die *Erwerbungsart*, die fernerhin nicht gelten soll, aber nicht den *Besitzstand*, der, ob er zwar nicht den erforderlichen Rechtstitel hat, doch zu seiner Zeit (der putativen Erwerbung), nach der damaligen öffentlichen Meinung, von allen Staaten für rechtmäßig gehalten wurde.[2]

Zweiter Abschnitt,
welcher die Definitivartikel zum ewigen Frieden unter Staaten enthält

Der Friedenszustand unter Menschen, die neben einander leben, ist kein Naturstand (status naturalis), der vielmehr ein Zustand des Krieges ist, d.i. wenn gleich nicht immer ein Ausbruch der Feindseligkeiten, doch immerwährende Bedrohung mit denselben. Er muß also *gestiftet* werden; denn die Unterlassung der letzteren ist noch nicht Sicherheit dafür, und, ohne daß sie einem Nachbar von dem andern geleistet wird (welches aber nur in einem *gesetzlichen* Zustande geschehen kann), kann jener diesen, welchen er dazu aufgefordert hat, als einen Feind behandeln.[3]

Erster Definitivartikel zum ewigen Frieden

Die bürgerliche Verfassung in jedem Staate soll republikanisch sein.

Die erstlich nach Prinzipien der *Freiheit* der Glieder einer Gesellschaft (als Menschen); zweitens nach Grundsätzen der *Abhängigkeit* aller von einer einzigen gemeinsamen Gesetzgebung (als Untertanen); und drittens, die nach dem Gesetz der *Gleichheit* derselben *(als Staatsbürger)* gestiftete Verfassung – die einzige, welche aus der Idee des ursprünglichen Vertrags hervorgeht, auf der alle rechtliche Gesetzgebung eines Volks gegründet sein muß – ist die *republikanische.*[4] Dies ist also, was das Recht betrifft, an sich selbst diejenige, welche allen Arten der bürgerlichen Konstitution ursprünglich zum Grunde liegt; und nun ist nur die Frage: ob sie auch die einzige ist, die zum ewigen Frieden hinführen kann? Nun hat aber die republikanische Verfassung, außer der Lauterkeit ihres Ursprungs, aus dem reinen Quell des Rechtsbegriffs entsprungen zu sein, noch die Aussicht in die gewünschte Folge, nämlich den ewigen Frieden; wovon der Grund dieser ist. – Wenn (wie es in dieser Verfassung nicht anders sein kann) die Beistimmung der Staatsbürger dazu erfordert wird, um zu beschließen, »ob Krieg sein solle, oder nicht«, so ist nichts natürlicher, als daß, da sie alle Drangsale des Krieges über sich selbst beschließen müßten (als da sind: selbst zu fechten; die Kosten des Krieges aus ihrer eigenen Habe herzugeben; die Verwüstung, die er hinter sich läßt, kümmerlich zu verbessern; zum Übermaße des Übels endlich noch eine, den Frieden selbst verbitternde, nie (wegen naher immer neuer Kriege) zu tilgende Schuldenlast selbst zu übernehmen), sie sich sehr bedenken werden, ein so schlimmes Spiel anzufangen: Da hingegen in einer Verfassung, wo der Untertan nicht Staatsbürger, die also nicht republikanisch ist, es die unbedenklichste Sache von der Welt ist, weil das Oberhaupt nicht Staatsgenosse, sondern Staatseigentümer ist, an seinen Tafeln, Jagden, Lustschlössern, Hoffesten u. d. gl. durch den Krieg nicht das mindeste einbüßt, diesen also wie eine Art von Lustpartie aus unbedeutenden Ursachen beschließen, und der Anständigkeit wegen dem dazu allezeit fertigen diplomatischen Korps die Rechtfertigung desselben gleichgültig überlassen kann.

Damit man die republikanische Verfassung nicht (wie gemeiniglich geschieht) mit der demokratischen verwechsele, muß folgendes bemerkt werden. Die Formen eines Staats (civitas) können entweder nach dem Unterschiede der Personen, welche die oberste Staatsgewalt inne haben, oder nach der *Regierungsart* des Volks durch sein Oberhaupt, er mag sein welcher er wolle, eingeteilt werden; die erste heißt eigentlich die Form der *Beherrschung* (forma imperii), und es sind nur drei derselben möglich, wo nämlich entweder nur *einer*, oder *einige* unter sich verbunden, oder *alle* zusammen, welche die bürgerliche Gesellschaft ausmachen, die Herrschergewalt besitzen (*Autokratie, Aristokratie* und *Demokratie*, Fürstengewalt, Adelsgewalt und Volksgewalt). Die zweite ist die Form der Regierung (forma regiminis), und betrifft die auf die Konstitution (den Akt des allgemeinen Willens, wodurch die Menge ein Volk wird) gegründete Art, wie der Staat von seiner Machtvollkommenheit Gebrauch macht: und ist in dieser Beziehung entweder *republikanisch* oder *despotisch*. Der *Republikanism* ist das Staatsprinzip der Absonderung der ausführenden Gewalt (der Regierung) von der gesetzgebenden; der Despotism ist das der eigenmächtigen Vollziehung des Staats von Gesetzen, die er selbst gegeben hat, mithin der öffentliche Wille, sofern er von dem Regenten als sein Privatwille gehandhabt wird. – Unter den drei Staatsformen ist die der *Demokratie*, im eigentlichen Verstande des Worts, notwendig ein *Despotism*, weil sie eine exekutive Gewalt gründet, da alle über und allenfalls auch wider Einen (der also nicht mit einstimmt), mithin alle, die doch nicht alle sind, beschließen; welches ein Widerspruch des allgemeinen Willens mit sich selbst und mit der Freiheit ist.

Alle Regierungsform nämlich, die nicht *repräsentativ* ist, ist eigentlich eine *Unform*, weil der Gesetzgeber in einer und derselben Person zugleich Vollstrecker seines Willens (so wenig, wie das Allgemeine des Obersatzes in einem Vernunftschlusse zugleich die Subsumtion des Besondern unter jenem im Untersatze) sein kann, und, wenn gleich die zwei andern Staatsverfassungen so fern immer fehlerhaft sind, daß sie einer solchen Regierungsart Raum geben, so ist es bei ihnen doch wenigstens möglich, daß sie eine dem *Geiste* eines repräsentativen Systems gemäße Regierungsart annähmen, wie etwa Friedrich II. wenigstens *sagte:* er sei bloß der oberste Diener des Staats[5], da hingegen die demokratische es unmöglich macht, weil alles da Herr sein will. – Man kann daher sagen: je kleiner das Personale der Staatsgewalt (die Zahl der Herrscher), je größer dagegen die Repräsentation derselben, desto mehr stimmt die Staatsverfassung zur Möglichkeit des Republikanism, und sie kann hoffen, durch allmähliche Reformen sich dazu endlich zu erheben. Aus diesem Grunde ist es in der Aristokratie schon schwerer, als in der Monarchie, in der Demokratie aber unmöglich, anders, als durch gewaltsame Revolution zu dieser einzigen vollkommen rechtlichen Verfassung zu gelangen. Es ist aber an der Regierungsart[6] dem Volk ohne alle Vergleichung mehr gelegen, als an der Staatsform (wiewohl auch auf dieser ihre mehrere oder mindere Angemessenheit zu jenem Zwecke sehr viel ankommt). Zu jener aber, wenn sie dem Rechtsbegriffe gemäß sein soll, gehört das repräsentative System, in welchem allein eine republikanische Regierungsart möglich, ohne welches sie (die Verfassung mag sein welche sie wolle) despotisch und gewalttätig ist. – Keine der alten sogenannten Republiken hat dieses gekannt, und sie mußten sich darüber auch schlechterdings in dem Despotism auflösen, der unter der Obergewalt eines Einzigen noch der erträglichste unter allen ist.

Zweiter Definitivartikel zum ewigen Frieden

Das Völkerrecht soll auf einen *Förderalism* freier Staaten gegründet sein.

Völker, als Staaten, können wie einzelne Menschen beurteilt werden, die sich in ihrem Naturzustande (d. i. in der Unabhängigkeit von äußern Gesetzen) schon durch ihr Nebeneinandersein lädieren, und deren jeder, um seiner Sicherheit willen, von dem andern fordern kann und soll, mit ihm in eine, der bürgerlichen ähnliche, Verfassung zu treten, wo jedem sein Recht gesichert werden kann. Dies wäre ein *Völkerbund*, der aber gleichwohl kein Völkerstaat sein müßte. Darin aber wäre ein Widerspruch; weil ein jeder Staat das Verhältnis eines *Oberen* (Gesetzgebenden) zu einem *Unteren* (Gehorchenden, nämlich dem Volk) enthält, viele Völker aber in einem Staate nur ein Volk ausmachen würden, welches (da wir hier das Recht der *Völker* gegen einander zu erwägen haben, so fern sie so viel verschiedene Staaten ausmachen, und nicht in einem Staat zusammenschmelzen sollen) der Vorraussetzung widerspricht.

Gleichwie wir nun die Anhänglichkeit der Wilden an ihre gesetz-lose Freiheit, sich lieber unaufhörlich zu balgen, als sich einem ge-setzlichen, von ihnen selbst zu konstituierenden, Zwange zu un-terwerfen, mithin die tolle Freiheit der vernünftigen vorzuziehen, mit tiefer Verachtung ansehen, und als Rohigkeit, Ungeschliffen-heit und viehische Abwürdigung der Menschheit betrachten, so, sollte man denken, müßten gesittete Völker (jedes für sich zu einem Staat vereinigt) eilen, aus einem so verworfenen Zustande je eher desto lieber herauszukommen: Statt dessen aber setzt vielmehr je-der *Staat* seine Majestät (denn Volksmajestät ist ein ungereimter Ausdruck) gerade darin, gar keinem äußeren gesetzlichen Zwange unterworfen zu sein, und der Glanz seines Oberhaupts besteht darin, daß ihm, ohne daß er sich eben selbst in Gefahr setzen darf, viele Tausende zu Gebot stehen, sich für eine Sache, die sie nichts angeht, aufopfern zu lassen[7], und der Unterschied der europä-ischen Wilden von den amerikanischen besteht hauptsächlich darin, daß, da manche Stämme der letzteren von ihren Feinden gänzlich sind gegessen worden, die ersteren ihre Überwundene besser zu benutzen wissen, als sie zu verspeisen, und lieber die Zahl ihrer Untertanen, mithin auch die Menge der Werkzeuge zu noch ausgebreitetern Kriege durch sie zu vermehren wissen.

Bei der Bösartigkeit der menschlichen Natur, die sich im freien Verhältnis der Völker unverhohlen blicken läßt (indessen daß sie im bürgerlich-gesetzlichen Zustande durch den Zwang der Regie-rung sich sehr verschleiert), ist es doch zu verwundern, daß das Wort *Recht* aus der Kriegspolitik noch nicht als pedantisch ganz hat verwiesen werden können, und sich noch kein Staat erkühnet hat, sich für die letztere Meinung öffentlich zu erklären; denn noch werden *Hugo Grotius, Pufendorf, Vattel u. a. m.* (lauter leidige Tröster), obgleich ihr Kodex, philosophisch oder diplomatisch ab-gefaßt, nicht die mindeste *gesetzliche* Kraft hat, oder auch nur ha-ben kann (weil Staaten als solche nicht unter einem gemeinschaftli-chen äußeren Zwange stehen), immer treuherzig zur *Rechtferti-gung* eines Kriegsangriffs angeführt, ohne daß es ein Beispiel gibt, daß jemals ein Staat durch mit Zeugnissen so wichtiger Männer be-waffnete Argumente wäre bewogen worden, von seinem Vorhaben abzustehen. – Diese Huldigung, die jeder Staat dem Rechtsbegriffe (wenigstens den Worten nach) leistet, beweist doch, daß eine noch größere, ob zwar zur Zeit schlummernde, moralische Anlage im Menschen anzutreffen sei, über das böse Prinzip in ihm (was er nicht ableugnen kann) doch einmal Meister zu werden, und dies auch von andern zu hoffen; denn sonst würde das Wort *Recht* den Staaten, die sich einander befehden wollen, nie in den Mund kommen, es sei denn, bloß um einen Spott damit zu treiben, wie jener gallische Fürst es erklärte: »Es ist der Vorzug, den die Natur *dem* Stärkern über den Schwächern gegeben hat, daß dieser ihm gehorchen soll.«

Da die Art, wie Staaten ihr Recht verfolgen, nie, wie bei einem äußern Gerichtshofe, der Prozeß, sondern nur der Krieg sein kann, durch diesen aber und seinen günstigen Ausschlag, den *Sieg*, das Recht nicht entschieden wird, und durch den *Friedensvertrag* zwar wohl dem diesmaligen Kriege, aber nicht dem Kriegszustande (immer zu einem neuen Vorwand zu finden) ein Ende gemacht wird (den man auch nicht geradezu für ungerecht erklären kann, weil in diesem Zustande jeder in seiner eigenen Sache Richter ist), gleichwohl aber von Staaten, nach dem Völkerrecht, nicht eben das gelten kann, was von Menschen im gesetzlosen Zustande nach dem Naturrecht gilt, »aus diesem Zustande herausgehen zu sollen« (weil sie, als Staaten, innerlich schon eine rechtliche Verfassung haben, und also dem Zwange anderer, sie nach ihren Rechtsbegriffen unter eine erweiterte gesetzliche Verfassung zu bringen, entwachsen sind), indessen daß doch die Vernunft, vom Throne der höchsten moralisch gesetzgebenden Gewalt herab, den Krieg als Rechtsgang schlechterdings verdammt, den Friedenszustand dagegen zur unmittelbaren Pflicht macht, welcher doch, ohne einen Vertrag der Völker unter sich, nicht gestiftet oder gesichert werden kann: – so muß es einen Bund von besonderer Art geben, den man den *Friedensbund* (foedus pacificum) nennen kann, der vom *Friedensvertrag* (pactum pacis) darin unterschieden sein würde, daß dieser bloß *einen* Krieg, jener aber *alle* Kriege auf immer zu endigen suchte. Dieser Bund geht auf keinen Erwerb irgend einer Macht des Staats, sondern lediglich auf Erhaltung und Sicherung der *Freiheit* eines Staats, für sich selbst und zugleich anderer verbündeten Staaten, ohne daß diese doch sich deshalb (wie Menschen im Naturzustande) öffentlichen Gesetzen, und einem Zwange unter denselben, unterwerfen dürfen. – Die Ausführbarkeit (objektive Realität) dieser Idee der *Föderalität*, die sich allmählich über alle Staaten erstrecken soll, und so zum ewigen Frieden hinführt, läßt sich darstellen. Denn wenn das Glück es so fügt: daß ein mächtiges und aufgeklärtes Volk sich zu einer Republik (die ihrer

Natur nach zum ewigen Frieden geneigt sein muß) bilden kann, so gibt diese einen Mittelpunkt der föderativen Vereinigung für andere Staaten ab, um sich an sie anzuschließen, und so den Freiheitszustand der Staaten, gemäß der Idee des Völkerrechts, zu sichern, und sich durch mehrere Verbindungen dieser Art nach und nach immer weiter auszubreiten.

Daß ein Volk sagt: »es soll unter uns kein Krieg sein; denn wir wollen uns in einen Staat formieren, d. i. uns selbst eine oberste gesetzgebende, regierende und richtende Gewalt setzen, die unsere Streitigkeiten friedlich ausgleicht« – das läßt sich verstehen ––
Wenn aber dieser Staat sagt: »es soll kein Krieg zwischen mir und andern Staaten sein, obgleich ich keine oberste gesetzgebende Gewalt erkenne, die mir mein, und der ich ihr Recht sichere«, so ist es gar nicht zu verstehen, worauf ich dann das Vertrauen zu meinem Rechte gründen wolle, wenn es nicht das Surrogat des bürgerlichen Gesellschaftsbundes, nämlich der freie Föderalism ist, den die Vernunft mit dem Begriffe des Völkerrechts notwendig verbinden muß, wenn überall etwas dabei zu denken übrig bleiben soll.

Bei dem Begriffe des Völkerrechts, als eines Rechts *zum* Kriege, läßt sich eigentlich gar nichts denken (weil es ein Recht sein soll, nicht nach allgemein gültigen äußern, die Freiheit jedes einzelnen einschränkenden Gesetzen, sondern nach einseitigen Maximen durch Gewalt, was Recht sei, zu bestimmen), es müßte denn darunter verstanden werden: daß Menschen, die so gesinnt sind, ganz recht geschieht, wenn sie sich unter einander aufreiben, und also den ewigen Frieden in dem weiten Grabe finden, das alle Greuel der Gewalttätigkeit samt ihren Urhebern bedeckt. – Für Staaten, im Verhältnisse unter einander, kann es nach der Vernunft keine andere Art geben, aus dem gesetzlosen Zustande, der lauter Krieg enthält, herauszukommen, als daß sie, eben so wie einzelne Menschen, ihre wilde (gesetzlose) Freiheit aufgeben, sich zu öffentlichen Zwangsgesetzen bequemen, und so einen (freilich immer wachsenden) *Völkerstaat* (civitas gentium), der zuletzt alle Völker der Erde befassen würde, bilden. Da sie dieses aber nach ihrer Idee vom Völkerrecht durchaus nicht wollen, mithin, was in thesi richtig ist, in hypothesi verwerfen, so kann an die Stelle der positiven Idee *einer Weltrepublik* (wenn nicht alles verloren werden soll) nur das *negative* Surrogat eines den Krieg abwehrenden, bestehenden, und sich immer ausbreitenden *Bundes* den Strom der rechtscheuenden, feindseligen Neigung aufhalten, doch mit beständiger Gefahr ihres Ausbruchs (Furor impius intus – fermit horridus ore cruento[7a]. *Virgil*). (»Die gottlose Kriegswut... schnaubt drinnen schrecklich mit blutgierigem Maul« – Übers. d. Hrsg.)

Dritter Definitivartikel zum ewigen Frieden

»Das *Weltbürgerrecht* soll auf Bedingungen der allgemeinen *Hospitalität* eingeschränkt sein.«

Es ist hier, wie in den vorigen Artikeln, nicht von Philanthropie, sondern vom *Recht* die Rede, und da bedeutet *Hospitalität* (Wirtbarkeit) das Recht eines Fremdlings, seiner Ankunft auf dem Boden eines andern wegen, von diesem nicht feindselig behandelt zu werden. Dieser kann ihn abweisen, wenn es ohne seinen Untergang geschehen kann; so lange er aber auf seinem Platz sich friedlich verhält, ihm nicht feindlich begegnen. Es ist kein *Gastrecht*, worauf dieser Anspruch machen kann (wozu ein besonderer wohltätiger Vertrag erfordert werden würde, ihn auf eine gewisse Zeit zum Hausgenossen zu machen), sondern ein *Besuchsrecht*, welches allen Menschen zusteht, sich zur Gesellschaft anzubieten, vermöge des Rechts des gemeinschaftlichen Besitzes der Oberfläche der Erde, auf der, als Kugelfläche, sie sich nicht ins Unendliche zerstreuen können, sondern endlich sich doch neben einander dulden zu müssen, ursprünglich aber niemand an einem Orte der Erde zu sein mehr Recht hat, als der andere. – Unbewohnbare Teile dieser Oberfläche, das Meer und die Sandwüsten, trennen diese Gemeinschaft, doch so, daß das *Schiff*, oder das *Kamel* (das *Schiff* der Wüste) es möglich machen, über diese herrenlosen Gegenden sich einander zu nähern, und das Recht der *Oberfläche*, welches der Menschengattung gemeinschaftlich zukommt, zu einem möglichen Verkehr zu benutzen. Die Unwirtbarkeit der Seeküsten (z. B. der Barbaresken), Schiffe in nahen Meeren zu rauben, oder gestrandete Schiffsleute zu Sklaven zu machen, oder die der Sandwüsten (der arabischen Beduinen), die Annäherung zu den nomadischen Stämmen als ein Recht anzusehen, sie zu plündern, ist also dem Naturrecht zuwider, welches Hospitalitätsrecht aber, d. i. die Befugnis der fremden Ankömmlinge, sich nicht weiter erstreckt, als auf die Bedingungen der Möglichkeit, einen Verkehr mit den alten Einwohnern zu *versuchen*. – Auf diese Art können entfernte Weltteile mit einander friedlich in Verhältnisse kommen, die zuletzt öffentlich gesetzlich werden, und so das menschliche Geschlecht endlich einer weltbürgerlichen Verfassung immer näher bringen können.

Vergleicht man hiemit das *inhospitale* Betragen der gesitteten, vornehmlich handeltreibenden Staaten unseres Weltteils, so geht die Ungerechtigkeit, die sie in dem *Besuche* fremder Länder und Völker (welches ihnen mit dem *Erobern* derselben für einerlei gilt) beweisen, bis zum Erschrecken weit. Amerika, die Negerländer, die Gewürzinseln, das Kap etc. waren, bei ihrer Entdeckung, für sie Länder, die keinem angehörten; denn die Einwohner rechneten sie für nichts. In Ostindien (Hindustan) brachten sie, unter dem Vorwande bloß beabsichtigter Handelsniederlagen, fremde Kriegsvölker hinein, mit ihnen aber Unterdrückung der Eingebornen, Aufwiegelung der verschiedenen Staaten desselben zu weit ausgebreiteten Kriegen, Hungersnot, Aufruhr, Treulosigkeit, und wie die Litanei aller Übel, die das menschliche Geschlecht drücken, weiter lauten mag.

China[8] und Japan (*Nippon*), die den Versuch mit solchen Gästen gemacht hatten, haben daher weislich, jenes zwar den Zugang, aber nicht den Eingang, dieses auch den ersteren nur einem einzigen europäischen Volk, den Holländern, erlaubt, die sie aber doch dabei, wie Gefangene, von der Gemeinschaft mit den Eingeborenen ausschließen. Das Ärgste hiebei (oder, aus dem Standpunkte eines moralischen Richters betrachtet, das Beste) ist, daß sie dieser Gewalttätigkeit nicht einmal froh werden, daß alle diese Handlungsgesellschaften auf dem Punkte des nahen Umsturzes stehen, daß die Zuckerinseln, dieser Sitz der allergrausamsten und ausgedachtesten Sklaverei, keinen wahren Ertrag abwerfen, sondern nur mittelbar, und zwar zu einer nicht sehr löblichen Absicht, nämlich zu Bildung der Matrosen für Kriegsflotten, und also wieder zu Führung der Kriege in Europa dienen, und dieses möchten, die von der Frömmigkeit viel Werks machen, und, indem sie Unrecht wie Wasser trinken, sich in der Rechtgläubigkeit für Auserwählte gehalten wissen wollen.

Da es nun mit der unter den Völkern der Erde einmal durchgängig überhand genommenen (engeren oder weiteren) Gemeinschaft so weit gekommen ist, daß die Rechtsverletzung an *einem* Platz der Erde an *allen* gefühlt wird: so ist die Idee eines Weltbürgerrechts keine phantastische und überspannte Vorstellungsart des Rechts, sondern eine notwendige Ergänzung des ungeschriebenen Kodex, sowohl des Staats- als Völkerrechts zum öffentlichen Menschenrechte überhaupt, und so zum ewigen Frieden, zu dem man sich in der kontinuierlichen Annäherung zu befinden nur unter dieser Bedingung schmeicheln darf.

Erster Zusatz
Von der Garantie des ewigen Friedens

Das, was diese *Gewähr* (Garantie) leistet, ist nichts Geringeres, als die große Künstlerin *Natur* (natura daedala rerum – »die kunstfertige Natur«; Übers. d. Hrsg.), aus deren mechanischem Laufe sichtbarlich Zweckmäßigkeit hervorleuchtet, durch die Zwietracht der Menschen Eintracht wider ihren Willen emporkommen zu lassen, und darum, gleich als Nötigung einer ihren Wirkungsgesetzen nach uns unbekannten Ursache, *Schicksal*, bei Erwägung aber ihrer Zweckmäßigkeit im Laufe der Welt, als tiefliegende Weisheit einer höheren, auf den objektiven Endzweck des menschlichen Geschlechts gerichteten, und diesen Weltlauf prädeterminierenden Ursache *Vorsehung*[9] genannt wird, die wir zwar eigentlich nicht an diesen Kunstanstalten der Natur *erkennen*, oder auch nur daraus auf sie *schließen*, sondern (wie in aller Beziehung der Form der Dinge auf Zwecke überhaupt) nur *hinzudenken* können und müssen, um uns von ihrer Möglichkeit, nach der Analogie menschlicher Kunsthandlungen, einen Begriff zu machen, deren Verhältnis und Zusammenstimmung aber zu den Zwecke, die uns die Vernunft unmittelbar vorschreibt (dem moralischen), sich vorzustellen eine Idee ist, die zwar in *theoretischer* Absicht überschwenglich, in praktischer aber (z. B. in Ansehung des Pflichtbegriffs vom *ewigen Frieden*, um jenen Mechanismus der Natur dazu zu benutzen) dogmatisch und ihrer Realität nach wohl gegründet ist. – Der Gebrauch des Worts *Natur* ist auch, wenn es, wie hier, bloß um Theorie (nicht um Religion) zu tun ist, schicklicher für die Schranken der menschlichen Vernunft (als die sich in Ansehung des Verhältnisses der Wirkungen zu ihren Ursachen, innerhalb der Grenzen möglicher Erfahrung halten muß), und *bescheidener*, als der Ausdruck einer für uns erkennbaren *Vorsehung*, mit dem man sich vermessenerweise ikarische Flügel ansetzt, um dem Geheimnis ihrer unergründlichen Absicht näherzukommen.

Ehe wir nun diese Gewährleistung näher bestimmen, wird es nötig sein, vorher den Zustand nachzusuchen, den die Natur für die auf ihrem großen Schauplatz handelnde Personen veranstaltet hat, der ihre Friedenssicherung zuletzt notwendig macht; – alsdann aber allererst die Art, wie sie diese leiste.

Ihre provisorische Veranstaltung besteht darin: daß sie 1) für die Menschen in allen Erdgegenden gesorgt hat, daselbst leben zu können; – 2) sie durch *Krieg* allerwärtshin, selbst in die unwirtbarsten Gegenden, getrieben hat, um sie zu bevölkern; 3) – durch eben denselben sie in mehr oder weniger gesetzliche Verhältnisse zu treten genötigt hat. – Daß in den kalten Wüsten am Eismeer noch das Moos wächst, welches das *Renntier* unter dem Schnee hervorscharrt, um selbst die Nahrung, oder auch das Angespann des Ostjaken oder Samojeden zu sein; oder daß die salzichten Sandwüsten doch noch dem *Kamel*, welches zu Bereisung derselben gleichsam geschaffen zu sein scheint, um sie nicht unbenutzt zu lassen, enthalten, ist schon bewundernswürdig. Noch deutlicher aber leuchtet der Zweck hervor, wenn man gewahr wird, wie, außer den bepelzten Tieren am Ufer des Eismeeres, noch Robben, Walrosse und Walfische an ihrem Fleische Nahrung, und mit ihrem Tran Feurung für die dortigen Anwohner darreichen. Am meisten aber erregt die Vorsorge der Natur durch das Treibholz Bewunderung, was sie (ohne daß man recht weiß, wo es herkommt) diesen gewächslosen Gegenden zubringt, ohne welches Material sie weder ihre Fahrzeuge und Waffen, noch ihre Hütten zum Aufenthalt zurichten könnten; wo sie dann mit dem Kriege gegen die Tiere gnug zu tun haben, um unter sich friedlich zu leben. – Was sie aber *dahin getrieben* hat, ist vermutlich nichts anders als der Krieg gewesen. Das erste *Kriegswerkzeug* aber unter allen Tieren, die der Mensch, binnen der Zeit der Erdbevölkerung, zu zähmen und häuslich zu machen gelernt hatte, ist das *Pferd* (denn der Elefant gehört in die spätere Zeit, nämlich des Luxus schon errichteter Staaten), so wie die Kunst, gewisse, für uns jetzt, ihrer ursprünglichen Beschaffenheit nach, nicht mehr erkennbare Grasarten, *Getreide* genannt, anzubauen, ingleichen die Vervielfältigung und Verfeinerung der *Obstarten* durch Verpflanzung und Einpfropfung (vielleicht in Europa bloß zweier Gattungen, der Holzäpfel und Holzbirnen), nur im Zustande schon errichteter Staaten, wo gesichertes Grundeigentum statt fand, entstehen konnte, – nachdem die Menschen vorher in gesetzloser Freiheit von dem *Jagd*-[10], Fischer- und Hirtenleben bis zum *Ackerleben* durchgedrungen waren, und nun *Salz* und *Eisen* erfunden ward, vielleicht die ersteren weit und breit gesuchten Artikel eines Handelsverkehrs verschiedener Völker wurden, wodurch sie zuerst in ein *friedliches Verhältnis* gegen einander, und so, selbst mit Entfernteren, in Einverständnis, Gemeinschaft und friedliches Verhältnis unter einander gebracht wurden.

Indem die Natur nun dafür gesorgt hat, daß Menschen allerwärts auf Erden leben *könnten*, so hat sie zugleich auch despotisch gewollt, daß sie allerwärts leben *sollten*, wenn gleich wider ihre Neigung, und selbst ohne daß dieses Sollen zugleich einen Pflichtbegriff voraussetzte, der sie hiezu, vermittelst eines moralischen Gesetzes, verbände, – sondern sie hat, zu diesem ihrem Zweck zu gelangen, den Krieg gewählt. – Wir sehen nämlich Völker, die an der Einheit ihrer Sprache die Einheit ihrer Abstammung kennbar machen, wie die *Samojeden* am Eismeer einerseits, und ein Volk von ähnlicher Sprache, zweihundert Meilen davon entfernt, im *Altaischen* Gebirge andererseits, wozwischen sich ein anderes, nämlich mongalisches, berittenes und hiemit kriegerisches Volk gedrängt, und so jenen Teil ihres Stammes, weit von diesem, in die unwirtbarsten Eisgegenden versprengt hat, wo sie gewiß nicht aus eigener Neigung sich hin verbreitet hätten[11]; – ebenso die *Finnen* in der nordlichsten Gegend von Europa, *Lappen* genannt, von den jetzt eben so weit entfernten, aber der Sprache nach mit ihnen verwandten *Ungern*, durch dazwischen eingedrungne gotische und sarmatische Völker getrennt; und was kann wohl anders die *Eskimos* (vielleicht uralte europäische Abenteurer, ein von allen Amerikanern ganz unterschiedenes Geschlecht) in Norden, und die *Pescheräs* im Süden von Amerika, bis zum Feuerlande hingetrieben haben, als der Krieg, dessen sich die Natur als Mittel bedient, die Erde allerwärts zu bevölkern? Der Krieg aber selbst bedarf keines besonderen Bewegungsgrundes, sondern scheint auf die menschliche Natur gepfropft zu sein, und sogar als etwas Edles, wozu der Mensch durch den Ehrtrieb, ohne eigennützige Triebfedern, beseelt wird, zu gelten: so, daß *Kriegesmut* (von amerikanischen Wilden sowohl, als den europäischen, in den Ritterzeiten) nicht bloß, *wenn* Krieg ist (wie billig), sondern auch, *daß* Krieg sei, von unmittelbarem großem Wert zu sein geurteilt wird, und er oft, bloß um jenen zu zeigen, angefangen, mithin in dem Kriege an sich selbst eine innere *Würde* gesetzt wird, sogar, daß ihm auch wohl Philosophen, als einer gewissen Veredelung der Menschheit, eine Lobrede halten, uneingedenk des Ausspruchs jenes Griechen: »Der Krieg ist darin schlimm, daß er mehr böse Leute macht, als er deren wegnimmt.« – Soviel von dem, was die Natur *für ihren eigenen Zweck*, in Ansehung der Menschengattung als einer Tierklasse, tut.

Jetzt ist die Frage, die das Wesentliche der Absicht auf den ewigen Frieden betrifft: »Was die Natur in dieser Absicht, beziehungsweise auf den Zweck, den dem Menschen seine eigene Vernunft zur Pflicht macht, mithin zu Begünstigung seiner *moralischen* Absicht tue, und wie sie die Gewähr leiste, daß dasjenige, was der Mensch nach Freiheitsgesetzen tun *sollte*, aber nicht tut, dieser Freiheit unbeschadet auch durch einen Zwang der Natur, daß er es tun *werde*, gesichert sei, und zwar nach allen drei Verhältnissen des öffentlichen Rechts, des *Staats- Völker- und weltbürgerlichen Rechts*.« – Wenn ich von der Natur sage: sie *will*, daß dieses oder jenes geschehe, so heißt das nicht soviel, als: sie legt uns eine Pflicht auf, es zu tun (denn das kann nur die zwangsfreie praktische Vernunft), sondern sie *tut* es selbst, wir mögen wollen oder nicht (fata volentem ducunt, nolentem trahunt – *»den Willigen führt das Schicksal, den Widerstrebenden schleift es mit«* Übers. d. Hrsg.).

1. Wenn ein Volk auch nicht durch innere Mißhelligkeit genötigt würde, sich unter den Zwang öffentlicher Gesetze zu begeben, so würde es doch der Krieg von außen tun, indem, nach der vorher erwähnten Naturanstalt, ein jedes Volk ein anderes es drängende Volk zum Nachbarn vor sich findet, gegen das es sich innerlich zu einem *Staat* bilden muß, um, als *Macht*, gegen diesen gerüstet zu sein. Nun ist die *republikanische* Verfassung die einzige, welche dem Recht der Menschen vollkommen angemessen, aber auch die schwerste zu stiften, vielmehr noch zu erhalten ist, dermaßen, daß viele behaupten, es müsse ein Staat von *Engeln* sein, weil Menschen mit ihren selbstsüchtigen Neigungen einer Verfassung von so sublimer Form nicht fähig wären. Aber nun kommt die Natur dem verehrten, aber zur Praxis ohnmächtigen allgemeinen, in der Vernunft gegründeten Willen, und zwar gerade durch jene selbstsüchtige Neigungen, zu Hülfe, so daß es nur auf eine gute Organisation des Staats ankommt (die allerdings im Vermögen der Menschen ist), jener ihre Kräfte so gegen einander zu richten, daß eine die anderen in ihrer zerstörenden Wirkung aufhält, oder diese aufhebt:

so daß der Erfolg für die Vernunft so ausfällt, als wenn beide gar nicht da wären, und so der Mensch, wenn gleich nicht ein moralisch-guter Mensch, dennoch ein guter Bürger zu sein gezwungen wird. Das Problem der Staatserrichtung ist, so hart wie es auch klingt, selbst für ein Volk von Teufeln (wenn sie nur Verstand haben), auflösbar und lautet so: »Eine Menge von vernünftigen Wesen, die insgesamt allgemeine Gesetze für ihre Erhaltung verlangen, deren jedes aber in Geheim sich davon auszunehmen geneigt ist, so zu ordnen, und ihre Verfassung einzurichten, daß, obgleich sie in ihren Privatgesinnungen einander entgegen streben, diese einander doch so aufhalten, daß in ihrem öffentlichen Verhalten der Erfolg eben derselbe ist, als ob sie keine solchen böse Gesinnungen hätten.« Ein solches Problem muß *auflöslich* sein. Denn es ist nicht die moralische Besserung der Menschen, sondern nur der Mechanism der Natur, von dem die Aufgabe zu wissen verlangt, wie man ihn an Menschen benutzen könne, um den Widerstreit ihrer unfriedlichen Gesinnungen in einem Volk so zu richten, daß sie sich unter Zwangsgesetze zu begeben einander selbst nötigen, und so den Friedenszustand, in welchem Gesetze Kraft haben, herbeiführen müssen. Man kann dieses auch an den wirklich vorhandenen, noch sehr unvollkommen organisierten Staaten sehen, daß sie sich doch im äußeren Verhalten dem, was die Rechtsidee vorschreibt, schon sehr nähern, ob gleich das Innere der Moralität davon sicherlich nicht die Ursache ist (wie denn auch nicht von dieser die gute Staatsverfassung, sondern vielmehr, umgekehrt, von der letzteren allererst die gute moralische Bildung eines Volkes zu erwarten ist), mithin der Mechanism der Natur durch selbstsüchtige Neigungen, die natürlicherweise einander auch äußerlich entgegen wirken, von der Vernunft zu einem Mittel gebraucht werden kann, dieser ihrem eigenen Zweck, der rechtlichen Vorschrift, Raum zu machen, und hiemit auch, soviel an dem Staat selbst liegt, den inneren sowohl als äußeren Frieden zu befördern und zu sichern. – Hier heißt es also: Die Natur will unwiderstehlich, daß das Recht zuletzt die Obergewalt erhalte. Was man nun hier verabsäumt zu tun, das macht sich zuletzt selbst, obzwar mit viel Ungemächlichkeit. – »Biegt man das Rohr zu stark, so bricht's; und wer zuviel will, der will nichts.« *Bouterwek.*

2. Die Idee des Völkerrechts setzt die *Absonderung* vieler voneinander unabhängiger benachbarter Staaten voraus, und, obgleich ein solcher Zustand an sich schon ein Zustand des Krieges ist (wenn

nicht eine föderative Vereinigung derselben dem Ausbruch der Feindseligkeiten vorbeugt): so ist doch selbst dieser, nach der Vernunftidee, besser als die Zusammenschmelzung derselben, durch eine die andere überwachsende, und in eine Universalmonarchie übergehende Macht; weil die Gesetze mit dem vergrößten Umfange der Regierung immer mehr an ihrem Nachdruck einbüßen, und ein seelenloser Despotism, nachdem er die Keime des Guten ausgerottet hat, zuletzt doch in Anarchie verfällt. Indessen ist dieses das Verlangen jedes Staats (oder seines Oberhaupts), auf diese Art sich in den dauernden Friedenszustand zu versetzen, daß er, wo möglich, die ganze Welt beherrscht. Aber die *Natur* will es anders. – Sie bedient sich zweier Mittel, um Völker von der Vermischung abzuhalten und sie abzusondern, der Verschiedenheit der *Sprachen* und der *Religionen*[12], die zwar den Hang zum wechselseitigen Hasse, und Vorwand zum Kriege bei sich führt, aber doch, bei anwachsender Kultur und der allmählichen Annäherung der Menschen zu größerer Einstimmung in Prinzipien, zum Einverständnisse in einem Frieden leitet, der nicht, wie jener Despotism (auf dem Kirchhofe der Freiheit), durch Schwächung aller Kräfte, sondern durch ihr Gleichgewicht, im lebhaftesten Wetteifer derselben, hervorgebracht und gesichert wird.

3. So wie die Natur weislich die Völker trennt, welche der Wille jedes Staats, und zwar selbst nach Gründen des Völkerrechts, gern unter sich durch List oder Gewalt vereinigen möchte: so vereinigt sie auch andererseits Völker, die der Begriff des Weltbürgerrechts gegen Gewalttätigkeit und Krieg nicht würde gesichert haben, durch den wechselseitigen Eigennutz. Es ist der *Handelsgeist*, der mit dem Kriege nicht zusammen bestehen kann, und der früher oder später sich jedes Volks bemächtigt. Weil nämlich unter allen, der Staatsmacht untergeordneten, Mächten (Mitteln) die *Geldmacht* wohl die zuverlässigste sein möchte, so sehen sich Staaten (freilich wohl nicht eben durch Triebfedern der Moralität) gedrungen, den edlen Frieden zu befördern, und, wo auch immer in der Welt Krieg auszubrechen droht, ihn durch Vermittlungen abzuwehren, gleich als ob sie deshalb im beständigen Bündnisse ständen; denn große Vereinigungen zum Kriege können, der Natur der Sache nach, sich nur höchst selten zutragen, und noch seltener glücken. –– Auf die Art garantiert die Natur, durch den Mechanism in den menschlichen Neigungen selbst, den ewigen Frieden; freilich mit einer Sicherheit, die nicht hinreichend ist, die Zukunft

desselben (theoretisch) zu *weissagen*, aber doch in praktischer Absicht zulangt, und es zur Pflicht macht, zu diesem (nicht bloß schimärischen) Zwecke hinzuarbeiten.

Zweiter Zusatz[13]
Geheimer Artikel zum ewigen Frieden

Ein geheimer Artikel in Verhandlungen des öffentlichen Rechts ist objektiv, d. i. seinem Inhalte nach betrachtet, ein Widerspruch; subjektiv aber, nach der Qualität der Person beurteilt, die ihn diktiert, kann gar wohl darin ein Geheimnis statt haben, daß sie es nämlich für ihre Würde bedenklich findet, sich öffentlich als Urheberin desselben anzukündigen.

Der einzige Artikel dieser Art ist in dem Satze enthalten: *Die Maximen der Philosophen über die Bedingungen der Möglichkeit des öffentlichen Friedens sollen von den zum Kriege gerüsteten Staaten zu Rate gezogen werden.*

Es scheint aber für die gesetzgebende Autorität eines Staats, dem man natürlicherweise die größte Weisheit beilegen muß, verkleinerlich zu sein, über die Grundsätze seines Verhaltens gegen andere Staaten bei *Untertanen* (den Philosophen) Belehrung zu suchen; gleichwohl aber sehr ratsam, es zu tun. Also wird der Staat die letztere *stillschweigend* (also, indem er ein Geheimnis daraus macht) *dazu auffordern*, welches soviel heißt, als: er wird sie frei und öffentlich über die allgemeine Maximen der Kriegsführung und Friedensstiftung *reden lassen* (denn das werden sie schon von selbst tun, wenn man es ihnen nur nicht verbietet) und die Übereinkunft der Staaten unter einander über diesen Punkt bedarf auch keiner besonderen Verabredung der Staaten unter sich in dieser Absicht, sondern liegt schon in der Verpflichtung durch allgemeine (moralische gesetzgebende) Menschenvernunft. – Es ist aber hiemit nicht gemeint: daß der Staat den Grundsätzen des Philosophen vor den Aussprüchen des Juristen (des Stellvertreters der Staatsmacht) den Vorzug einräumen müsse, sondern nur, daß man ihn *höre*. Der letztere, der die *Waage* des Rechts und, neben bei auch das *Schwert* der Gerechtigkeit sich zum Symbol gemacht hat, bedient sich gemeiniglich des letzteren, nicht um etwa bloß alle fremde Einflüsse von dem ersteren abzuhalten, sondern, wenn die eine Schale nicht sinken will, das Schwert mit hineinzulegen (vae victis), wozu der Jurist, der nicht zugleich (auch der Moralität nach) Philosoph ist, die größte Versuchung hat, weil es seines Amts nur ist, vorhandene Gesetze anzuwenden, nicht aber, ob diese selbst nicht einer Verbesserung bedürfen, zu untersuchen, und rechnet diesen in der Tat niedrigeren Rang seiner Fakultät, darum weil er mit Macht begleitet ist (wie es auch mit den beiden anderen der Fall ist), zu den höheren. – Die philosophische steht unter dieser verbündeten Gewalt auf einer sehr niedrigen Stufe. So heißt es z. B. von der Philosophie, sie sei die *Magd* der Theologie (und eben so lautet es von den zwei anderen). – Man sieht aber nicht recht, »ob sie ihrer gnädigen Frauen die Fackel vorträgt oder die Schleppe nachträgt.«

Daß Könige philosophieren, oder Philosophen Könige würden, ist nicht zu erwarten, aber auch nicht zu wünschen; weil der Besitz der Gewalt das freie Urteil der Vernunft unvermeidlich verdirbt. Daß aber Könige oder königliche (sich selbst nach Gleichheitsgesetzen beherrschende) Völker die Klasse der Philosophen nicht schwinden oder verstummen, sondern öffentlich sprechen lassen, ist beiden zu Beleuchtung ihres Geschäfts unentbehrlich und, weil diese Klasse ihrer Natur nach der Rottierung und Klubbenverbündung unfähig ist, wegen der Nachrede einer *Propagande* verdachtlos.

Anhang

I. Über die Mißhelligkeit zwischen der Moral und der Politik, in Absicht auf den ewigen Frieden

Die Moral ist schon an sich selbst eine Praxis in objektiver Bedeutung, als Inbegriff von unbedingt gebietenden Gesetzen, nach denen wir handeln *sollen*, und es ist offenbare Ungereimtheit, nachdem man diesem Pflichtbegriff seine Autorität zugestanden hat, noch sagen zu wollen, daß man es doch nicht *könne*. Denn alsdann fällt dieser Begriff aus der Moral von selbst weg (ultra posse nemo obligatur); mithin kann es keinen Streit der Politik, als ausübender Rechtslehre, mit der Moral, als einer solchen, aber theoretischen (mithin keinen Streit der Praxis mit der Theorie) geben: man müßte denn unter der letzteren eine allgemeine *Klugheitslehre*, d.i. eine Theorie der Maximen verstehen, zu seinen auf Vorteil berechneten Absichten die tauglichsten Mittel zu wählen, d.i. leugnen, daß es überhaupt eine Moral gebe.

Die Politik sagt: *»Seid klug wie die Schlangen«;* die Moral setzt (als einschränkende Bedingung) hinzu: *»und ohne Falsch wie die Tauben.«* Wenn beides nicht in einem Gebote zusammen bestehen kann, so ist wirklich ein Streit der Politik mit der Moral; soll aber doch durchaus beides vereinigt sein, so ist der Begriff vom Gegenteil absurd, und die Frage, wie jener Streit auszugleichen sei, läßt sich gar nicht einmal als Aufgabe hinstellen. Obgleich der Satz: *Ehrlichkeit ist die beste Politik*, eine Theorie enthält, der die Praxis, leider! sehr häufig widerspricht: so ist doch der gleichfalls theoretische: *Ehrlichkeit ist besser denn alle Politik*, über allen Einwurf unendlich erhaben, ja die unumgängliche Bedingung der letzteren. Der Grenzgott der Moral weicht nicht dem Jupiter (dem Grenzgott der Gewalt); denn dieser steht noch unter dem Schicksal, d.i. die Vernunft ist nicht erleuchtet genug, die Reihe der vorherbestimmenden Ursachen zu übersehen, die den glücklichen oder schlimmen Erfolg aus dem Tun und Lassen der Menschen, nach dem Mechanism der Natur, mit Sicherheit vorher verkündigen (obgleich ihn dem Wunsche gemäß hoffen) lassen. Was man aber zu tun habe, um im Gleise der Pflicht (nach Regeln der Weisheit) zu bleiben, dazu und hiemit zum Endzweck leuchtet sie uns überall hell genug vor.

Nun gründet aber der Praktiker (dem die Moral bloße Theorie ist) seine trostlose Absprechung unserer gutmütigen Hoffnung (selbst bei eingeräumtem *Sollen* und *Können*) eigentlich darauf: daß er aus der Natur des Menschen vorher zu sehen vorgibt, er *werde* dasjenige nie *wollen*, was erfordert wird, um jenen zum ewigen Frieden hinführenden Zweck zustande zu bringen. – Freilich ist das Wollen *aller einzelnen* Menschen, in einer gesetzlichen Verfassung nach Freiheitsprinzipien zu leben (die *distributive* Einheit des Willens *aller*), zu diesem Zweck nicht hinreichend, sondern daß *alle zusammen* diesen Zustand wollen (die *kollektive* Einheit des vereinigten Willens), diese Auflösung einer schweren Aufgabe, wird noch dazu erfordert, damit ein Ganzes der bürgerlichen Gesellschaft werde, und, da also, über diese Verschiedenheit des partikularen Wollens aller, noch eine vereinigende Ursache desselben hinzukommen muß, um einen gemeinschaftlichen Willen herauszubringen, welches keiner von allen vermag: so ist in der *Ausführung* jener Idee (in der Praxis) auf keinen andern Anfang des rechtlichen Zustandes zu rechnen, als den durch *Gewalt*, auf deren Zwang nachher das öffentliche Recht gegründet wird; welches dann freilich (da man ohnedem des Gesetzgebers moralische Gesinnung hiebei wenig in Anschlag bringen kann, er werde, nach geschehener Vereinigung der wüsten Menge in ein Volk, diesem es nur überlassen, eine rechtliche Verfassung durch ihren gemeinsamen Willen zu Stande zu bringen) große Abweichungen von jener Idee (der Theorie) in der wirklichen Erfahrung schon zum voraus erwarten läßt.

Da heißt es dann: wer einmal die Gewalt in Händen hat, wird sich vom Volk nicht Gesetze vorschreiben lassen. Ein Staat, der einmal im Besitz ist, unter keinen äußeren Gesetzen zu stehen, wird sich in Ansehung der Art, wie er gegen andere Staaten sein Recht suchen soll, nicht von ihrem Richterstuhl abhängig machen, und selbst ein Weltteil, wenn er sich einem andern, der ihm übrigens nicht im Wege ist, überlegen fühlt, wird das Mittel der Verstärkung seiner Macht, durch Beraubung oder gar Beherrschung desselben, nicht unbenutzt lassen; und so zerrinnen nun alle Pläne der Theorie, für das Staats-, Völker- und Weltbürgerrecht, in sachleere unausführbare Ideale, dagegen eine Praxis, die auf empirische Prinzipien der menschlichen Natur gegründet ist, welche es nicht für zu niedrig hält, aus der Art, wie es in der Welt zugeht, Belehrung für ihre Maximen zu ziehen, einen sicheren Grund für ihr Gebäude der

Staatsklugheit zu finden allein hoffen könne.

Freilich, wenn es keine Freiheit und darauf gegründetes moralisches Gesetz gibt, sondern alles, was geschieht oder geschehen kann, bloßer Mechanism der Natur ist, so ist Politik (als Kunst, diesen zur Regierung der Menschen zu benutzen) die ganze praktische Weisheit, und der Rechtsbegriff ein sachleerer Gedanke. Findet man diesen aber doch unumgänglich nötig mit der Politik zu verbinden, ja ihn gar zur einschränkenden Bedingung der letztern zu erheben, so muß die Vereinbarkeit beider eingeräumt werden. Ich kann mir nun zwar einen *moralischen Politiker*, d. i. einen, der die Prinzipien der Staatsklugheit so nimmt, daß sie mit der Moral zusammen bestehen können, aber nicht einen *politischen Moralisten* denken, der sich eine Moral so schmiedet, wie es der Vorteil des Staatsmanns sich zuträglich findet.

Der moralische Politiker wird es sich zum Grundsatz machen: wenn einmal Gebrechen in der Staatsverfassung oder im Staatenverhältnis angetroffen werden, die man nicht hat verhüten können, so sei es Pflicht, vornehmlich für Staatsoberhäupter, dahin bedacht zu sein, wie sie, sobald wie möglich, gebessert, und dem Naturrecht, so wie es in der Idee der Vernunft uns zum Muster vor Augen steht, angemessen gemacht werden könne: sollte es auch ihrer Selbstsucht Aufopferungen kosten. Da nun die Zerreißung eines Bandes der staats- oder weltbürgerlichen Vereinigung, ehe noch eine bessere Verfassung an die Stelle derselben zu treten in Bereitschaft ist, aller, hierin mit der Moral einhelligen, Staatsklugheit zuwider ist, so wäre es zwar ungereimt, zu fordern, jenes Gebrechen müsse sofort und mit Ungestüm abgeändert werden; aber daß wenigstens die Maxime der Notwendigkeit einer solchen Abänderung dem Machthabenden innigst beiwohne, um in beständiger Annäherung zu dem Zwecke (der nach Rechtsgesetzen besten Verfassung) zu bleiben, das kann doch von ihm gefordert werden. Ein Staat kann sich auch schon republikanisch *regieren*, wenn er gleich noch, der vorliegenden Konstitution nach, despotische *Herrschermacht* besitzt: bis allmählich das Volk des Einflusses der bloßen Idee der Autorität des Gesetzes (gleich als ob es physische Gewalt besäße) fähig wird, und sonach zur eigenen Gesetzgebung (welche ursprünglich auf Recht gegründet ist) tüchtig befunden wird. Wenn auch durch den Ungestüm einer von der schlechten Verfassung erzeugten *Revolution* unrechtmäßigerweise eine gesetzmäßigere errungen wäre, so würde es doch auch alsdann nicht mehr für erlaubt gehalten werden müssen, das Volk wieder auf die alte zurück zu führen, obgleich während derselben, der sich damit gewalttätig oder arglistig bemengt, mit Recht den Strafen des Aufrührers unterworfen sein würde. Was aber das äußere Staatenverhältnis betrifft, so kann von einem Staat nicht verlangt werden, daß er seine, obgleich despotische, Verfassung (die aber doch die stärkere in Beziehung auf äußere Feinde ist) ablegen solle, so lange er Gefahr läuft, von andern Staaten so fort verschlungen zu werden; mithin muß bei jenem Vorsatz doch auch die Verzögerung der Ausführung bis zu besserer Zeitgelegenheit erlaubt sein.[14]

Es mag also immer sein: daß die despotisierende (in der Ausübung fehlende) Moralisten wider die Staatsklugheit (durch übereilt genommene oder angepriesene Maßregeln) mannigfaltig verstoßen, so muß sie doch die Erfahrung, bei diesem ihrem Verstoß wider die Natur, nach und nach in ein besseres Gleis bringen; statt dessen die moralisierende Politiker, durch Beschönigung rechtswidriger Staatsprinzipien, unter dem Vorwande eines des Guten, nach der Idee, wie sie die Vernunft vorschreibt, nicht *fähigen* menschlichen Natur, soviel an ihnen ist, das Besserwerden *unmöglich machen*, und die Rechtsverletzung verewigen.

Statt der Praxis, deren sich diese staatskluge Männer rühmen, gehen sie mit *Praktiken* um, indem sie bloß darauf bedacht sind, dadurch, daß sie der jetzt herrschenden Gewalt zum Munde reden (um ihren Privatvorteil nicht zu verfehlen), das Volk, und, wo möglich, die ganze Welt Preis zu geben; nach der Art echter Juristen (vom Handwerke, nicht von der *Gesetzgebung*), wenn sie sich bis zur Politik versteigen. Denn da dieser ihr Geschäfte nicht ist, über Gesetzgebung selbst zu vernünfteln, sondern die gegenwärtige Gebote des Landrechts zu vollziehen, so muß ihnen jede, jetzt vorhandene, gesetzliche Verfassung, und, wenn diese höhern Orts abgeändert wird, die nun folgende, immer die beste sein; wo dann alles so in seiner gehörigen mechanischen Ordnung ist. Wenn aber diese Geschicklichkeit, für alle Sättel gerecht zu sein, ihnen den Wahn einflößt, auch über Prinzipien einer *Staatsverfassung* überhaupt nach Rechtsbegriffen (mithin a priori, nicht empirisch) urteilen zu können; wenn sie darauf groß tun, *Menschen* zu kennen (welches freilich zu erwarten ist, weil sie mit vielen zu tun haben), ohne doch *den Menschen*, und was aus ihm gemacht werden kann, zu kennen (wozu ein höherer Standpunkt der anthropologischen Beobachtung erfordert wird), mit diesen Begriffen aber versehen ans Staats- und Völkerrecht, wie es die Vernunft vorschreibt, gehen: so können sie diesen Überschritt nicht anders, als mit dem Geist der Schikane tun, indem sie ihr gewohntes Verfahren (eines Mechanisms nach despotisch gegebenen Zwangsgesetzen) auch da befolgen, wo die Begriffe der Vernunft einen nur nach Freiheitsprinzipien gesetzmäßigen Zwang begründet wissen wollen, durch welchen allererst eine zu Recht beständige Staatsverfassung möglich ist; welche Aufgabe der vorgebliche Praktiker, mit Vorbeigehung jener Idee, empirisch, aus Erfahrung, wie die bisher noch am besten bestandene, mehrenteils aber rechtswidrige, Staatsverfassungen eingerichtet waren, lösen zu können glaubt. – Die Maximen, deren er sich hiezu bedient (ob er sie zwar nicht laut werden läßt), laufen ohngefähr auf folgende sophistische Maximen hinaus.

1. Fac et excusa. Ergreife die günstige Gelegenheit zur eigenmächtigen Besitznehmung (entweder eines Rechts des Staats über sein Volk, oder über ein anderes benachbarte); die Rechtfertigung wird sich weit leichter und zierlicher *nach der Tat* vortragen, und die Gewalt beschönigen lassen (vornehmlich im ersten Fall, wo die obere Gewalt im Innern so fort auch die gesetzgebende Obrigkeit ist, der man gehorchen muß, ohne darüber zu vernünfteln); als wenn man zuvor auf überzeugende Gründe sinnen, und die Gegengründe darüber noch erst abwarten wollte. Diese Dreustigkeit selbst gibt einen gewissen Anschein von innerer Überzeugung der Rechtmäßigkeit der Tat, und der Gott bonus eventus ist nachher der beste Rechtsvertreter.

2. Si fecisti nega. Was du selbst verbrochen hast, z.B. um dein Volk zur Verzweiflung, und so zum Aufruhr zu bringen, das leugne ab, daß es *deine* Schuld sei; sondern behaupte, daß es die der Widerspenstigkeit der Untertanen, oder auch, bei deiner Bemächtigung eines benachbarten Volks, die Schuld der Natur des Menschen sei, der, wenn er dem andern nicht mit Gewalt zuvorkommt, sicher darauf rechnen kann, daß dieser ihm zuvorkommen und sich seiner bemächtigen werde.

3. Divide et impera. Das ist: sind gewisse privilegierte Häupter in deinem Volk, welche dich bloß zu ihrem Oberhaupt (primus inter pares) gewählt haben, so veruneinige jene untereinander, und entzweie sie mit dem Volk: stehe nun dem letztern, unter Vorspiegelung größerer Freiheit, bei, so wird alles von deinem unbedingten Willen abhängen. Oder sind es äußere Staaten, so ist Erregung der Mißhelligkeit unter ihnen ein ziemlich sicheres Mittel, unter

dem Schein des Beistandes des Schwächeren, einen nach dem andern dir zu unterwerfen.

Durch diese politische Maximen wird nun zwar niemand hintergangen; denn sie sind insgesamt schon allgemein bekannt; auch ist es mit ihnen nicht der Fall sich zu schämen, als ob die Ungerechtigkeit gar zu offenbar in die Augen leuchtete. Denn, weil sich große Mächte nie vor dem Urteil des gemeinen Haufens, sondern nur eine vor der andern schämen, was aber jene Grundsätze betrifft, nicht das Offenbarwerden, sondern nur das *Mißlingen* derselben sie beschämt machen kann (denn in Ansehung der Moralität der Maximen kommen sie alle unter einander überein), so bleibt ihnen immer die *politische Ehre* übrig, auf die sie sicher rechnen können, nämlich die der *Vergrößerung ihrer Macht*, auf welchem Wege sie auch erworben sein mag.[15]

Aus allen diesen Schlangenwendungen einer unmoralischen Klugheitslehre, den Friedenszustand unter Menschen aus dem kriegerischen des Naturzustandes herauszubringen, erhellet wenigstens soviel: daß die Menschen, eben so wenig in ihren Privatverhältnissen, als in ihren öffentlichen, dem Rechtsbegriff entgehen können, und sich nicht getrauen, die Politik öffentlich bloß auf Handgriffe der Klugheit zu gründen, mithin dem Begriffe eines öffentlichen Rechts allen Gehorsam aufzukündigen (welches vornehmlich in dem des Völkerrechts auffallend ist), sondern ihm an sich alle gebührende Ehre widerfahren lassen, wenn sie auch hundert Ausflüchte und Bemäntelungen aussinnen sollten, um ihm in der Praxis auszuweichen, und der verschmitzten Gewalt die Autorität anzudichten, der Ursprung und der Verband alles Rechts zu sein. – Um dieser Sophisterei (wenn gleich nicht der durch sie beschönigten Ungerechtigkeit) ein Ende zu machen, und die falsche *Vertreter* der Mächtigen der Erde zum Geständnisse zu bringen, daß es nicht das Recht, sondern die Gewalt sei, der sie zum Vorteil sprechen, von welcher sie, gleich als ob sie selbst hiebei was zu befehlen hätten, den Ton annehmen, wird es gut sein, das Blendwerk aufzudekken, womit man sich und andere hintergeht, das oberste Prinzip, von dem die Absicht auf den ewigen Frieden ausgeht, ausfindig zu machen und zu zeigen: daß alles das Böse, was ihm im Wege ist, davon herrühre: daß der politische Moralist da anfängt, wo der moralische Politiker billigerweise endigt, und, indem er so die Grundsätze dem Zweck unterordnet (d.i. die Pferde hinter den

Wagen spannt), seine eigene Absicht vereitelt, die Politik mit der Moral in Einverständnis zu bringen.

Um die praktische Philosophie mit sich selbst einig zu machen, ist nötig, zuvörderst die Frage zu entscheiden: ob in Aufgaben der praktischen Vernunft vom *materialen Prinzip* derselben, dem *Zweck* (als Gegenstand der Willkür) der Anfang gemacht werden müsse, oder vom *formalen*, d. i. demjenigen (bloß auf Freiheit im äußern Verhältnis gestellten), darnach es heißt: handle so, daß du wollen kannst, deine Maxime solle ein allgemeines Gesetz werden (der Zweck mag sein welcher er wolle).

Ohne alle Zweifel muß das letztere Prinzip vorangehen: denn es hat, als Rechtsprinzip, unbedingte Notwendigkeit, statt dessen das erstere, nur unter Voraussetzung empirischer Bedingungen des vorgesetzten Zwecks, nämlich der Ausführung desselben, nötigend ist, und, wenn dieser Zweck (z. B. der ewige Friede) auch Pflicht wäre, so müßte doch diese selbst aus dem formalen Prinzip der Maximen, äußerlich zu handeln, abgeleitet worden sein. – Nun ist das erstere Prinzip, das des *politischen Moralisten* (das Problem des Staats-, Völker- und Weltbürgerrechts), eine bloße *Kunstaufgabe* (problema technicum), das zweite dagegen, als Prinzip des *moralischen Politikers*, welchem es eine *sittliche Aufgabe* (problema morale) ist, im Verfahren von dem anderen himmelweit unterschieden, um den ewigen Frieden, den man nicht bloß als physisches Gut, sondern auch als einen aus Pflichtanerkennung hervorgehenden Zustand wünscht, herbeizuführen.

Zur Auflösung des ersten, nämlich des Staats-Klugheitsproblems, wird viel Kenntnis der Natur erfordert, um ihren Mechanism zu dem gedachten Zweck zu benutzen, und doch ist alle diese ungewiß in Ansehung ihres Resultats, den ewigen Frieden betreffend; mag man nun die eine oder die andere der drei Abteilungen des öffentlichen Rechts nehmen. Ob das Volk im Gehorsam und zugleich im Flor besser durch Strenge, oder Lockspeise der Eitelkeit, ob durch Obergewalt eines einzigen, oder durch Vereinigung mehrerer Häupter, vielleicht auch bloß durch einen Dienstadel, oder durch Volksgewalt, im Innern, und zwar auf lange Zeit, gehalten werden könne, ist ungewiß. Man hat von allen Regierungsarten (die einzige echt-republikanische, die aber nur einem moralischen Politiker in den Sinn kommen kann, ausgenommen) Beispiele des Gegenteils in der Geschichte. – Noch ungewisser ist ein auf Statute nach Ministerialplanen vorgeblich errichtetes *Völ-

kerrecht, welches in der Tat nur ein Wort ohne Sache ist, und auf Verträgen beruht, die in demselben Akt ihrer Beschließung zugleich den geheimen Vorbehalt ihrer Übertretung enthalten. – Dagegen dringt sich die Auflösung des zweiten, nämlich des *Staatsweisheitsproblems,* so zu sagen, von selbst auf, ist jedermann einleuchtend, und macht alle Künstelei zu Schanden, führt dabei gerade zum Zweck; doch mit der Erinnerung der Klugheit, ihn nicht übereilterweise mit Gewalt herbeizuziehen, sondern sich ihm, nach Beschaffenheit der günstigen Umstände, unablässig zu nähern.

Da heißt es denn: »trachtet allererst nach dem Reiche der reinen praktischen Vernunft und nach seiner *Gerechtigkeit,* so wird euch euer Zweck (die Wohltat des ewigen Friedens) von selbst zufallen.« Denn das hat die Moral Eigentümliches an sich, und zwar in Ansehung ihrer Grundsätze des öffentlichen Rechts (mithin in Beziehung auf eine a priori erkennbare Politik), daß, je weniger sie das Verhalten von dem vorgesetzten Zweck, dem beabsichtigten, es sei physischen oder sittlichen Vorteil, abhängig macht, desto mehr sie dennoch zu diesem im allgemeinen zusammenstimmt; welches daher kömmt, weil es gerade der a priori gegebene allgemeine Wille (in einem Volk, oder im Verhältnis verschiedener Völker unter einander) ist, der allein, was unter Menschen Rechtens ist, bestimmt; diese Vereinigung des Willens aller aber, wenn nur in der Ausübung konsequent verfahren wird, auch nach dem Mechanism der Natur, zugleich die Ursache sein kann, die abgezweckte Wirkung hervorzubringen, und dem Rechtsbegriffe Effekt zu verschaffen. – So ist es z. B. ein Grundsatz der moralischen Politik: daß sich ein Volk zu einem Staat nach den alleinigen Rechtsbegriffen der Freiheit und Gleichheit vereinigen solle, und dieses Prinzip ist nicht auf Klugheit, sondern auf Pflicht gegründet. Nun mögen dagegen politische Moralisten noch soviel über den Naturmechanism einer in Gesellschaft tretenden Menschenmenge, welcher jene Grundsätze entkräftete, und ihre Absicht vereiteln werde, vernünfteln, oder auch durch Beispiele schlecht organisierter Verfassungen alter und neuer Zeiten (z. B. von Demokratien ohne Repräsentationssystem) ihre Behauptung dagegen zu beweisen suchen, so verdienen sie kein Gehör; vornehmlich, da eine solche verderbliche Theorie das Übel wohl gar selbst bewirkt, was sie vorhersagt, nach welcher der Mensch mit den übrigen lebenden Maschinen in eine Klasse geworfen wird, denen nur noch das Bewußtsein,

67

daß sie nicht freie Wesen sind, beiwohnen dürfte, um sie in ihrem eigenen Urteil zu den elendsten unter allen Weltwesen zu machen.

Der zwar etwas renommistisch klingende, sprüchwörtlich in Umlauf gekommene, aber wahre Satz: fiat iustitia, pereat mundus, das heißt zu deutsch: »es herrsche Gerechtigkeit, die Schelme in der Welt mögen auch insgesamt darüber zugrunde gehen«, ist ein wackerer, alle durch Arglist oder Gewalt vorgezeichnete krumme Wege abschneidender Rechtsgrundsatz; nur daß er nicht mißverstanden, und etwa als Erlaubnis, sein eigenes Recht mit der größten Strenge zu benutzen (welches der ethischen Pflicht widerstreiten würde), sondern als Verbindlichkeit der Machthabenden, niemanden sein Recht aus Ungunst oder Mitleiden gegen andere zu weigern oder zu schmälern, verstanden wird; wozu vorzüglich eine nach reinen Rechtsprinzipien eingerichtete innere Verfassung des Staats, dann aber auch die der Vereinigung desselben mit andern benachbarten oder auch entfernten Staaten zu einer (einem allgemeinen Staat analogischen) gesetzlichen Ausgleichung ihrer Streitigkeiten erfordert wird. – Dieser Satz will nichts anders sagen, als: die politischen Maximen müssen nicht von der, aus ihrer Befolgung zu erwartenden, Wohlfahrt und Glückseligkeit eines jeden Staats, also nicht vom Zweck, den sich ein jeder derselben zum Gegenstande macht (vom Wollen), als dem obersten (aber empirischen) Prinzip der Staatsweisheit, sondern von dem reinen Begriff der Rechtspflicht (vom Sollen, dessen Prinzip a priori durch reine Vernunft gegeben ist) ausgehen, die physische Folgen daraus mögen auch sein, welche sie wollen. Die Welt wird keineswegs dadurch untergehen, daß der bösen Menschen weniger wird. Das moralisch Böse hat die von seiner Natur unabtrennliche Eigenschaft, daß es in seinen Absichten (vornehmlich im Verhältnis gegen andere Gleichgesinnte) sich selbst zuwider und zerstörend ist, und so dem (moralischen) Prinzip des Guten, wenn gleich durch langsame Fortschritte, Platz macht.

Es gibt also *objektiv* (in der Theorie) gar keinen Streit zwischen der Moral und der Politik. Dagegen *subjektiv* (in dem selbstsüchtigen Hange der Menschen, der aber, weil er nicht auf Vernunftmaximen gegründet ist, noch nicht Praxis genannt werden muß) wird und mag er immer bleiben, weil er zum Wetzstein der Tugend dient, deren wahrer Mut (nach dem Grundsatze: tu ne cede malis, sed contra audentior ito – »weiche den Übeln nicht, sondern tritt

ihnen beherzter entgegen«; Übers. d. Hrsg.) in gegenwärtigem
Falle nicht sowohl darin besteht, den Übeln und Aufopferungen
mit festem Vorsatz sich entgegenzusetzen, welche hiebei übernommen werden müssen, sondern dem weit gefährlichern lügen-
haften und verräterischen, aber doch vernünftelnden, die Schwäche der menschlichen Natur zur Rechtfertigung aller Übertretung
vorspiegelnden bösen Prinzip in uns selbst, in die Augen zu sehen
und seine Arglist zu besiegen. In der Tat kann der politische Moralist sagen: Regent und Volk, oder Volk und Volk tun *einander*
nicht Unrecht, wenn sie einander gewalttätig oder hinterlistig befehden, ob sie zwar überhaupt darin Unrecht tun, daß sie dem
Rechtsbegriffe, der allein den Frieden auf ewig begründen könnte,
alle Achtung versagen. Denn weil der eine seine Pflicht gegen den
andern übertritt, der gerade eben so rechtswidrig gegen jenen gesinnt ist, so *geschieht* ihnen beiderseits ganz recht, wenn sie sich
unter einander aufreiben, doch so, daß von dieser Rasse immer
noch genug übrig bleibt, um dieses Spiel bis zu den entferntesten
Zeiten nicht aufhören zu lassen, damit eine späte Nachkommen-
schaft an ihnen dereinst ein warnendes Beispiel nehme. Die Vorsehung im Laufe der Welt ist hiebei gerechtfertigt; denn das moralische Prinzip im Menschen erlöscht nie, die, pragmatisch, zur
Ausführung der rechtlichen Ideen nach jenem Prinzip tüchtige
Vernunft wächst noch dazu beständig durch immer fortschreitende Kultur, mit ihr aber auch die Schuld jener Übertretungen.
Die Schöpfung allein: daß nämlich ein solcher Schlag von verderb-
ten Wesen überhaupt hat auf Erden sein sollen, scheint durch keine
Theodizee gerechtfertigt werden zu können (wenn wir annehmen,
daß es mit dem Menschengeschlechte nie besser bestellt sein werde
noch könne); aber dieser Standpunkt der Beurteilung ist für uns
viel zu hoch, als daß wir unsere Begriffe (von Weisheit) der obersten uns unerforschlichen Macht in theoretischer Absicht unterlegen könnten. – Zu solchen verzweifelten Folgerungen werden wir
unvermeidlich hingetrieben, wenn wir nicht annehmen, die reine
Rechtsprinzipien haben objektive Realität, d. i. sie lassen sich aus-
führen; und darnach müsse auch von seiten des Volks im Staate,
und weiterhin von seiten der Staaten gegen einander, gehandelt
werden; die empirische Politik mag auch dagegen einwenden, was
sie wolle. Die wahre Politik kann also keinen Schritt tun, ohne vorher der Moral gehuldigt zu haben, und ob zwar Politik für sich
selbst eine schwere Kunst ist, so ist doch Vereinigung derselben mit

der Moral gar keine Kunst; denn diese haut den Knoten entzwei, den jene nicht aufzulösen vermag, sobald beide einander wider- streiten. – Das Recht dem Menschen muß heilig gehalten werden, der herrschenden Gewalt mag es auch noch so große Aufopferung kosten. Man kann hier nicht halbieren, und das Mittelding eines pragmatisch-bedingten Rechts (zwischen Recht und Nutzen) aus- sinnen, sondern alle Politik muß ihre Knie vor dem ersteren beu- gen, kann aber dafür hoffen, ob zwar langsam, zu der Stufe zu ge- langen, wo sie beharrlich glänzen wird.

II. Von der Einhelligkeit der Politik mit der Moral nach dem transzendentalen Begriffe des öffentlichen Rechts

Wenn ich von aller *Materie* des öffentlichen Rechts (nach den ver- schiedenen empirisch gegebenen Verhältnissen der Menschen im Staat oder auch der Staaten untereinander), so wie es sich die Rechtslehrer gewöhnlich denken, abstrahiere, so bleibt mir noch die *Form der Publizität* übrig, deren Möglichkeit ein jeder Rechts- anspruch in sich enthält, weil ohne jene es keine Gerechtigkeit (die nur als *öffentlich kundbar* gedacht werden kann), mithin auch kein Recht, das nur von ihr erteilt wird, geben würde.

Diese Fähigkeit der Publizität muß jeder Rechtsanspruch haben, und sie kann also, da es sich ganz leicht beurteilen läßt, ob sie in einem vorkommenden Falle statt finde, d. i. ob sie sich mit den Grundsätzen des Handelnden vereinigen lasse oder nicht, ein leicht zu brauchendes, a priori in der Vernunft anzutreffendes Kriterium abgeben, im letzteren Fall die Falschheit (Rechtswidrigkeit) des gedachten Anspruchs (praetensio iuris), gleichsam durch ein Ex- periment der reinen Vernunft, so fort zu erkennen. Nach einer sol- chen Abstraktion von allem Empirischen, was der Begriff des Staats- und Völkerrechts enthält (dergleichen das Bösartige der menschlichen Natur ist, welches den Zwang notwendig macht), kann man folgenden Satz die *transzendentale Formel* des öffentli- chen Rechts nennen:

»Alle auf das Recht anderer Menschen bezogene Handlungen, de- ren Maxime sich nicht mit der Publizität verträgt, sind unecht.«

Dieses Prinzip ist nicht bloß als *ethisch* (zur Tugendlehre gehö- rig), sondern auch als *juridisch* (das Recht der Menschen angehend) zu betrachten. Denn eine Maxime, die ich nicht darf *laut werden* lassen, ohne dadurch meine eigene Absicht zugleich zu vereiteln, die durchaus *verheimlicht* werden muß, wenn sie gelingen soll, und zu der ich mich nicht *öffentlich bekennen* kann, ohne daß dadurch unausbleiblich der Widerstand aller gegen meinen Vorsatz gereizt werde, kann diese notwendige und allgemeine, mithin a priori einzusehende, Gegenbearbeitung aller gegen mich nirgend wovon anders, als von der Ungerechtigkeit her haben, womit sie jedermann bedroht. – Es ist ferner bloß *negativ*, d. i. es dient nur, um, vermittelst desselben, was gegen andere *nicht recht* ist, zu erkennen. – Es ist gleich einem Axiom unerweislich-gewiß und überdem leicht anzuwenden, wie aus folgenden Beispielen des öffentlichen Rechts zu ersehen ist.

1. Was das *Staatsrecht* (ius civitatis), nämlich das innere *betrifft:* so kommt in ihm die Frage vor, welche viele für schwer zu beantworten halten, und die das transzendentale Prinzip der Publizität ganz leicht auflöset: »ist Aufruhr ein rechtmäßiges Mittel für ein Volk, die drückende Gewalt eines so genannten Tyrannen (non titulo sed exercitio talis) abzuwerfen?« Die Rechte des Volks sind gekränkt und ihm (dem Tyrannen) geschieht kein Unrecht durch die Entthronung; daran ist kein Zweifel. Nichts desto weniger ist es doch von den Untertanen im höchsten Grade unrecht, auf diese Art ihr Recht zu suchen, und sie können eben so wenig über Ungerechtigkeit klagen, wenn sie in diesem Streit unterlägen und nachher deshalb die härteste Strafe ausstehen müßten.

Hier kann nun vieles für und dawider vernünftelt werden, wenn man es durch eine dogmatische Deduktion der Rechtsgründe ausmachen will; allein das transzendentale Prinzip der Publizität des öffentlichen Rechts kann sich diese Weitläufigkeit ersparen. Nach demselben frägt sich vor Errichtung des bürgerlichen Vertrags *das* Volk selbst, ob es sich wohl getraue, die Maxime des Vorsatzes einer gelegentlichen Empörung öffentlich bekannt zu machen. Man sieht leicht ein, daß, wenn man es bei der Stiftung einer Staatsverfassung zur Bedingung machen wollte, in gewissen vorkommenden Fällen gegen das Oberhaupt Gewalt auszuüben, so müßte das Volk sich einer rechtmäßigen Macht über jenes anmaßen. Alsdann wäre jenes aber nicht das Oberhaupt, oder, wenn beides zur Bedingung der Staatserrichtung gemacht würde, so würde gar keine möglich sein, welches doch die Absicht des Volks war. Das Unrecht des Aufruhrs leuchtet also dadurch ein, daß die Maxime desselben dadurch, daß man sich *öffentlich dazu bekennte,* seine eigene Absicht unmöglich machen würde. Man müßte sie also notwendig verheimlichen. – Das letztere wäre aber von Seiten des Staatsoberhaupts eben nicht notwendig. Er kann frei heraus sagen, daß er jeden Aufruhr mit dem Tode der Rädelsführer bestrafen werde, diese mögen auch immer glauben, er habe seinerseits das Fundamentalgesetz zuerst übertreten; denn wenn er sich bewußt ist, die *unwiderstehliche* Obergewalt zu besitzen (welches auch in jeder bürgerlichen Verfassung so angenommen werden muß, weil der, welcher nicht Macht genug hat, einen jeden im Volk gegen den andern zu schützen, auch nicht das Recht hat, ihm zu befehlen), so darf er nicht sorgen, durch die Bekanntwerdung seiner Maxime seine eigene Absicht zu vereiteln, womit auch ganz wohl zusammenhängt, daß, wenn der Aufruhr dem Volk gelänge, jenes Oberhaupt in die Stelle des Untertans zurücktreten, eben sowohl keinen Wiedererlangungsaufruhr beginnen, aber auch nicht zu befürchten haben müßte, wegen seiner vormaligen Staatsführung zur Rechenschaft gezogen zu werden.

2. *Was das Völkerrecht betrifft.* – Nur unter Voraussetzung irgend eines rechtlichen Zustandes (d. i. derjenigen äußeren Bedingung, unter der dem Menschen ein Recht wirklich zu Teil werden kann) kann von einem Völkerrecht die Rede sein; weil es, als ein öffentliches Recht, die Publikation eines, jedem das Seine bestimmenden, allgemeinen Willens schon in seinem Begriffe enthält, und dieser status iuridicus muß aus irgend einem Vertrage hervorgehen, der nicht eben (gleich dem, woraus ein Staat entspringt) auf Zwangsgesetze gegründet sein darf, sondern allenfalls auch der einer *fortwährend-freien* Assoziation sein kann, wie der oben erwähnte der Föderalität verschiedener Staaten. Denn ohne irgendeinen *rechtlichen Zustand,* der die verschiedene (physische oder moralische) Personen tätig verknüpft, mithin im Naturstande, kann es kein anderes als bloß ein Privatrecht geben. – Hier tritt nun auch ein Streit der Politik mit der Moral (diese als Rechtslehre betrachtet) ein, wo dann jenes Kriterium der Publizität der Maximen gleichfalls seine leichte Anwendung findet, doch nur so: daß der Vertrag die Staaten nur in der Absicht verbindet, unter einander und zusammen gegen andere Staaten sich im Frieden zu erhalten, keineswegs aber um Erwerbungen zu machen. – Da treten nun folgende Fälle der Antinomie zwischen Politik und Moral ein, womit zugleich die Lösung derselben verbunden wird.

a) »Wenn einer dieser Staaten dem andern etwas versprochen hat: es sei Hülfleistung, oder Abtretung gewisser Länder, oder Subsidien u. d. gl., frägt sich, ob er sich in einem Fall, an dem des Staats Heil hängt, vom Worthalten dadurch los machen kann, daß er sich in einer doppelten Person betrachtet wissen will, erstlich als *Souverän*, da er niemanden in seinem Staat verantwortlich ist; dann aber wiederum bloß als oberster *Staatsbeamte*, der dem Staat Rechenschaft geben müsse: da denn der Schluß dahin ausfällt, daß, wozu er sich in der ersteren Qualität verbindlich gemacht hat, davon werde er in der zweiten losgesprochen.« – Wenn nun aber ein Staat (oder dessen Oberhaupt) diese seine Maxime laut werden ließe, so würde natürlicherweise entweder ein jeder andere ihn fliehen, oder sich mit anderen vereinigen, um seinen Anmaßungen zu widerstehen, welches beweist, daß Politik mit aller ihrer Schlauigkeit auf diesen Fuß (der Offenheit) ihren Zweck selber vereiteln, mithin jene Maxime unrecht sein müsse.

b) »Wenn eine bis zur furchtbaren Größe (potentia tremenda) angewachsene benachbarte Macht Besorgnis erregt: kann man annehmen, sie werde, weil sie *kann*, auch unterdrücken *wollen*, und gibt das der Mindermächtigen ein Recht zum (vereinigten) Angriffe derselben, auch ohne vorhergegangene Beleidigung?« – Ein Staat, der seine Maxime hier bejahend *verlautbaren* wollte, würde das Übel nur noch gewisser und schneller herbeiführen. Denn die größere Macht würde der kleineren zuvorkommen, und, was die Vereinigung der letzteren betrifft, so ist das nur ein schwacher Rohrstab gegen den, der das divide et impera zu benutzen weiß. – Diese Maxime der Staatsklugheit, öffentlich erklärt, vereitelt als notwendig ihre eigene Absicht, und ist folglich ungerecht.

c) »Wenn ein kleinerer Staat durch seine Lage den Zusammenhang eines größeren trennt, der diesem doch zu seiner Erhaltung nötig ist, ist dieser nicht berechtigt, jenen sich zu unterwerfen und mit dem seinigen zu vereinigen?« – Man sieht leicht, daß der größere eine solche Maxime ja nicht vorher müsse laut werden lassen; denn, entweder die kleinern Staaten würden sich frühzeitig vereinigen, oder andere Mächtige würden um diese Beute streiten, mithin macht sie sich durch ihre Offenheit selbst untunlich; ein Zeichen, daß sie ungerecht ist und es auch in sehr hohem Grade sein kann; denn ein klein Objekt der Ungerechtigkeit hindert nicht, daß die daran bewiesene Ungerechtigkeit sehr groß sei.

3. *Was das Weltbürgerrecht betrifft,* so übergehe ich es hier mit Stillschweigen; weil, wegen der Analogie desselben mit dem Völkerrecht, die Maximen desselben leicht anzugeben und zu würdigen sind.

Man hat hier nun zwar, an dem Prinzip der Unverträglichkeit der Maximen des Völkerrechts mit der Publizität, ein gutes Kennzeichen der *Nichtübereinstimmung* der Politik mit der Moral (als Rechtslehre). Nun bedarf man aber auch belehrt zu werden, welches denn die Bedingung ist, unter der ihre Maximen mit dem Recht der Völker übereinstimmen? Denn es läßt sich nicht umgekehrt schließen: daß, welche Maximen die Publizität vertragen, dieselbe darum auch gerecht sind; weil, wer die entschiedene Obermacht hat, seiner Maximen nicht Hehl haben darf. – Die Bedingung der Möglichkeit eines Völkerrechts überhaupt ist: daß zuvörderst ein *rechtlicher Zustand* existiere. Denn ohne diesen gibt's kein öffentliches Recht, sondern alles Recht, was man sich außer demselben denken mag (im Naturzustande), ist bloß Privatrecht. Nun haben wir oben gesehen: daß ein föderativer Zustand der Staaten, welcher bloß die Entfernung des Krieges zur Absicht hat, der einzige, mit der *Freiheit* derselben vereinbare, *rechtliche* Zustand sei. Also ist die Zusammenstimmung der Politik mit der Moral nur in einem föderativen Verein (der also nach Rechtsprinzipien a priori gegeben und notwendig ist) möglich, und alle Staatsklugheit hat zur rechtlichen Basis die Stiftung der ersteren, in ihrem größt-möglichen Umfange, ohne welchen Zweck alle ihre Klügelei Unweisheit und verschleierte Ungerechtigkeit ist. – Diese Afterpolitik hat nun ihre *Kasuistik,* trotz der besten Jesuiterschule – die reservatio mentalis: in Abfassung öffentlicher Verträge, mit solchen Ausdrücken, die man gelegentlich zu seinem Vorteil auslegen kann, wie man will (z. B. den Unterschied des status quo de fait und de droit); – den Probabilismus: böse Absichten an anderen zu erklügeln, oder auch Wahrscheinlichkeiten ihres möglichen Übergewichts zum Rechtsgrunde der Untergrabung anderer friedlicher Staaten zu machen; – endlich das peccatum philosophicum (peccatillum, bagatelle): Das Verschlingen eines *kleinen* Staats, wenn dadurch ein viel *größerer,* zum vermeintlich größern Weltbesten, gewinnt, für eine leicht-verzeihliche Kleinigkeit zu halten.[16] Den Vorschub hiezu gibt die Zweizüngigkeit der Politik in Ansehung der Moral, einen oder den andern Zweig derselben zu ihrer

Absicht zu benutzen. – Beides, die Menschenliebe und die Achtung fürs *Recht* der Menschen, ist Pflicht; jene aber nur *bedingte*, diese dagegen *unbedingte*, schlechthin gebietende Pflicht, welche nicht übertreten zu haben derjenige zuerst völlig versichert sein muß, der sich dem süßen Gefühl des Wohltuns überlassen will. Mit der Moral im ersteren Sinne (als Ethik) ist die Politik leicht einverstanden, um das Recht der Menschen ihren Oberen preiszugeben: Aber mit der in der zweiten Bedeutung (als Rechtslehre), vor der sie ihre Knie beugen müßte, findet sie es ratsam sich gar nicht auf Vertrag einzulassen, ihr lieber alle Realität abzustreiten, und alle Pflichten auf lauter Wohlwollen auszudeuten; welche Hinterlist einer lichtscheuen Politik doch von der Philosophie durch die Publizität jener ihrer Maximen leicht vereitelt werden würde, wenn jene es nur wagen wollte, dem Philosophen die Publizität der seinigen angedeihen zu lassen.

In dieser Absicht schlage ich ein anderes transzendentales und bejahendes Prinzip des öffentlichen Rechts vor, dessen Formel diese sein würde:

»Alle Maximen, die der Publizität *bedürfen* (um ihren Zweck nicht zu verfehlen), stimmen mit Recht und Politik vereinigt zusammen.«

Denn, wenn sie nur durch die Publizität ihren Zweck erreichen können, so müssen sie dem allgemeinen Zweck des Publikums (der Glückseligkeit) gemäß sein, womit zusammen zu stimmen (es mit seinem Zustande zufrieden zu machen) die eigentliche Aufgabe der Politik ist. Wenn aber dieser Zweck *nur* durch die Publizität, d. i. durch die Entfernung alles Mißtrauens gegen die Maximen derselben erreichbar sein soll, so müssen diese auch mit dem Recht des Publikums in Eintracht stehen; denn in diesem allein ist die Vereinigung der Zwecke aller möglich. – Die weitere Ausführung und Erörterung dieses Prinzips muß ich für eine andere Gelegenheit aussetzen; nur daß es eine transzendentale Formel sei, ist aus der Entfernung aller empirischen Bedingungen (der Glückseligkeitslehre), als der Materie des Gesetzes und der bloßen Rücksicht auf die Form der allgemeinen Gesetzmäßigkeit zu ersehen.

Wenn es Pflicht, wenn zugleich gegründete Hoffnung da ist, den Zustand eines öffentlichen Rechts, obgleich nur in einer ins Unendliche fortschreitenden Annäherung wirklich zu machen, so ist der *ewige Friede*, der auf die bisher fälschlich so genannte Friedensschlüsse (eigentlich Waffenstillstände) folgt, keine leere Idee, sondern eine Aufgabe, die, nach und nach aufgelöst, ihrem Ziele (weil die Zeiten, in denen gleiche Fortschritte geschehen, hoffentlich immer kürzer werden) beständig näher kommt.

Anmerkungen

1 Ein Erbreich ist nicht ein Staat, der von einem anderen Staate, sondern dessen Recht zu regieren an eine andere physische Person vererbt werden kann. Der Staat erwirbt alsdann einen Regenten, nicht dieser als ein solcher (d.i. der schon ein anderes Reich besitzt) den Staat.

2 Ob es außer dem Gebot (leges praeceptivae), und Verbot (leges prohibitivae) noch *Erlaubnisgesetze* (leges permissivae) der reinen Vernunft geben könne, ist bisher nicht ohne Grund bezweifelt worden. Denn Gesetze überhaupt enthalten einen Grund objektiver praktischer Notwendigkeit, Erlaubnis aber einen der praktischen Zufälligkeit gewisser Handlungen; mithin würde ein *Erlaubnisgesetz* Nötigung zu einer Handlung, zu dem, wozu jemand nicht genötigt werden kann, enthalten, welches, wenn das Objekt des Gesetzes in beiderlei Beziehung einerlei Bedeutung hätte, ein Widerspruch sein würde. – Nun geht aber hier im Erlaubnisgesetze das vorausgesetzte Verbot nur auf die künftige Erwerbungsart eines Rechts (z.B. durch Erbschaft), die Befreiung aber von diesem Verbot, d.i. die Erlaubnis, auf den gegenwärtigen Besitzstand, welcher letztere, im Überschritt aus dem Naturzustande in den bürgerlichen, als ein, obwohl unrechtmäßiger, dennoch *ehrlicher, Besitz* (possessio putativa) nach einem Erlaubnisgesetz des Naturrechts noch fernerhin fortdauern kann, obgleich ein putativer Besitz, sobald er als ein solcher anerkannt worden, im Naturzustande, imgleichen eine ähnliche Erwerbungsart im nachmaligen bürgerlichen (nach geschehenem Überschritt) verboten ist, welche Befugnisse des fortdauernden Besitzes nicht statt finden würde, wenn eine solche vermeintliche Erwerbung im bürgerlichen Zustande geschehen wäre; denn da würde er, als Läsion, sofort nach Entdeckung seiner Unrechtmäßigkeit aufhören müssen.

Ich habe hiermit nur beiläufig die Lehrer des Naturrechts auf den Begriff einer lex permissiva, welcher sich einer systematisch-einteilenden Vernunft von selbst darbietet, aufmerksam machen wollen; vornehmlich, da im Zivilgesetze (statuarischen) öfters davon Gebrauch gemacht wird, nur mit dem Unterschiede, daß das Verbotgesetz für sich allein dasteht, die Erlaubnis aber nicht als einschränkende Bedingung (wie es sollte) in jenes Gesetz mit hinein gebracht, sondern unter die Ausnahmen geworfen wird. – Da heißt es dann: dies oder jenes wird verboten: *es sei denn Nr. 1, Nr. 2, Nr. 3*, und so weiter ins Unabsehliche, die Erlaubnis nur zufälliger Weise, nicht nach einem Prinzip, sondern durch Herumtappen unter vorkommenden Fällen, zum Gesetz hinzukommen; denn sonst hätten die Bedingungen *in die Formel des Verbotsgesetzes* mit hineingebracht werden müssen, wodurch es dann zugleich ein Erlaubnisgesetz geworden wäre. – Es ist daher zu bedauern, daß die sinnreiche, aber unaufgelöst gebliebene, Preisaufgabe des ebenso weisen als scharfsinnigen Herrn *Grafen von Windischgrätz*, welche gerade auf das letztere drang, so bald verlassen worden. Denn die Möglichkeit einer solchen (der mathematischen ähnlichen) Formel ist der einzige echte Probierstein einer konsequent bleibenden Gesetzgebung, ohne welche das so genannte ius certum immer ein frommer Wunsch bleiben wird. – Sonst wird man bloß *generale* Gesetze (die im *allgemeinen* gelten), aber keine universale (die *allgemein* gelten) haben, wie es doch der Begriff eines Gesetzes zu erfordern scheint.

3 Gemeiniglich nimmt man an, daß man gegen niemand feindlich verfahren dürfe, als nur, wenn er mich schon tätig *lädiert* hat, und das ist auch ganz richtig, wenn beide im *bürgerlich-gesetzlichen* Zustande sind. Denn dadurch, daß dieser in denselben getreten ist, leistet er jenem (vermittelst der Obrigkeit, welche über beide Gewalt hat) die erforderliche Sicherheit. – Der Mensch aber (oder das Volk) im bloßen Naturstande benimmt mir diese Sicherheit, und lädiert mich schon durch eben diesen Zustand, indem er neben mir ist, obgleich nicht tätig (facto), doch durch die Gesetzlosigkeit seines Zustandes (statu iniusto), wodurch ich beständig von ihm bedroht werde, und ich kann ihn nötigen, entweder mit mir in einen gemeinschaftlich-gesetzlichen Zustand zu treten, oder aus meiner Nachbarschaft zu weichen. – Das Postulat also, was allen folgenden Artikeln zum Grunde liegt, ist: Alle Menschen, die auf einander wechselseitig einfließen können, müssen zu irgend einer bürgerlichen Verfassung gehören.

Alle rechtliche Verfassung aber ist, was die Personen betrifft, die darin stehen,
1) die nach dem *Staatsbürgerrecht* der Menschen, in einem Volke (ius civitatis),
2) nach dem *Völkerrecht* der Staaten in Verhältnis gegen einander (ius gentium),
3) die nach dem *Weltbürgerrecht*, so fern Menschen und Staaten, in äußerem aufeinander einfließendem Verhältnis stehend, als Bürger eines allgemeinen Menschenstaats anzusehen sind (ius cosmopoliticum).

Diese Einteilung ist nicht willkürlich, sondern notwendig in Beziehung auf die Idee vom ewigen Frieden. Denn wenn nur einer von diesen im Verhältnisse des physischen Einflusses auf den andern, und doch im Naturstande wäre, so würde damit der Zustand des Krieges verbunden sein, von dem befreit zu werden, hier eben die Absicht ist.

4 *Rechtliche* (mithin äußere) *Freiheit* kann nicht, wie man wohl zu tun pflegt, durch die Befugnis definiert werden: »alles zu tun, was man will, wenn man nur keinem Unrecht tut«. Denn was heißt *Befugnis*? Die Möglichkeit einer Handlung, so fern man dadurch keinem Unrecht tut. Also würde die Erklärung so lauten: »*Freiheit ist die Möglichkeit der Handlungen, dadurch man keinem Unrecht tut.* Man tut keinem Unrecht (man mag auch tun, was man will), wenn man nur keinem Unrecht tut«: folglich ist es leere Tautologie. – Vielmehr ist meine äußere (rechtliche) *Freiheit* so zu erklären: sie ist die Befugnis, keinen äußeren Gesetzen zu gehorchen, als zu denen ich meine Bestimmung habe geben können. – Eben so ist äußere (rechtliche) *Gleichheit* in einem Staate dasjenige Verhältnis der Staatsbürger, nach welchem keiner den andern wozu rechtlich verbinden kann, ohne daß er sich zugleich dem Gesetz unterwirft, von diesem wechselseitig auf dieselbe Art auch verbunden werden zu *können*. (Vom Prinzip der *rechtlichen* Abhängigkeit, da dieses schon in dem Begriffe einer Staatsverfassung überhaupt liegt, bedarf es keiner Erklärung.) – Die Gültigkeit dieser angebornen, zur Menschheit notwendig gehörenden und unveräußerlichen Rechte wird durch das Prinzip der rechtlichen Verhältnisse des Menschen selbst zu höheren Wesen (wenn er sich solche denkt) bestätigt und erhoben, indem er sich nach eben denselben Grundsätzen auch als

Staatsbürger einer übersinnlichen Welt vorstellt. – Denn, was meine Freiheit betrifft, so habe ich, selbst in Ansehung der göttlichen, von mir durch bloße Vernunft erkennbaren Gesetze, keine Verbindlichkeit, als nur so fern ich dazu selber habe meine Beistimmung geben können (denn durchs Freiheitsgesetz meiner eigenen Vernunft mache ich mir allererst einen Begriff vom göttlichen Willen). Was in Ansehung des erhabensten Weltwesens außer Gott, welches ich mir etwa denken möchte (einen großen Äon), das Prinzip der Gleichheit betrifft, so ist kein Grund da, warum ich, wenn ich in meinem Posten meine Pflicht tue, wie jener Äon es in dem seinigen, mir bloß die Pflicht zu gehorchen, jenem aber das Recht zu befehlen zukommen solle. – Daß dieses Prinzip der *Gleichheit* nicht (so wie das der Freiheit) auch auf das Verhältnis zu Gott paßt, davon ist der Grund dieser, weil dieses Wesen das einzige ist, bei dem der Pflichtbegriff aufhört.

Was aber das Recht der Gleichheit aller Staatsbürger, als Untertanen, betrifft, so kommt es in Beantwortung der Frage von der Zulässigkeit des *Erbadels* allein darauf an: »ob der vom Staat zugestandene *Rang* (eines Untertans vor dem andern) vor dem *Verdienst*, oder dieses vor jenem vorhergehen müsse«. – Nun ist offenbar: daß, wenn der Rang mit der Geburt verbunden wird, es ganz ungewiß ist, ob das Verdienst (Amtsgeschicklichkeit und Amtstreue) auch folgen werde; mithin ist es eben so viel, als ob er ohne alles Verdienst dem Begünstigten zugestanden würde (Befehlshaber zu sein); welches der allgemeine Volkswille in einem ursprünglichen Vertrage (der doch das Prinzip aller Rechte ist) nie beschließen wird. Denn ein Edelmann ist darum nicht sofort ein *edler* Mann. – Was den *Amtsadel* (wie man den Rang einer höheren Magistratur nennen könnte, und den man sich durch Verdienste erwerben muß) betrifft, so klebt der Rang da nicht, als Eigentum, an der Person, sondern am Posten, und die Gleichheit wird dadurch nicht verletzt; weil, wenn jene ihr Amt niederlegt, sie zugleich den Rang ablegt, und unter das Volk zurücktritt.

5 Man hat die hohe Benennungen, die einem Beherrscher oft beigelegt werden (die eines göttlichen Gesalbten, eines Verwesers des göttlichen Willens auf Erden und Stellvertreters desselben), als grobe, schwindlig machende Schmeicheleien oft getadelt; aber mich dünkt, ohne Grund. – Weit gefehlt, daß sie den Landesherrn sollten hochmütig machen, so müssen sie ihn vielmehr in seiner Seele demütigen, wenn er Verstand hat (welches man doch voraussetzen muß), und es bedenkt, daß er ein Amt übernommen habe, was für einen Menschen zu groß ist, nämlich das Heiligste, was Gott auf Erden hat, das *Recht der Menschen* zu verwalten, und diesem Augapfel Gottes irgend worin zu nahe getreten zu sein, jederzeit in Besorgnis stehen muß.

6 Mallet du Pan rühmt in seiner genietönenden, aber hohlen und sachleeren Sprache: nach vieljähriger Erfahrung endlich zur Überzeugung von der Wahrheit des bekannten Spruchs des *Pope* gelangt zu sein: »laß über das beste Regierung Narren streiten; die bestgeführte ist die beste«. Wenn das soviel sagen soll: die am besten geführte Regierung ist am besten geführt, so hat er, nach Swifts Ausdruck, eine Nuß aufgebissen, die ihn mit einer Made belohnte; soll es aber bedeuten, sie sei auch die beste Regierungsart, d.i. Staatsverfassung, so ist es grundfalsch; denn Exempel von guten Regierungen beweisen nichts für die Regierungsart. – Wer hat wohl besser regiert als ein *Titus* und *Marcus Aurelius*, und doch hinterließ der eine einen *Domitian*, der andere einen *Commodus* zu Nachfolgern; welches bei einer guten Staatsverfassung nicht hätte geschehen können, da ihre Untauglichkeit zu diesem Posten früh genug bekannt war, und die Macht des Beherrschers auch hinreichend war, um sie auszuschließen.

7 So gab ein bulgarischer Fürst dem griechischen Kaiser, der gutmütigerweise seinen Streit mit ihm durch einen Zweikampf ausmachen wollte, zur Antwort: »Ein Schmied, der Zangen hat, wird das glühende Eisen aus den Kohlen nicht mit seinen Händen herauslangen.«

8 Um dieses große Reich mit dem Namen, womit es sich selbst benennt, zu schreiben (nämlich *China*, nicht Sina, oder einen diesem ähnlichen Laut), darf man nur Georgii Alphab. Tibet. pag. 651–654, vornehmlich Nota b unten, nachsehen. – Eigentlich führt es, nach des Petersb. Prof. *Fischer* Bemerkung, keinen bestimmten Namen, womit es sich selbst benennt; der gewöhnlichste ist noch der des Worts Kin, nämlich Gold (welches die Tibetaner mit Ser ausdrücken, daher der Kaiser König des *Goldes* (des herrlichsten Landes von der Welt) genannt wird, welches Wort wohl im Reiche selbst wie Chin lauten, oben nach den italienischen Missionaren (des Gutturalbuchstabens wegen) als Kin ausgesprochen sein mag. – Hieraus ersieht man dann, daß das von den Römern sogenannte Land der *Serer* China war, die Seide aber über *Groß-Tibet* (vermutlich durch *Klein-Tibet* und die Bucharei über Persien, so weiter) nach Europa gefördert worden, welches zu manchen Betrachtungen über das Altertum dieses erstaunlichen Staats, im Vergleichung mit dem von Hindustan, bei der Verknüpfung mit *Tibet*, und, durch dieses, mit Japan, hinleitet; indessen daß der Name Sina, oder Tschina, den die Nachbarn diesem Lande geben sollen, zu nichts hinführt. – – Vielleicht läßt sich auch die uralte, ob zwar nie recht bekannt gewordene Gemeinschaft Europens mit Tibet aus dem, was uns *Hesychius* hievon aufbehalten hat, nämlich dem Zuruf Κονξ' Ομπαξ (Konx Ompax) des Hierophanten in den Eleusinischen Geheimnissen erklären. (S. Reise des jüngern Anacharsis, 5ter Teil, S. 447 u. f.) – Denn nach Georgii Alph. Tibet bedeutet das Wort Concioa *Gott*, welches eine auffallende Ähnlichkeit mit Konx hat. Pah-ciò (ib. p. 520), welches von den Griechen leicht wie pax ausgesprochen werden konnte, promulgator legis, die durch die ganze Natur verteilte Gottheit (auch Cenresi genannt, p. 177). – Om aber, welche La Croze durch benedictus, *gesegnet* übersetzt, kann, auf die Gottheit angewandt, wohl nichts anderes als den *Seliggepriesenen* bedeuten, p. 507. Da nun P. *Franz. Horatius* von den Tibetanischen *Lamas*, die er oft befrug, was sie unter Gott (Concioa) verständen, jederzeit die Antwort bekam: *»es ist die Versammlung aller Heiligen«* (d.i. der seligen durch die Lamaische Wiedergeburt, nach vielen Wanderungen durch allerlei Körper, endlich in die Gottheit zurückgekehrten, in *Burchane*, d.i. anbetungswürdige Wesen, verwandelten Seelen (p. 223), so wird jenes geheimnisvolle Wort, Konx Ompax, wohl das *heilige* (Konx), *selige* (Om) und *weise* (Pax), durch die Welt überall verbreitete höchste Wesen (die personifizierte Natur) bedeuten sollen, und, in den griechischen *Mysterien* gebraucht, wohl den *Monotheism* für die Epopten, im Gegensatz mit dem *Polytheism* des Volks angedeutet haben; obwohl P. *Horatius* (a.a.O.) hierunter einen Atheism witterte. – Wie aber jenes geheimnisvolle Wort über Tibet zu den Griechen gekommen, läßt sich auf obige Art erklären und umgekehrt dadurch auch der frühe Verkehr Europens mit China über Tibet (vielleicht eher noch als mit Hindustan) wahrscheinlich machen.

9 Im Mechanism der Natur, wozu der Mensch (als Sinnenwesen) mit gehört, zeigt sich eine ihrer Existenz schon zum Grunde liegende Form, die wir uns nicht anders begreiflich machen können, als indem wir ihr den Zweck eines sie vorherbestimmenden Welturhebers unterlegen, dessen Vorherbestimmung wir die (göttliche) *Vorsehung* überhaupt, und, sofern sie in den *Anfang* der Welt gelegt wird, die *gründende* (providentia conditrix; semel iussit, semper parent, *Augustin* – »die kunstfertige Natur«; Übers. d. Hrsg.), im *Laufe* der Natur aber, diesen nach allge-

meinen Gesetzen der Zweckmäßigkeit zu erhalten, die *waltende Vorsehung* (providentia gubernatrix), ferner zu besonderen, aber von dem Menschen nicht vorherzusehenden, sondern nur aus dem Erfolg vermuteten Zwecken die *leitende* (providentia directrix), endlich sogar in Ansehung einzelner Begebenheiten, als göttlicher Zwecke, nicht mehr Vorsehung, sondern *Fügung* (directio extraordinaria) nennen, welche aber (da sie in der Tat auf ein Wunder hinweiset, obgleich die Begebenheiten nicht so genannt werden) als solche erkennen zu wollen törichte Vermessenheit des Menschen ist; weil aus einer einzelnen Begebenheit auf ein besonderes Prinzip der wirkenden Ursache (daß diese Begebenheit Zweck, und nicht bloß naturmechanische Nebenfolge aus einem anderen uns ganz unbekannten Zwecke sei) zu schließen ungereimt und voll Eigendünkel ist, so fromm und demütig auch die Sprache hierüber lauten mag. – Eben so ist auch die Einteilung der Vorsehung (*materialiter* betrachtet), wie sie auf *Gegenstände* in der Welt geht, in die *allgemeine* und *besondere*, falsch und sich selbst widersprechend (daß sie z.B. zwar eine Vorsorge zur Erhaltung der Gattungen der Geschöpfe sei, die Individuen aber dem Zufall überlasse); denn sie wird eben in der Absicht allgemein genannt, damit kein einziges Ding als davon ausgenommen gedacht werde. – Vermutlich hat man hier die Einteilung der Vorsehung (*formaliter* betrachtet) nach der Art der Ausführung ihrer Absicht gemeint: nämlich in *ordentliche* (z.B. das jährliche Sterben und Wiederaufleben der Natur nach dem Wechsel der Jahreszeiten) und *außerordentliche* (z.B. die Zuführung des Holzes an die Eisküsten, das da nicht wachsen kann, durch die Meerströme, für die dortigen Einwohner, die ohne das nicht leben könnten) wo, ob wir gleich die physisch-mechanische Ursache dieser Erscheinungen uns gut erklären können (z.B. durch die mit Holz bewachsene Ufer der Flüsse der temperierten Länder, in welche jene Bäume hineinfallen, und etwa durch den Gulfstrom weiter verschleppt werden), wir dennoch auch die teleologische nicht übersehen müssen, die auf die Vorsorge einer über die Natur gebietenden Weisheit hinweiset. – Nur was den in den Schulen gebräuchlichen Begriff eines göttlichen *Beitritts*, oder Mitwirkung (concursus) zu einer Wirkung in der Sinnenwelt betrifft, so muß dieser wegfallen. Denn das Ungleichartige paaren wollen (gryphes iungere equis – »Greife mit Pferden verbinden«; Übers. d. Hrsg.) und den, der selbst die vollständige Ursache der Weltveränderungen ist, seine eigene prädeterminierende Vorsehung während dem Weltlaufe *ergänzen* zu lassen (die also mangelhaft gewesen sein müßte), z.B. zu sagen, daß *nächst Gott* der Arzt den Kranken zurecht gebracht habe, also als Beistand dabei gewesen ist, ist *erstlich* an sich widersprechend. Denn causa solitaria non iuvat. Gott ist der Urheber des Arztes samt allen seinen Heilmitteln, und so muß ihm, wenn man ja bis zum höchsten, uns theoretisch unbegreiflichen Urgrunde hinaufsteigen will, die Wirkung *ganz* zugeschrieben werden. Oder man kann sie auch *ganz* dem Arzt zuschreiben, so fern wir diese Begebenheit als nach der Ordnung der Natur erklärbar in der Kette der Weltursachen verfolgen. *Zweitens* bringt eine solche Denkungsart auch um alle bestimmte Prinzipien der Beurteilung eines Effekts. Aber in *moralisch-praktischer* Absicht (die also ganz aufs Übersinnliche gerichtet ist), z.B. in dem Glauben, daß Gott den Mangel unserer eigenen Gerechtigkeit, wenn nur unsere Gesinnung echt war, auch durch uns unbegreifliche Mittel ergänzen werde, wir also in der Bestrebung zum Guten nichts nachlassen sollen, ist der Begriff des göttlichen Concursus ganz schicklich und sogar notwendig; wobei es sich aber von selbst versteht, daß niemand eine gute Handlung (als Begebenheit in der Welt) hieraus zu *erklären* versuchen muß, welches ein vorgebliches theoretisches Erkenntnis des Übersinnlichen, mithin ungereimt ist.

10 Unter allen Lebensweisen ist das *Jagdleben* ohne Zweifel der gesitteten Verfassung am meisten zuwider; weil die Familien, die sich da vereinzeln müssen, einander bald *fremd* und sonach, in weitläufigen Wäldern zerstreut, auch bald *feindselig* werden, da eine jede zu Erwerbung ihrer Nahrung und Kleidung viel Raum bedarf. – Das *Noachische Blutverbot*, 1. M. IX, 4–6 (welches, öfters wiederholt, nachher gar den neuangenommenen Christen aus dem Heidentum, ob zwar in anderer Rücksicht, von den Judenchristen zur Bedingung gemacht wurde, Apost. Gesch. XV, 20. XXI, 25 –) scheint uranfänglich nichts anders, als das Verbot des *Jägerlebens* gewesen zu sein; weil in diesem der Fall, das Fleisch roh zu essen, oft eintreten muß, mit dem letzteren also das erstere zugleich verboten wird.

11 Man könnte fragen: Wenn die Natur gewollt hat, diese Eisküsten sollten nicht unbewohnt bleiben, was wird aus ihren Bewohnern, wenn sie ihnen dereinst (wie zu erwarten ist) kein Treibholz mehr zuführte? Denn es ist zu glauben, daß, bei fortrückender Kultur, die Einsassen der temperierten Erdstriche das Holz, was an den Ufern ihrer Ströme wächst, besser benutzen, es nicht in die Ströme fallen, und so in die See wegschwemmen lassen werden. Ich antworte: Die Anwohner des *Obstroms*, des Jenissei, des Lena usw. werden es ihnen durch Handel zuführen, und dafür die Produkte aus dem Tierreich, woran das Meer an den Eisküsten so reich ist, einhandeln; wenn sie (die Natur) nur allererst den Frieden unter ihnen erzwungen haben wird.

12 *Verschiedenheit der Religionen:* ein wunderlicher Ausdruck! gerade, als ob man auch von verschiedenen *Moralen* spräche. Es kann wohl verschiedene *Glaubensarten* historischer, nicht in die Religion, sondern in die Geschichte der zu ihrer Beförderung gebrauchten, ins Feld der Gelehrsamkeit einschlagender Mittel und eben so verschiedene *Religionsbücher* (Zendavesta, Vedam, Koran u. s. w.) geben, aber nur eine einzige, für alle Menschen und in allen Zeiten gültige *Religion*. Jene also können wohl nichts anders als nur das Vehikel der Religion, was zufällig ist, und nach Verschiedenheit der Zeiten und Örter verschieden sein kann, enthalten.

13 Dieser Zusatz ist erst in der 2. Auflage hinzugekommen (Anm. d. Hrsg.).

14 Dies sind Erlaubnisgesetze der Vernunft, den Stand eines mit Ungerechtigkeit behafteten öffentlichen Rechts noch so lange beharren zu lassen, bis zu der völligen Umwälzung alles entweder von selbst gereift, oder durch friedliche Mittel der Reife nahe gebracht worden; weil doch irgend eine *rechtliche,* obzwar nur in geringem Grade rechtmäßige, Verfassung besser ist als gar keine, welches letztere Schicksal (der Anarchie) eine *übereilte* Reform treffen würde. – Die Staatsweisheit wird sich also in dem Zustande, worin die Dinge jetzt sind, Reformen, dem Ideal des öffentlichen Rechts angemessen, zur Pflicht machen: Revolutionen aber, wo sie die Natur von selbst herbei führt, nicht zur Beschönigung einer noch größeren Unterdrückung, sondern als Ruf der Natur benutzen, eine auf Freiheitsprinzipien gegründete gesetzliche Verfassung, als die einzige dauerhafte, durch gründliche Reform zu Stande zu bringen.

15 Wenngleich eine gewisse in der menschlichen Natur gewurzelte Bösartigkeit von *Menschen,* die in einem Staat zusammen leben, noch bezweifelt, und, statt ihrer, der Mangel einer noch nicht weit genug fortgeschrittenen Kultur (die Rohigkeit) zur Ursache der gesetzwidrigen Erscheinungen ihrer Denkungsart mit einigem Scheine angeführt werden möchte, so fällt sie doch, im äußeren Verhältnis der *Staaten* gegen einander, ganz unverdeckt und unwidersprechlich in die Augen. Im Innern jedes Staats ist sie durch den Zwang der bürgerlichen Gesetze verschleiert, weil der Neigung zur wechselseitigen Gewalttätigkeit der Bürger eine größere Gewalt, nämlich die der Regierung, mächtig entgegenwirkt, und so nicht allein dem

Ganzen einen moralischen Anstrich (causae non causae) gibt, sondern auch dadurch, daß dem Ausbruch gesetzwidriger Neigungen ein Riegel vorgeschoben wird, die Entwicklung der moralischen Anlage, zur unmittelbaren Achtung fürs Recht, wirklich viel Erleichterung bekommt. – Denn ein jeder glaubt nun von sich, daß er wohl den Rechtsbegriff heilig halten und treu befolgen würde, wenn er sich nur von jedem andern eines Gleichen gewärtigen könnte; welches letztere ihm die Regierung zum Teil sichert; wodurch dann ein großer Schritt *zur* Moralität (obgleich noch nicht moralischer Schritt) getan wird, diesem Pflichtbegriff auch um sein selbst willen, ohne Rücksicht auf Erwiderung, anhänglich zu sein. – Da ein jeder aber, bei seiner guten Meinung von sich selber, doch die böse Gesinnung bei allen anderen voraussetzt, so sprechen sie einander wechselseitig ihr Urteil: daß sie alle, was das *Faktum* betrifft, wenig taugen (woher es komme, da es doch der *Natur* des Menschen, als eines freien Wesens, nicht Schuld gegeben werden kann, mag unerörtert bleiben). Da aber doch auch die Achtung für den Rechtsbegriff, deren der Mensch sich schlechterdings nicht entschlagen kann, die Theorie des Vermögens, ihm angemessen zu werden, auf das feierlichste sanktioniert, so sieht ein jeder, daß er seinerseits jenem gemäß handeln müsse, andere mögen es halten, wie sie wollen.

16 Die Belege zu solchen Maximen kann man in des Herrn Hofr. Garve Abhandlung: »Über die Verbindung der Moral mit der Politik, 1788«, antreffen. Dieser würdige Gelehrte gesteht gleich zu Anfange, eine genugtuende Antwort auf diese Frage nicht geben zu können. Aber sie dennoch gut zu heißen, ob zwar mit dem Geständnis, die dagegen sich regende Einwürfe nicht völlig heben zu können, scheint doch eine größere Nachgiebigkeit gegen die zu sein, die sehr geneigt sind, sie zu mißbrauchen, als wohl ratsam sein möchte, einzuräumen.

Johann Gottlieb Fichte
Zum ewigen Frieden – Ein philosophischer Entwurf von Immanuel Kant*

* Erschien zuerst im »Philosophischen Journal«, Bd. IV (1796), S. 81–92. Die Orthographie wurde, bei Wahrung des Lautstandes, modernisiert.

Der Name des großen Verfassers, das Interesse für die gegenwärtigen und nächstkünftigen politischen Ereignisse, die Parteilichkeit für oder wider gewisse Beurteilungen derselben, die Begierde zu wissen, wie dieser große Mann sie ansehen möge, und wer weiß, welche Gründe noch – haben ohne Zweifel diese Schrift schon längst in die Hände aller, die die Lektüre lieben, gebracht, und unsere Anzeige käme für die meisten Leser dieses Journals wohl zu spät, wenn sie dieselben erst mit ihrer Existenz bekannt machen wollte. Aber gerade diese Beziehung derselben auf das Interesse des Tages, die Leichtigkeit und Annehmlichkeit des Vortrags und die anspruchslose Weise, mit welcher die in ihr vorgetragenen erhabenen, allumfassenden Ideen hingelegt werden, dürfte mehrere verleiten, derselben nicht die Wichtigkeit beizumessen, die sie unseres Erachtens hat, und die Hauptidee derselben für nicht viel mehr anzusehen, als für einen frommen Wunsch, einen unmaßgeblichen Vorschlag, einen schönen Traum, der allenfalls dazu dienen möge, menschenfreundliche Gemüter einige Augenblicke angenehm zu unterhalten. Es sei uns erlaubt, auf die entgegengesetzte Meinung aufmerksam zu machen, daß diese Hauptidee doch wohl noch etwas mehr sein möge; daß sich vielleicht von ihr ebenso streng, als von anderen ursprünglichen Anlagen erweisen lasse, daß sie im Wesen der Vernunft liege, daß die Vernunft schlechthin ihre Realisation fordere, und daß sie sonach auch unter die zwar aufzuhaltenden, aber nicht zu vernichtenden Zwecke der Natur gehöre. Auch sei es uns erlaubt anzumerken, daß diese Schrift, wenn auch nicht durchgängig die Gründe, doch zum wenigsten die Resultate der Kantischen Rechtsphilosophie vollständig enthält und sonach auch in wissenschaftlicher Rücksicht äußerst wichtig ist.

Erster Abschnitt.
Präliminararartikel zum ewigen Frieden unter Staaten.

1. »Es solle kein Friedensschluß für einen solchen gelten, der mit dem geheimen Vorbehalt des Stoffes zu einem künftigen Kriege gemacht worden«; in welchem der schon bekannte oder unbekannte Grund eines künftigen Krieges nicht zugleich mit aufgehoben werde. Außerdem wäre kein Friede, sondern nur ein Waffenstillstand geschlossen, sagt Kant. Es liegt im Begriff des *Friedens*. Durch ihn versetzen sich, glaubt Rec., die Kontrahierenden, so ge-

wiß sie kontrahieren, überhaupt in ein rechtliches Verhältnis gegeneinander, und vertragen sich nicht nur über das bis jetzt streitige, sondern über alle Rechte, die zur Zeit des Friedensschlusses ein jeder sich zuschreibt. Wogegen nicht ausdrücklich Einspruch geschieht (wodurch aber der Friede aufgehoben würde), das gestehen die Parteien einander stillschweigend zu.

2. »Es solle kein für sich bestehender Staat (klein oder groß, das gelte hier gleichviel) von einem anderen Staate durch Erbung, Tausch, Kauf oder Schenkung erworben werden können« – weil es, so wie die Verdingung der Truppen eines Staates an den anderen, überhaupt gegen den Staatsvertrag laufe; wie *an sich* klar ist –: in Beziehung auf den beabzweckten ewigen Frieden; weil dies eine notwendige Quelle vieler Kriege gewesen sei und fortdauernd sein werde.

3. »Stehende Heere sollen mit der Zeit ganz aufhören« – weil sie beständig mit Krieg drohen, und die Errichtung, Vermehrung, Erhaltung derselben oft selbst eine Ursache des Krieges werde.

4. »Es sollen keine Staatsschulden in Beziehung auf äußere Staatshändel gemacht werden« – als *Erleichterungsmittel der Kriege* zu verbieten, wie die stehenden Heere –, auch um des möglichen und zu seiner Zeit unvermeidlichen Staatsbankrotts willen.

5. »Kein Staat solle sich in die Verfassung und Regierung eines anderen Staates gewalttätig einmischen« – nicht etwa unter dem Vorwande des Skandals. Es sei allemal *scandalum acceptum*, und die fremde Einmischung selbst ein großer Skandal.

6. »Es solle sich kein Staat im Kriege mit einem anderen Feindseligkeiten erlauben, welche das wechselseitige Zutrauen im künftigen Frieden unmöglich machen müssen, als da sind: *Anstellung der Meuchelmörder, Giftmischer, Brechung der Kapitulation, Anstiftung des Verrates* in dem bekriegten Staate« usw. –, weil dadurch der Friede unmöglich, und ein *bellum internecinum* herbeigeführt werde.

Beiläufig wird aufmerksam gemacht auf den Begriff einer *lex permissiva*. Sie ist nur möglich dadurch, daß das Gesetz auf gewisse Fälle nicht gehe, – woraus man, wie Rec. glaubt, hätte ersehen mögen, daß das Sittengesetz, dieser *kategorische* Imperativ, *nicht* die Quelle des Naturrechts sein könne, da er ohne Ausnahme und unbedingt gebietet: das letztere aber nur *Rechte* gibt, deren man sich bedienen kann, oder auch nicht. Es ist hier nicht der Ort, sich weiter darüber auszulassen.

Zweiter Abschnitt, welcher die Definitivartikel zum ewigen Frieden unter Staaten enthält. – Alles ist aufgebaut auf die Sätze, die Kant schon ehemals aufgestellt, die nicht geringen Anstoß erregt haben, und deren Prämissen auch hier nicht weiter als durch Winke angedeutet sind: »*Alle Menschen, die aufeinander wechselseitig einfließen können, müssen zu irgendeiner bürgerlichen Verfassung gehören.*« »Jeder hat das Recht, den anderen, den er dazu aufgefordert hat, feindlich zu behandeln; auch ohne daß derselbe ihn vorher beleidigt.« Es sei dem Rec. – der, bei seinen Untersuchungen über das Naturrecht, aus Prinzipien, die von den bis jetzt bekannten Kantischen unabhängig sind, auf diese und auf die tiefer unten folgenden Kantischen Resultate gekommen und den Beweis derselben gefunden, auch sie öffentlich vorgetragen hat, ehe dieses Buch in seine Hände gekommen, – erlaubt; einige Worte hinzuzusetzen, um vorläufig die Befremdung, die bei der herrschenden Denkart diese Sätze erregen müssen, ein wenig zu mildern.

Nur inwiefern Menschen in Beziehung aufeinander gedacht werden, kann von Rechten die Rede sein, und außer einer solchen Beziehung, die sich aber dem Mechanism des menschlichen Geistes zufolge von selbst und unvermerkt findet, weil die Menschen gar nicht isoliert sein können und kein Mensch möglich ist, wenn nicht mehrere beieinander sind, ist ein Recht nichts. Wie können freie Wesen, als solche, beieinander bestehen? ist die oberste Rechtsfrage; und die Antwort darauf: wenn jeder seine Freiheit so beschränkt, daß neben ihr die der anderen auch bestehen kann. Die Gültigkeit dieses Gesetzes ist sonach bedingt durch den Begriff einer Gemeinschaft freier Wesen; sie fällt weg, wo diese nicht möglich ist, sie fällt weg gegen jeden, der in eine solche Gemeinschaft nicht paßt, und es paßt keiner hinein, der sich diesem Gesetz nicht unterwirft. Ein solcher hat mithin gar keine Rechte, er ist rechtlos. – So lange Menschen nebeneinander leben, ohne anders, als vermittelst der gegenseitigen Erkenntnis aufeinander einzufließen, ist es von beiden problematisch, ob sie jenem Gesetz sich im Herzen unterwerfen oder nicht. Da jeder von dem anderen ebensowohl das letztere annehmen kann als das erstere, so kann er vor demselben nie sicher sein; auch schon darum nicht, weil der andere ebensowenig weiß, ob er sich dem Gesetze unterwerfe und demzufolge Rechte habe, oder rechtlos sei. Es muß jedem Angelegenheit sein, dem anderen seine Anerkenntnis des Rechtsgesetzes zu erklären, sich von seiner Seite die seinige von ihm zusichern, und, da keiner dem anderen vertrauen kann, sie sich von ihm *garantieren* zu lassen; welches lediglich durch die Vereinigung mit einem gemeinen Wesen möglich ist, in welchem jeder durch Zwang verhindert wird, das Recht zu verletzen. Wer diesen Vorschlag nicht annimmt, erklärt dadurch, daß er dem Rechtsgesetze sich nicht unterwerfe und wird völlig rechtlos.

»Alle rechtliche Verfassung ist sonach (nach Kant), in Absicht der Personen, die darin stehen: 1. die nach dem *Staatsbürgerrechte* der Menschen in einem Volke *(jus civitatis)*; 2. nach dem *Völkerrechte* der Staaten im Verhältnis gegeneinander *(jus gentium)*; 3. die nach dem *Weltbürgerrechte,* sofern Menschen und Staaten, in äußerem aufeinander einfließenden Verhältnisse stehend, als Bürger eines allgemeinen Menschenstaates anzusehen sind *jus cosmopoliticum).«*

Es gibt sonach, wie jeder daraus leicht folgern kann, nach Kants Lehre gar kein eigentliches Naturrecht, kein rechtliches Verhältnis der Menschen, außer unter einem positiven Gesetze und einer Obrigkeit; und der Stand im Staate ist der einzige wahre Naturstand des Menschen: – alles Behauptungen, die sich unwidersprechlich dartun lassen, wenn man den Rechtsbegriff richtig deduziert.

Erster Definitivartikel. »*Die bürgerliche Verfassung in jedem Staate soll republikanisch sein.«* – Diese Verfassung sei die einzig rechtliche an sich, dem Staatsbürgerrechte nach, und führe den ewigen Frieden herbei, der durch das Völkerrecht gefordert werde: indem nicht zu erwarten sei, daß die Bürger über sich selbst die Drangsale des Krieges beschließen werden, die ein Monarch, ohne für sich das geringste dabei zu verlieren, so leicht über sie beschließt. Die *Republik* sei von der *Demokratie* wohl zu unterscheiden. Die letztere sei diejenige Verfassung, in welcher das Volk in eigener Person die executive Gewalt ausübt, mithin immer Richter in seiner eigenen Sache ist, welches eine offenbar unrechtmäßige Regierungsform sei: der Republicanism diejenige, in welcher die legislative und executive Macht getrennt (ob nun die letztere an Eine Person oder an mehrere übertragen), mithin das Repräsentationssystem eingeführt sei.

Dem Rec. hat diese vorgeschlagene Trennung der legislativen von der executiven Macht immer nicht bestimmt genug, wenigstens manchen Mißdeutungen ausgesetzt, geschienen. Er glaubt, daß diejenige Macht, die der executiven entgegenzusetzen ist, einer näheren Bestimmung fähig sei. Er hat, wenn es ihm erlaubt ist, seine

Darstellung der Kantischen hinzuzufügen, die Sache so gefunden – das höchste Rechtsgesetz ist durch die reine Vernunft gegeben: jeder beschränke seine Freiheit so, daß neben ihm alle übrigen auch frei sein können. *Wie weit* eines jeden Freiheit gehen solle, d.h. über das Eigentum im allerweitesten Sinne des Wortes, müssen die Kontrahierenden sich vergleichen. Das Gesetz ist nur *formal*, daß jeder seine Freiheit beschränken soll, aber nicht *material, wieweit* sie jeder beschränken solle. Hierüber müssen sie sich vereinigen. Aber daß überhaupt jeder darüber etwas deklariere, fordert das Gesetz. Die höchste Formel für alle möglichen Strafgesetze ist durch reine Vernunft gleichfalls gegeben; jeder muß von seiner Freiheit gerade soviel wagen, als er die des anderen zu beeinträchtigen versucht ist. Die Menge der Menschen, die sich im Staate vereinigen, der Bezirk, den sie einnehmen, und die Nahrungszweige, die sie bearbeiten, gibt also immer das positive Gesetz für den Staat, den sie errichten; und jeder kann ihnen ihr bestimmtes positives Gesetz aufstellen, dem man nur jene Data gibt. Alle, so wie sie in diesen bestimmten Staat treten wollen, sind verbunden, dieses bestimmte Gesetz anzuerkennen, und es bedarf da keiner Sammlung der Stimmen. Jeder hat nur zu sagen: ich will in diesen Staat treten; und er sagt damit alles. Die Gemeine darf das Zwangsrecht nicht unmittelbar durch sich selbst ausüben, denn sie würde dadurch Richter in ihrer eigenen Sache, welches nie erlaubt ist. Sie muß sonach die Ausübung desselben, es sei einem einzelnen oder einem ganzen Corps, übertragen und wird durch diese Absonderung erst Volk *(plebs)*. Dieses gewalthabende Corps kann zu nichts verbunden werden, als nur schlechtweg was Rechtens ist in Ausübung zu bringen. Dafür ist es *verantwortlich*, und die allgemeinen und besonderen Anwendungen der Regel des Rechts auf bestimmte Fälle bleiben ihm sonach billigerweise überlassen. Es ist inappellabel; alle Privatpersonen sind ihm ohne Einschränkung unterworfen, und jede Widersetzlichkeit gegen dasselbe ist Rebellion. Wie es das Recht verwalte, darüber ist nur das Volk Richter, und es muß das Urteil hierüber sich schlechthin vorbehalten. Aber solange jenes Corps im Besitze seiner Gewalt ist, gibt es kein Volk, sondern nur einen Haufen von Untertanen; und kein einzelner kann sagen: das Volk soll sich als Volk erklären, ohne sich der Rebellion schuldig zu machen, und die executive Gewalt wird das nie sagen; das Volk könnte nur sich selbst konstituieren, aber es kann sich nicht konstituieren, wenn es nicht *ist*. Es müßte sonach der executiven Gewalt ein anderer Magistrat, ein *Ephorat,* an die Seite gesetzt werden, der – sie nicht *richtete,* – aber, wo er Freiheit und Recht in Gefahr glaubte, immer auf seine eigene Verantwortung *das Volk zum Gericht über sie beriefe.*

Zweiter Definitivartikel. »Das Völkerrecht solle auf einem Föderalism freier Staaten gegründet sein.« – Es gibt kein Völkerrecht zum Kriege. Recht ist Friede. Der Krieg ist überhaupt kein rechtlicher Zustand, wäre dieser zu erhalten, so wäre kein Krieg. – Wir begnügen uns auch nur mit Winken dies anzuzeigen, wie Kant. Es hat wohl nie eine ungereimtere Zusammensetzung gegeben als die eines *Kriegsrechts.*

Es könne für Staaten, um in Beziehung aufeinander aus dem gesetzlosen Zustande des Krieges herauszugehen, kein anderes Mittel geben als dasselbe, welches es für einzelne gibt: daß sie sich, so wie diese zu einem Bürgerstaate, sie zu einem Völkerstaate vereinigen, in welchem ihre Streitigkeiten untereinander nach positiven Gesetzen entschieden werden. – Dies ist allerdings die Entscheidung der reinen Vernunft, und der von Kant vorgeschlagene Völkerbund zur Erhaltung des Friedens ist lediglich ein Mittelzustand, durch welchen die Menschheit zu jenem großen Ziele wohl dürfte hindurchgehen müssen; so wie ohne Zweifel die Staaten auch erst durch Schutzbündnisse einzelner Personen unter sich entstanden sind.

Dritter Definitivartikel. »Das *Weltbürgerrecht* solle auf Bedingungen der allgemeinen *Hospitalität* eingeschränkt sein;« – d. h. auf das Recht jedes Menschen, um seiner bloßen Ankunft willen auf dem Boden eines anderen Staates, nicht feindselig behandelt zu werden; wozu nach den Grundsätzen des bloßen Staatsrechts der Staat allerdings das vollkommenste Recht hätte.

Zusatz. Von der Garantie des ewigen Friedens – Wenn sich nun gleich zeigen läßt (wie es sich zeigen läßt), daß die Idee des ewigen Friedens, als Aufgabe, in der reinen Vernunft liege: wer steht uns denn dafür, daß sie mehr als ein bloßer Begriff werden, daß sie in der Sinnenwelt werde realisiert werden? Die Natur selbst, antwortet Kant, durch die nach ihrem Mechanism geordnete Verbindung der Dinge. Nach den drei Arten des rechtlichen Verhältnisses hatte die Natur dreierlei Zwecke sich vorzusetzen.

Zuvörderst, nach dem Postulate des Staatsbürgerrechts, den: die Einzelnen zur Vereinigung in Staaten zu treiben. Würde auch nicht die innere Mißhelligkeit, so würde doch der Krieg von außen, der gleichfalls in dem Plane der Natur lag, die Menschen genötigt haben, ihre Macht zu vereinigen. Daß die Form dieser Vereinigung der allein recht- und vernunftmäßigen sich immer mehr nähere, dafür ist durch das allgemeindrückende der Ungerechtigkeit und Gewalttätigkeit gesorgt, so daß die Menschen endlich durch ihren eigenen Vorteil werden gezwungen werden, zu tun, was Rechtens ist.

Dann, nach dem Postulate eines Völkerrechts, den: die Völker voneinander abzusondern, welches durch die Verschiedenheit der Sprachen und Religionen befördert wurde, wodurch zwar anfangs der Krieg erzeugt, endlich aber doch durch das entstandene Gleichgewicht ein beständiger Friede hervorgebracht werden muß; wozu *drittens* der Handelsgeist, der auf den Eigennutz eine Sicherheit gründet, die das Weltbürgerrecht schwerlich hervorgebracht haben würde, beiträgt.

Es sei dem Rec. erlaubt, zur Erläuterung hinzuzusetzen, wie er selbst die Sache ansieht. – Die allgemeine Unsicherheit, welche jede rechtswidrige Konstitution mit sich führt, ist allerdings so drükkend, daß man glauben sollte, die Menschen müßten schon längst durch ihren eigenen Vorteil, welcher allein die Triebfeder zur Errichtung einer rechtmäßigen Staatsverfassung sein kann, bewogen worden sein, eine solche zu errichten. Dies ist bisher nicht geschehen; die Vorteile der Unordnung müssen sonach noch immer die der Ordnung im allgemeinen überwiegen; ein beträchtlicher Teil der Menschen muß bei der allgemeinen Unordnung noch immer mehr gewinnen als verlieren, und denjenigen, die nur verlieren, muß doch noch die Hoffnung übrig sein, auch zu gewinnen. So ist es. Unsere Staaten sind für Staaten insgesamt noch jung, die verschiedenen Stände und Familien haben sich im Verhältnis aufeinander noch wenig befestigt, und es bleibt allen die Hoffnung, durch Beraubung der anderen sich zu bereichern; die Güter in unseren Staaten sind noch bei weitem nicht alle benutzt und verteilt, und es gibt noch so vieles zu begehren und zu occupieren, und endlich, wenn auch zu Hause alles aufgezehrt sein sollte, eröffnet die Unterdrückung fremder Völker und Weltteile im Handel eine stets fließende, ergiebige Hilfsquelle. So lange es so bleibt, ist die Ungerechtigkeit bei weitem nicht drückend genug, als daß man auf die allgemeine Abschaffung derselben sollte rechnen können. Aber sobald der Mehrheit die sichere Erhaltung dessen, was sie hat, lieber wird, als der unsichere Erwerb dessen, was andere besitzen, tritt die recht- und vernunftmäßige Konstitution ein. Auf jenen Punkt nun muß es endlich in unseren Staaten kommen. Durch das fortgesetzte Drängen der Stände und der Familien untereinander müssen sie endlich in ein Gleichgewicht des Besitzes kommen, bei welchem jeder sich erträglich befindet. Durch die steigende Bevölkerung und Kultur aller Nahrungszweige müssen endlich die Reichtümer der Staaten entdeckt und verteilt werden; durch die Kultur fremder Völker und Weltteile müssen doch diese endlich auch auf den Punkt gelangen, wo sie sich nicht mehr im Handel bevorteilen, und in die Sklaverei wegführen lassen, so daß der letzte Preis der Raubsucht gleichfalls verschwinde. Zwei neue Phänomene in der Weltgeschichte bürgen für die Erreichung dieses Zweckes: der auf der anderen Hemisphäre errichtete blühende nordamerikanische Freistaat, von welchem aus sich notwendig Aufklärung und Freiheit über die bis jetzt unterdrückten Weltteile verbreiten muß; und die große europäische Staatenrepublik, welche dem Einbruche barbarischer Völker in die Werkstätte der Kultur einen Damm setzt, den es in der alten Welt nicht gab, dadurch den Staaten ihre Fortdauer und eben dadurch den einzelnen das nur mit der Zeit zu erringende Gleichgewicht in denselben garantiert. So läßt sich sicher erwarten, daß doch endlich ein Volk das theoretisch so leicht zu lösende Problem der einzig rechtmäßigen Staatsverfassung in der Realität aufstellen, und durch den Anblick ihres Glückes andere Völker zur Nachahmung reizen werde. Auf diese Weise ist der Gang der Natur zur Hervorbringung einer guten Staatsverfassung angelegt: sobald aber diese realisiert ist, erfolgt unter den nach diesen Grundsätzen eingerichteten Staaten das Verhältnis des Völkerrechts, der ewige Friede von selbst, weil sie bei dem Kriege nur verlieren können; dahingegen vor Erreichung des ersten Zweckes an die Erreichung des zweiten nicht zu denken ist, indem ein Staat, der in seinem Innern ungerecht ist, notwendig auf Beraubung der Nachbarn ausgehen muß, um seinen ausgesogenen alten Bürgern einige Erholung zu geben und neue Hilfsquellen zu eröffnen.

Der Anhang *über die Mißhelligkeit zwischen der Moral und der Politik, in Beziehung auf den ewigen Frieden,* enthält eine Menge treffend gesagter Wahrheiten, deren reifliche Beherzigung jeder, dem Wahrheit und Geradheit am Herzen liegt, wünschen muß.

Friedrich Schlegel
Versuch über den Begriff
des Republikanismus

Veranlaßt durch die Kantische Schrift zum ewigen Frieden*

* Erschien zuerst in der Zeitschrift »Deutschland«, Dritter Band, Siebentes Stück, Nr. II (1796), S. 10–41. Die Orthographie wurde modernisiert.

Der Geist, den die *Kantische Schrift zum ewigen Frieden* atmet, muß jedem Freunde der Gerechtigkeit wohltun, und noch die späteste Nachwelt wird auch in diesem Denkmale die erhabene Gesinnung des ehrwürdigen Weisen bewundern. Der kühne und würdige Vortrag ist unbefangen und treuherzig und wird durch treffenden Witz und geistreiche Laune angenehm gewürzt. Sie enthält eine reichliche Fülle fruchtbarer Gedanken und neuer Ansichten für die Politik, Moral und Geschichte der Menschheit. Mir war die Meinung des Verfassers über die Natur des *Republikanismus* und dessen Verhältnis zu anderen Arten und Zuständen des Staates vorzüglich interessant. Die Prüfung derselben veranlaßte mich, diesen Gegenstand von neuem zu durchdenken. So entstanden folgende Bemerkungen.

»*Die bürgerliche Verfassung*«, sagt Kant S. 20[1], »*in jedem Staate soll republikanisch sein.* – Die erstlich nach Prinzipien der Freiheit der Glieder einer Gesellschaft (als Menschen); zweitens nach Grundsätzen der *Abhängigkeit* aller von einer einzigen gemeinsamen Gesetzgebung (als Untertanen); drittens, die nach dem Gesetz der *Gleichheit* derselben (als Staatsbürger) gestiftete Verfassung ist die *republikanische*.« Diese Erklärung scheint mir nicht befriedigend. Wenn die rechtliche Abhängigkeit schon im Begriffe der Staatsverfassung überhaupt liegt (S. 21 Anm.)[2], so kann sie kein Merkmal des spezifischen Charakters der republikanischen Verfassung sein. Da kein Prinzip der Einteilung der Staatsverfassung überhaupt in ihre Arten angegeben ist, so fragt sichs, ob durch die Merkmale der Freiheit und Gleichheit der vollständige Begriff der republikanischen Verfassung erschöpft sei? Beide sind nichts Positives, sondern Negationen. Da nun jede Negation eine Position, jede Bedingung etwas Bedingtes voraussetzt, so muß ein Merkmal (und zwar das wichtigste, welches den Grund der beiden anderen enthält) in der Definition fehlen. Die despotische Verfassung weiß von jenen negativen Merkmalen (Freiheit und Gleichheit) nichts; sie wird also auch durch ein positives Merkmal von der republikanischen Verfassung verschieden sein. Daß der Republikanismus und Despotismus nicht Arten des Staats, sondern der Staatsverfassung seien, wird ohne Beweis vorausgesetzt, und was Staatsverfassung sei, nicht erklärt. – Die angedeutete Deduktion des so definierten Republikanismus ist ebensowenig befriedigend als die Definition. Es scheint wenigstens, als würde S. 20 behauptet: die republikanische Verfassung sei darum praktisch notwendig, weil sie die einzige ist, welche aus der Idee des ursprünglichen Vertrags hervorgeht. Aber worauf gründet sich denn diese Idee, als auf das Prinzip der Freiheit und Gleichheit? Ist das nicht ein Zirkel? – Alle Negationen sind die Schranken einer Position, und die Deduktion ihrer Gültigkeit ist der Beweis, daß die höhere Position, von welcher die durch sie limitierte Position abgeleitet ist, ohne diese Bedingung sich selbst aufheben würde. Die praktische Notwendigkeit der politischen Freiheit und Gleichheit muß also aus der höheren praktischen Position, von welcher das positive Merkmal des Republikanismus abgeleitet ist, deduziert werden.

Die Erklärung der rechtlichen Freiheit, sie sei die Befugnis, alles zu tun, was man will, wenn man nur keinem Unrecht tut, erklärt der Verfasser für leere Tautologie und erklärt sie dagegen als »die Befugnis, keinen äußern Gesetzen zu gehorchen, als zu denen das Individuum seine Beistimmung habe geben können«. – Mir scheinen beide Erklärungen richtig, aber nur bedingt richtig zu sein. Die bürgerliche Freiheit ist eine *Idee,* welche nur durch eine ins Unendliche fortschreitende Annäherung wirklich gemacht werden kann. So wie es nun in jeder Progression ein erstes, letztes und mittlere Glieder gibt, so gibt es auch in der unendlichen Progression zu jener Idee ein Minimum, ein Medium und ein Maximum. *Das Minimum der bürgerlichen Freiheit* enthält die Kantische Erklärung. Das *Medium* der bürgerlichen Freiheit ist die Befugnis, keinen äußeren Gesetzen zu gehorchen als solchen, welche die (repräsentierte) Mehrheit des Volkes wirklich gewollt hat und die (gedachte) Allgemeinheit des Volks wollen könnte. Das (unerreichbare) *Maximum* der bürgerlichen Freiheit ist die getadelte Erklärung, welche nur dann eine Tautologie sein würde, wenn sie von der moralischen und nicht von der politischen Freiheit redete. Die höchste politische Freiheit würde der moralischen adäquat sein, welche von allen äußeren Zwangsgesetzen ganz unabhängig, nur durch das Sittengesetz beschränkt wird. Ebenso ist, was Kant für äußere rechtliche Gleichheit überhaupt erklärt, nur das Minimum in der unendlichen Progression zur unerreichbaren Idee der *politischen Gleichheit.* Das *Medium* besteht darin, daß keine andere Verschiedenheit der Rechte und Verbindlichkeiten der Bürger stattfinde, als eine solche, welche die Volksmehrheit wirklich gewollt hat und die Allheit des Volks wollen könnte. Das Maximum würde eine absolute Gleichheit der Rechte und Verbindlichkeiten der Staatsbürger sein und also aller Herrschaft und Abhängigkeit ein Ende machen. – Aber sind diese Wechselbegriffe nicht wesentliche Merkmale des Staats überhaupt? – Die Voraussetzung, daß der Wille nicht aller einzelnen Staatsbürger mit dem allgemeinen Willen stets übereinstimmen werde, ist der einzige Grund der *politischen Herrschaft* und *Abhängigkeit*. So allgemein sie aber auch gelten mag, so ist ihr Gegenteil wenigstens denkbar. Sie ist überdem nur eine empirische Bedingung, welche den reinen Begriff des Staats zwar näher bestimmen, aber eben darum selbst kein Merkmal des reinen Begriffs sein kann. Der empirische Begriff setzt einen reinen, der bestimmtere einen unbestimmteren voraus, aus dem er erst abgeleitet wurde. Also nicht ein *jeder Staat* (S. 30)[3] enthält das Verhältnis eines Oberen zu einem Unteren, sondern nur der durch jenes faktische Datum empirisch bedingte. Es läßt sich allerdings ein *Völkerstaat* ohne dies Verhältnis denken und ohne daß die verschiedenen Staaten in einen einzigen zusammenschmelzen müßten: eine nicht zu einer besonderen Absicht bestimmte, sondern nach einem unbestimmten Ziel strebende (nicht hypothetisch, sondern thetisch zweckmäßige) Gesellschaft im Verhältnis der Freiheit der einzelnen und der Gleichheit aller, unter einer Mehrheit oder Masse von politisch selbständigen Völkern. Die Idee einer *Weltrepublik* hat praktische Gültigkeit und charakteristische Wichtigkeit.

Das *Personale* der Staatsgewalt (S. 25)[4], die Zahl der Herrscher kann nur dann ein Prinzip der Einteilung sein, wenn nicht der allgemeine, sondern ein einzelner Wille der Grund der bürgerlichen Gesetze ist (im Despotismus). – Wie stimmt die Behauptung: »der Republikanismus sei das Staatsprinzip der Absonderung der ausführenden Gewalt von der gesetzgebenden«, mit der zuerst gegebenen Definition und mit dem Satz, »daß der Republikanismus nur durch Repräsentation möglich sei« (S. 29)[5] zusammen? – Wäre die gesamte Staatsgewalt nicht in den Händen von Volksrepräsentanten, aber zwischen einem erblichen Regenten und einem erblichen Adel so geteilt, daß der erste die ausübende, der letzte die gesetzgebende Macht besäße, so würde, der Trennung ungeachtet, die Verfassung nicht repräsentativ, also (nach des Verfassers eigener Erklärung) despotisch sein, da ohnehin die Erblichkeit der Staatsämter (S. 22, 23, Anm.)[6] mit dem Republikanismus unvereinbar ist. – Der Gesetzgeber, Vollzieher (und Richter) sind zwar durchaus verschiedene *politische* Personen (S. 26)[7], aber es ist physisch möglich, daß eine *physische* Person diese verschiedenen politischen Personen in sich vereinigen könne. Es ist auch *politisch möglich,* d.h. es ist nicht widersprechend, daß der allgemeine Volkswille beschlösse, auf eine bestimmte Zeit Einem alle Staatsgewalt zu übertragen (nicht abzutreten). Unstreitig ist die Trennung der Gewalten die Regel des republikanischen Staats; aber die Ausnahme von der Regel, die *Diktatur,* scheint mir wenigstens möglich. (Ihre treffliche Brauchbarkeit, wird vorzüglich aus der alten Geschichte offenbar. Das menschliche Geschlecht verdankt dieser scharfsinnigen griechischen Erfindung viele der herrlichsten Produkte, welche das politische Genie je hervorgebracht hat.) Die Diktatur ist aber notwendig ein *transitorischer Zustand:* denn wenn alle Gewalt auf unbestimmte Zeit übertragen würde, so wäre das keine Repräsentation, sondern eine Zession der politischen Macht. Eine *Zession der Souveränität* ist aber politisch unmöglich: denn der allgemeine Wille kann sich nicht durch einen Akt des allgemeinen Willens selbst vernichten. Der Begriff einer dictatura perpetua ist daher so widersprechend wie der eines viereckigen Zirkels. – Die transitorische Diktatur aber ist eine *politisch mögliche Repräsentation* – also eine *republikanische,* vom Despotismus wesentlich verschiedene *Form.*

Überhaupt ist vom Verfasser kein Prinzip seiner Einteilung der Arten und Bestandteile des Staates auch nur angedeutet. – Folgender provisorische Versuch einer *Deduktion des Republikanismus* und einer *politischen Klassifikation* a priori, scheint mir der Prüfung des Lesers nicht ganz unwürdig zu sein.

Durch die Verknüpfung der höchsten praktischen Thesis (welche das Objekt der praktischen Grundwissenschaft ist) mit dem theoretischen Datum des Umfangs und der Arten des menschlichen Vermögens, erhält der reine praktische Imperativ soviel spezifisch verschiedene Modifikationen, als das gesamte menschliche Vermögen spezifisch verschiedene Vermögen in sich enthält; und jede dieser Modifikationen ist das Fundament und das Objekt einer besonderen praktischen Wissenschaft. Durch das theoretische Datum, daß dem Menschen, außer den Vermögen, die das rein isolierte Individuum als solches besitzt, auch noch im Verhältnis zu anderen Individuen seiner Gattung, das *Vermögen der Mitteilung* (der Tätigkeiten aller übrigen Vermögen) zukomme; daß die menschlichen Individuen durchgängig im *Verhältnis des gegenseitigen natürlichen Einflusses* wirklich stehen oder doch stehen können, – erhält der reine praktische Imperativ eine *neue spezifisch verschiedene Modifikation*, welche das Fundament und Objekt einer neuen Wissenschaft wird. Der Satz: das Ich soll sein, lautet in dieser besonderen Bestimmung: *Gemeinschaft der Menschheit soll sein, oder das Ich soll mitgeteilt werden.* Diese abgeleitete praktische Thesis ist das Fundament und Objekt der *Politik*, worunter ich nicht die Kunst verstehe, den Mechanismus der Natur zur Regierung der Menschen zu nutzen (S. 71)[8], sondern (wie die griechischen Philosophen) eine *praktische Wissenschaft, im Kantischen Sinne* dieses Wortes, deren Objekt die *Relation* der praktischen Individuen und Arten ist. Eine jede menschliche Gesellschaft, deren Zweck Gemeinschaft der Menschheit ist (die Zweck an sich oder deren Zweck menschliche Gesellschaft ist), heißt *Staat*. Da aber das Ich nicht bloß im Verhältnis aller Individuen, sondern auch in jedem einzelnen Individuo sein soll und nur unter der Bedingung absoluter Unabhängigkeit des Willens sein kann, so ist *politische Freiheit* eine notwendige Bedingung des *politischen Imperativs* und ein wesentliches Merkmal zum Begriff des Staats: denn sonst würde der reine praktische Imperativ aus dem sowohl der ethische als der politische abgeleitet ist, sich selbst aufheben. Der ethische und der politische Imperativ gelten nicht bloß für dies und jenes Individuum, sondern für *jedes;* daher ist auch *politische Gleichheit* eine notwendige Bedingung des politischen Imperativs und ein wesentliches Merkmal zum Begriff des Staats. Der politische Imperativ gilt für *alle* Individuen; daher umfaßt der Staat eine ununterbrochene Masse, ein koexistentes und sukzessives *Kontinuum* von Menschen, die *Totalität* derer, die im Verhältnis des physischen Einflusses stehen, z. B. aller Bewohner eines Landes oder Abkömmlinge eines Stammes. Dies Merkmal ist das *äußere Kriterium*, wodurch der Staat sich von politischen Orden und Assoziationen, welche *besondere* Zwecke haben, also auch nur gewisse besonders modifizierte Individuen angehen, unterscheidet. Alle diese Gesellschaften umfassen keine Masse, kein totales Kontinuum, sondern verknüpfen nur einzelne zerstreute Mitglieder –. Die Gleichheit und Freiheit erfordert, daß der *allgemeine Wille* der Grund aller besonderen politischen Tätigkeiten sei (nicht bloß der Gesetze, sondern auch der anwendbaren Urteile und der Vollziehung). Dies ist aber eben der Charakter des *Republikanismus*. Der ihm entgegengesetzte *Despotismus*, wo der Privatwille den Grund der politischen Tätigkeit enthält, würde also eigentlich gar kein wahrer Staat sein? So ist es auch in der Tat, im strengsten Sinne des Worts. Da aber alle politische Bildung von einem besonderen Zwecke, von Gewalt (vergl. die treffliche Entwicklung S. 69)[9] und von einem Privatwillen – von Despotismus – ihren Anfang nehmen und also *jede provisorische Regierung notwendig despotisch sein muß;* da der Despotismus den Schein eines allgemeinen Willens usurpiert und wenigstens für einige ihm interessante Zivil- und Kriminalfälle die Gerechtigkeit toleriert; da er sich von allen anderen Gesellschaften durch das dem Staat eigene Merkmal der Kontinuität der Mitglieder unterscheidet; da er neben seinem besonderen Zwecke[10] das heilige Interesse der Gemeinschaft wenigstens nebenbei befördert und wider sein Wissen und Wollen den Keim eines echten Staats in sich trägt und den Republikanismus allmählich zur Reife bringt: so könnte man ihn als einen *Quasistaat,* nicht als eine echte Art, aber doch als eine *Abart des Staats* gelten lassen.

Aber wie ist der Republikanismus möglich, da der allgemeine Wille seine notwendige Bedingung ist, der absolut allgemeine (und also auch absolut beharrliche) Wille aber im Gebiete der Erfahrung nicht vorkommen kann und nur in der Welt der reinen Gedanken existiert. Das Einzelne und das Allgemeine ist überhaupt durch eine unendliche Kluft voneinander geschieden, über welche man nur durch einen Salto mortale hinübergelangen kann. Es bleibt hier nichts übrig, als durch eine *Fiktion* einen empirischen Willen als *Surrogat* des a priori gedachten absolut allgemeinen Willens gelten zu lassen; und da die reine Auflösung des politischen Problems unmöglich ist, sich mit der *Approximation* dieses praktischen x zu begnügen. Da nun der politische Imperativ kategorisch ist und nur auf diese Weise (in einer endlosen Annäherung) wirklich gemacht werden kann: so ist diese höchste fictio juris nicht nur gerechtfertigt, sondern auch praktisch notwendig; jedoch nur in dem Fall gültig, wenn sie dem politischen Imperativ (der das Fundament ihrer Ansprüche ist) und dessen wesentlichen Bedingungen nicht widerspricht. – Da jeder empirische Wille (nach Heraklits Ausdruck) *in stetem Flusse* ist, absolute Allgemeinheit *in keinem* angetroffen wird, so ist die despotische Arroganz, seinen (väterlichen oder göttlichen) Privatwillen zum allgemeinen Willen selbst, als demselben völlig adäquat zu sanktionieren, nicht nur ein wahres Maximum der Ungerechtigkeit, sondern auch barer Unsinn. Aber auch die Fiktion, daß der individuelle Privatwille z. B. einer gewissen

Familie für alle künftigen Generationen als Surrogat des allgemei
nen Willens gelten solle, ist widersprechend und ungültig: denn sie
würde dem politischen Imperativ (dessen wesentliche Bedingung
die Gleichheit ist) ihr eigenes Fundament und also sich selbst auf
heben. Die einzig gültige politische Fiktion ist die auf das Gesetz
der Gleichheit gegründete: der *Wille der Mehrheit* soll als Surrogat
des allgemeinen Willens gelten. *Der Republikanismus ist also not
wendig demokratisch,* und das unerwiesene Paradoxon (S. 26)[11]
daß der Demokratismus notwendig despotisch sei, kann nicht
richtig sein. Zwar gibt es einen *rechtmäßigen Aristokratismus, ei
echtes* und von dem abgeschmackten Erbadel, dessen absolute
Unrechtmäßigkeit Kant (S. 22, 23. Anm.)[12] so befriedigend darge
tan hat, völlig verschiedenes *Patriziat:* sie sind aber nur in einer de
mokratischen Republik möglich. Das Prinzip nämlich, die Geltung
der Stimmen nicht nach der Zahl, sondern auch nach dem *Gewicht*
(nach dem Grade der Approximation jedes Individuums zur abso
luten Allgemeinheit des Willens) zu bestimmen, ist mit dem Gesetz
der Gleichheit recht wohl vereinbar. Es darf aber nicht *vorausge
setzt,* sondern es muß authentisch bewiesen werden, daß ein Indi
viduum gar keinen freien Willen oder sein Wille gar keine Allge
meinheit habe; wie der Mangel der Freiheit durch Kindheit und
Raserei, der Mangel der Allgemeinheit durch ein *Verbrechen* ode
einen direkten Widerspruch wider den allgemeinen Willen. (Ar
mut und *vermutliche* Bestechbarkeit, Weiblichkeit und *vermutli
che* Schwäche sind wohl keine rechtmäßigen Gründe, um von
Stimmrecht ganz auszuschließen.) Wenn die politische Fiktion ein
Individuum für eine *politische Null,* eine Person für eine *Sache* gel
ten ließe, so würde sie eben dadurch das Gegenteil der willkürli
chen Voraussetzung hindern und also mit dem ethischen Imperativ
streiten; welches unmöglich ist, weil sich beide auf den reinen
praktischen Imperativ gründen. Der allgemeine Volkswille kann
auch nie beschließen, daß die Individuen über den Grad der Allge
meinheit ihres eigenen Privatwillens selbst kompetente Richter
seien und das Recht haben sollen, sich selbst eigenmächtig zu Pa
triziern zu konstituieren. Die Volksmehrheit muß das Patriziat ge
wollt, die Vorrechte desselben und die Personen bestimmt haben
welche als *politische Edle* (solche, deren Privatwille sich dem prä
sumtiven allgemeinen Willen vorzüglich nähert) gelten sollen. Sie
könnte vielleicht den gewählten Edlen einigen Anteil an der Wah
der künftigen überlassen, doch mit dem Vorbehalt, in der letzte

Instanz darüber zu entscheiden: denn die Souveränität kann nicht zediert werden.

Daß aber die Volksmehrheit *in Person* politisch wirke, ist in vielen Fällen unmöglich und fast in allen äußerst nachteilig. Es kann auch sehr füglich durch Deputierte und Kommissarien geschehen. Daher ist die *politische Repräsentation* allerdings ein unentbehrliches Organ des Republikanismus. Wenn man die Repräsentation von der politischen Fiktion trennt, so kann es auch ohne Repräsentation einen (wenngleich technisch äußerst unvollkommenen) Republikanismus geben; wenn man unter der Repräsentation auch die Fiktion begreift, so tut man unrecht, sie den alten Republiken abzusprechen. Ihre technische Unvollkommenheit ist notorisch. Desto verworrener sind die allgemeinherrschenden Begriffe von ihrem inneren Prinzip unvermeidlicher Korruption; desto schiefer die Urteile über den politischen Wert dieser bewundernswürdigen, nicht bloß sogenannten, sondern echten, auf die gültige Fiktion der Allheit durch die Mehrheit des Willens gegründeten Republiken. An *Gemeinschaft der Sitten* ist die politische Kultur der Modernen noch im Stande der Kindheit gegen die der Alten, und kein Staat hat noch ein größeres Quantum von Freiheit und Gleichheit erreicht als der britische.

Die Unkenntnis der politischen Bildung der Griechen und Römer ist die Quelle unsäglicher Verwirrung in der Geschichte der Menschheit und auch der politischen Philosophie der Modernen sehr nachteilig, welche von den Alten in diesem Stücke noch viel zu lernen haben. – Auch ist der behauptete Mangel der Repräsentation nicht uneingeschränkt wahr. Die exekutive Macht konnte auch das attische Volk nicht in Person ausüben: zu Rom war sogar wenigstens ein Teil der gesetzgebenden und richterlichen Macht durch Volksrepräsentanten (Prätoren, Tribunen, Censoren, Consuln) gehandhabt.

Die Kraft der Volksmehrheit, als Proximum der Allheit und Surrogat des allgemeinen Willens, ist die *politische Macht*. Die höchste Klassifikation der politischen Erscheinungen (aller Kraftäußerungen dieser Macht) wie aller Erscheinungen ist die nach dem Unterschiede des *Beharrlichen* und des *Veränderlichen*. Die *Konstitution* ist der Inbegriff der permanenten Verhältnisse der politischen Macht und ihrer wesentlichen Bestandteile. Die Regierung hingegen ist der Inbegriff aller transitorischen Kraftäußerungen der politischen Macht. Die *Bestandteile* der politischen Macht verhalten sich untereinander und zu ihrem Ganzen wie die verschiedenen Bestandteile des Erkenntnisvermögens untereinander und zu ihrem Ganzen. Die *konstitutive* Macht entspricht der Vernunft, die *legislative* dem Verstande, die *richterliche* der Urteilskraft und die *exekutive* der Sinnlichkeit, dem Vermögen der Anschauung. Die *konstitutive Macht ist notwendig diktatorisch:* denn es wäre widersprechend, das Vermögen der politischen Prinzipien, welche erst die Grundlage aller übrigen politischen Bestimmungen und Vermögen enthalten sollen, dennoch von diesen abhängig machen zu wollen, und eben deswegen nur *transitorisch.* Ohne den Akt der *Akzeptation* würde nämlich die politische Macht nicht repräsentiert, sondern zediert werden, welches unmöglich ist. – Die Konstitution betrifft *die Form der Fiktion* und die Form der Präsentation. Im Republikanismus gibt es zwar nur ein Prinzip der politischen Fiktion, aber *zwei* verschiedene *Direktionen* des einen Prinzips, und in ihrer größten möglichen Divergenz nicht sowohl zwei reine Arten, als zwei entgegengesetzte *Extreme* der republikanischen Konstitution: die *aristokratische* und die *demokratische.* Es gibt unendlich viele verschiedene Formen der Repräsentation (wie Mischungen des Demokratismus und Aristokratismus) aber keine reinen Arten und kein Prinzip der Einteilung a priori. Die Konstitution ist der Inbegriff alles politisch Permanenten; da man nun ein Phänomen nach seinen permanenten Attributen, nicht nach seinen transitorischen Modifikationen klassifiziert, so würde es widersinnig sein, den echten (republikanischen) Staat nach der Form der Regierung einzuteilen. – Im Despotismus kann es eigentlich keine politische, sondern nur eine *physische* Konstitution geben: nicht Verhältnisse der politischen Macht und ihrer wesentlichen Bestandteile, welche absolut beharrlich sein sollen, aber wohl solche, die relativ beharrlich sind. Wo es keine politische Konstitution gibt, kann man nur die Form der Regierung dynamisch klassifizieren, denn die physischen Modifikationen geben keine reinen Klassen. Die einzige reine Klassifikation gewährt das *mathematische Prinzip der numerischen Quantität des despotischen Personale.*

Die einzige (physisch) permanente Qualität des Despotismus bestimmt die *dynamische* (nicht politische) *Form der despotischen Regierung.* Sie ist entweder *tyrannisch, oligarchisch* oder *ochlokratisch,* je nachdem ein *Individuum,* ein *Stand* (Orden, Korps, Kaste) oder eine *Masse* herrscht. Wenn alle herrschen (S. 25, 26)[13], wer wird dann beherrscht? – Im übrigen scheint der von Kant gegebene Begriff der Demokratie der Ochlokratie angemessen zu sein. Die *Ochlokratie* ist der Despotismus der Mehrheit über die Minorität. Ihr *Kriterium* ist ein offenbarer Widerspruch der Mehrheit in der Funktion des politischen Fingenten mit dem allgemeinen Willen, dessen Surrogat sie sein soll. Sie ist – jedoch nebst der Tyrannei: denn die *Neronen* können dem *Sankülottismus* den Preis recht wohl streitig machen – unter allen politischen Unformen das größte physische Übel[14] (S. 29).[15] Die *Oligarchie* hingegen – der orientalische Kastendespotismus, das europäische Feudalsystem – ist der Humanität ungleich gefährlicher: denn eben die Schwerfälligkeit des künstlichen Mechanismus, welche ihre physische Schädlichkeit lähmt, gibt ihr eine kolossale Solidität. Die Konzentration der durch gleiches Interesse Zusammengebundenen isoliert die Kaste vom übrigen menschlichen Geschlecht und erzeugt einen hartnäckigen esprit de corps. Die geistige Friktion der Menge bringt die höllische Kunst, die Veredlung der Menschheit unmöglich zu machen, zu einer frühen Reife.

  Mit argwöhnischem Blicke wittert die Oligarchie jede aufstrebende Regung der Menschheit und zerknickt sie schon im Keime. Die *Tyrannei* hingegen ist ein sorgloses Ungeheuer, welches im Einzelnen oft die höchste Freiheit, ja sogar vollkommene Gerechtigkeit übersieht. Die ganze lockere Maschine *hängt an einem einzigen Ressort;* und wenn dieser schwach ist, zerfällt sie bei dem ersten kräftigen Stoß. – Wenn die *Form der Regierung despotisch,* der *Geist* aber repräsentativ oder republikanisch ist (s. die treffliche Bemerkung S. 26)[16], so entsteht die *Monarchie.* (In der Ochlokratie kann der Geist der Regierung nicht republikanisch sein, sonst würde es notwendig auch die Form des Staats sein. In der reinen Oligarchie muß der Geist des Standes despotisch sein, wenn die Form nicht in einen rechtmäßigen demokratischen Aristokratismus übergehen soll; der republikanische Geist einzelner Glieder hilft nichts, denn der *Stand* als solcher herrscht.) Der Zufall kann einem gerechten Monarchen despotische Gewalt überliefern. Er kann republikanisch regieren und doch die despotische Staatsform beibehalten, wenn nämlich die Stufe der politischen Kultur oder die politische Lage eines Staats eine provisorische (also despotische) Regierung durchaus notwendig macht und der allgemeine Wille selbst sie billigen könnte. Das *Kriterium der Monarchie* (wodurch sie sich vom Despotismus unterscheidet) ist die größtmögliche Beförderung des Republikanismus. Der Grad der Approximation des Privatwillens des Monarchen zur absoluten Allgemeinheit des Willens bestimmt den Grad ihrer Vollkommenheit. Die monarchische Form ist einigen Stufen der politischen Kultur, da das republikanische Prinzip entweder noch in der Kindheit (wie in der heroischen Vorzeit) oder wieder gänzlich erstorben ist (wie zur Zeit der römischen Cäsaren) so völlig angemessen; sie gewährt in dem seltenen, aber doch vorhandenen Fall der *Friedriche* und *Mark-Aurele* so offenbare und große Vorteile, daß es sich begreifen läßt, warum sie der Liebling so vieler politischen Philosophen gewesen und noch ist. – Aber nach Kants trefflicher Erinnerung (S. 28 Anm.)[17] muß man den Geist der Regierung der schlechten (und unrechtmäßigen; S. 22, 23 Anm.)[18] Staatsform nicht zurechnen.

Heilig ist, was nur unendlich verletzt werden kann, wie die Freiheit und Gleichheit: der allgemeine Wille. Wie Kant also den Begriff der Volksmajestät ungereimt finden kann, begreife ich nicht. Die *Volksmehrheit*, als das einzige gültige Surrogat des allgemeinen Willens, ist in dieser Funktion des politischen Fingenten ebenfalls heilig, und jede andere politische Würde und Majestät ist nur ein Ausfluß der *Volksheiligkeit*. Der hochheilige *Tribun*, zum Beispiel, war es nur im Namen des Volks, nicht in seinem eigenen; er stellt die heilige Idee der Freiheit nur mittelbar dar; er ist kein Surrogat, sondern nur ein Repräsentant des heiligen allgemeinen Willens. –

Der Staat soll sein und soll republikanisch sein. Republikanische Staaten haben schon um deswillen einen absoluten Wert, weil sie nach dem rechten und schlechthin gebotenen Zwecke streben. In dieser Rücksicht ist ihr Wert gleich. Sehr verschieden aber kann er nach den Graden der Annäherung zum unerreichbaren Zwecke sein. In dieser Rücksicht kann ihr Wert auf zwiefache Weise bestimmt werden.

Die *technische Vollkommenheit* des republikanischen Staats teilt sich in die Vollkommenheit der Konstitution und der Regierung. Die technische Vollkommenheit der Konstitution wird bestimmt durch den Grad der Approximation ihrer individuellen Form der Fiktion und der Repräsentation zur absoluten (aber unmöglichen) Adäquatheit des Fingenten und Fingierten, des Repräsentanten und Repräsentierten. (Damit stimmt die scharfsinnige Bemerkung S. 27[19] überein, wenn der Verfasser unter der Repräsentation auch die Fiktion begreift. Möchte doch ein pragmatischer Politiker durch eine Theorie der Mittel, die Fiktion und Repräsentation sowohl extensiv als intensiv zu vergrößern, eine wichtige Lücke der Wissenschaft ausfüllen! – Die Kantische Bemerkung über das Personale der Staatsgewalt (S. 27) dürfte wohl nur für die exekutive und unter gewissen Umständen vielleicht auch für die konstitutive Macht gelten: für die legislative und richterliche Macht hingegen scheint die Erfahrung die Form der Kollegien und Jurys als die beste bewährt zu haben.) Die negative technische Vollkommenheit der Regierung wird bestimmt durch den Grad der Harmonie mit der Konstitution; die positive durch den Grad der positiven Kraft, mit der die Konstitution wirklich ausgeführt wird.

Der *politische Wert* eines republikanischen Staats wird bestimmt durch das extensive und intensive Quantum der wirklich erreichten Gemeinschaft, Freiheit und Gleichheit. Zwar ist die gute moralische Bildung des Volks nicht möglich, ehe der Staat nicht republikanisch organisiert ist und wenigstens einen gewissen Grad technischer Vollkommenheit erreicht hat (S. 61)[20]: aber auf der anderen Seite ist *herrschende Moralität* die notwendige Bedingung der *absoluten Vollkommenheit* (des Maximums der Gemeinschaft, Freiheit und Gleichheit) des Staats, ja sogar jeder höheren Stufe politischer Trefflichkeit.

Bisher war nur vom *partiellen* Republikanismus eines einzelnen Staats und Volks die Rede. Aber nur durch einen *universellen* Republikanismus kann der politische Imperativ vollendet werden. Dieser Begriff ist also kein Hirngespinst träumender Schwärmer, sondern praktisch notwendig wie der politische Imperativ selbst. Seine Bestandteile sind:

1. *Polizierung aller Nationen;*
2. *Republikanismus aller Polizierten;*
3. *Fraternität aller Republikaner;*
4. *die Autonomie jedes einzelnen Staats* und *die Isonomie aller.*

Nur universeller und vollkommener Republikanismus würde ein gültiger, aber auch allein hinlänglicher *Definitivartikel zum ewigen Frieden* sein. – So lange die Konstitution und Regierung nicht durchaus vollkommen wäre, würde, selbst in republikanischen Staaten, deren friedliche Tendenz Kant so treffend gezeigt hat, sogar ein ungerechter und überflüssiger Krieg wenigstens *möglich* bleiben. Der erste Kantische Definitivartikel zum ewigen Frieden verlangt zwar Republikanismus *aller* Staaten; allein der *Föderalis-*

mus, dessen Ausführbarkeit S. 35 [21] so bündig bewiesen wird, kann schon seinem *Begriffe* nach *nicht alle* Staaten umfassen; sonst würde er gegen Kants Meinung (S. 36–38) [22] ein universeller Völkerstaat sein. Die Absicht des Friedensbundes, die Freiheit der republikanischen Staaten zu sichern (S. 35), setzt eine Gefahr derselben, also Staaten von kriegerischer Tendenz, d. h. *despotische Staaten* voraus. Die kosmopolitische Hospitalität, deren Ursprung und Veranlassung durch den Handelsgeist Kant (S. 64) [23] so geistreich entwickelt, scheint aber sogar *unpolizierte Nationen* vorauszusetzen. Solange es aber noch despotische Staaten und unpolizierte Nationen gäbe, würde auch noch *Kriegsstoff* übrigbleiben.

    1. *Der Republikanismus der kultivierten Nationen;*
    2. *Der Föderalismus der republikanischen Staaten;*
    3. *Die kosmopolitische Hospitalität der Föderierten;*
würden also nur *gültige Definitivartikel zum ersten echten und permanenten,* wenngleich nur partiellen *Frieden,* statt der bisherigen fälschlich sogenannten Friedensschlüsse, eigentlich Waffenstillstände (S. 104) [24] sein.

    Man kann sie auch als *Präliminarartikel zum ewigen Frieden* ansehen, den sie beabsichtigen und an den vor dem ersten echten Frieden gar nicht zu denken ist. – Der universelle und vollkommene Republikanismus und der ewige Friede sind unzertrennliche Wechselbegriffe. Der letzte ist ebenso *politisch notwendig* wie der erste. Aber wie steht es mit seiner *historischen* Notwendigkeit oder Möglichkeit? Welches ist die *Garantie des ewigen Friedens?*

    »Das, was diese Gewähr leistet, ist nichts Geringeres als die große Künstlerin Natur«, sagt Kant S. 47. [25] So geistreich die Ausführung dieses trefflichen Gedankens ist, so will ich doch freimütig gestehen, was ich daran vermisse. Es ist nicht genug, daß die *Mittel* der Möglichkeit, die *äußeren Veranlassungen des Schicksals* zur wirklichen allmählichen Herbeiführung des ewigen Friedens gezeigt werden. Man erwartet eine Antwort auf die Frage: *ob die innere Entwicklung der Menschheit* dahin führe? Die (gedachte) *Zweckmäßigkeit der Natur* (so schön, ja notwendig diese Ansicht in anderer Beziehung sein mag) ist hier völlig gleichgültig: nur die (wirklichen) *notwendigen Gesetze der Erfahrung* können für einen künftigen Erfolg Gewähr leisten. *Die Gesetze der politischen Geschichte* und *die Prinzipien der politischen Bildung* sind die einzigen Data, aus denen sich erweisen läßt, »daß der ewige Friede keine leere Idee sei, sondern eine Aufgabe, die nach und nach aufgelöst, ihrem Ziel beständig näher kommt«; (S. 104) nach denen sich die künftige Wirklichkeit desselben und sogar die Art der Annäherung, zwar nicht *weissagen* (S. 65)[26] – thetisch und nach allen Umständen der Zeit und des Orts – aber doch vielleicht theoretisch (wenngleich nur hypothetisch) mit Sicherheit vorherbestimmen lassen würde. – Kant macht zwar hier sonst (wie sich erwarten läßt) keinen transzendenten Gebrauch von dem teleologischen Prinzip in der Geschichte der Menschheit (welches sogar kritische Philosophen sich erlaubt haben): jedoch in einem Stücke scheint mir der praktische Begriff der unbedingten Willensfreiheit mit Unrecht in das theoretische Gebiet der Geschichte der Menschheit herübergezogen zu sein. – Wenn die Moraltheologie die Frage aufwerfen kann und muß: Welches der intelligible Grund der Immoralität sei? – ob sie es kann und *muß*, lasse ich hier an seinen Ort gestellt sein – so weiß ich auch keine andere Antwort als die Erbsünde im Kantischen Sinne. Aber die Geschichte der Menschheit hat es nur mit den *empirischen Ursachen des Phänomens* der Immoralität zu tun; der intelligible Begriff der ursprünglichen Bösartigkeit ist im Gebiete der Erfahrung leer und ohne allen Sinn. – Das behauptete Faktum (S. 80, Anm.)[27], daß es durchaus keinen Glauben an menschliche Tugend gebe, ist unerwiesen; und wie kann die offenbare Bösartigkeit im äußeren Verhältnis der Staaten (S. 79, Anm.) – die Immoralität einer kleinen Menschenklasse, welche aus leichtbegreiflichen Ursachen im Durchschnitt aus dem Abschaum des menschlichen Geschlechts besteht – ein Argument wider die menschliche Natur überhaupt sein? – Es ist ein hier unfruchtbarer Gesichtspunkt, die vollkommene Verfassung nicht als ein Phänomen der politischen Erfahrung, sondern als ein Problem der politischen Kunst zu betrachten (S. 60)[28]; da wir nicht über ihre Möglichkeit, sondern über ihre künftige Wirklichkeit und über die Gesetze der Progression der politischen Bildung zu diesem Ziele belehrt sein wollen.

Nur aus den *historischen Prinzipien der politischen Bildung,* aus der *Theorie der politischen Geschichte,* läßt sich ein befriedigendes Resultat *über das Verhältnis der politischen Vernunft und der politischen Erfahrung* finden. Statt dessen hat Kant den nicht wesentlichen, sondern nur durch Ungeschicklichkeit zufällig entstandenen Grenzstreitigkeiten der Moral und der Politik nun einen eigenen Anhang gewidmet. Er versteht nämlich unter *Politik* nicht die praktische Wissenschaft, deren Fundament und Objekt der po-

litische Imperativ ist, auch nicht die eigentliche politische Kunst
d. h. die Fertigkeit, jenen Imperativ wirklich zu machen; sonder
die despotische Geschicklichkeit, welche keine wahre Kunst, son
dern eine *politische Pfuscherei* ist. Die beiden reinen Arten alle
denkbaren politisch notwendigen oder möglichen Formen sind de
Republikanismus und der Despotismus. Außerdem gibt es abe
auch noch zwei, dem ersten Anscheine nach sehr analoge, den
Wesen nach aber durchaus verschiedene *formlose politische Zu*
stände, deren Begriff als ein Grenzbegriff bei der Zergliederung de
Republikanismus nicht übergangen werden darf. Nur der eine is
politisch, der andere bloß historisch möglich.

Die *Insurrektion* ist nicht politisch unmöglich oder absolut un
rechtmäßig (wie S. 94–97 behauptet wird)[29]: denn sie ist mit de
Publizität nicht absolut unvereinbar. Von dem (vielleicht unrecht
mäßigen) Herrscher (S. 96) gilt, was Kant S. 101[30] sagt: »Wer di
entschiedene Obermacht hat, darf seiner Maximen nicht Hehl ha
ben.« – Eine Konstitution, welche jedem Individuum, *wenn es ihm*
selbst rechtmäßig schiene, zu insurgieren erlaubte, würde aller
dings sich selbst aufheben. Eine Konstitution hingegen, welche ei
nen Artikel enthielte, der *in gewissen vorkommenden Fällen* di
Insurrektion *peremtorisch geböte*, würde sich zwar nicht selbs
aufheben; aber dieser einzige Artikel würde *null* sein: denn di
Konstitution kann nichts gebieten, wenn sie gar nicht mehr exi
stiert; die Insurrektion aber kann nur dann rechtmäßig sein, wen
die Konstitution vernichtet worden ist. Es läßt sich aber sehr woh
denken, daß ein Artikel in der Konstitution die Fälle bestimmt, i
welchen die konstituierte Macht für de facto *annulliert* geachte
werden und die Insurrektion also jedem Individuum *erlaubt* sei
soll. Solche Fälle sind z. B. wenn der Diktator seine Macht über di
bestimmte Zeit behält; wenn die konstituierte Macht die Konstitu
tion, das Fundament ihrer rechtlichen Existenz, und also sich selbs
vernichtet usw. Da der allgemeine Wille eine solche Vernichtung
des Republikanismus durch Usurpation nicht wollen kann und de
Republikanismus notwendig will, so muß er auch die einzige
Mittel, die Usurpation zu vernichten (Insurrektion), und den Re
publikanismus von neuem zu organisieren (provisorische Regie
rung), zulassen können. Diejenige Insurrektion ist also *rechtmä*
ßig, deren Motiv die Vernichtung der Konstitution, dere
Regierung bloß provisorisches Organ und deren Zweck die Orga
nisation des Republikanismus ist. – Das zweite gültige Motiv de

rechtmäßigen Insurrektion ist *absoluter* Despotismus, d.h. ein solcher, welcher nicht provisorisch ist und also bedingterweise erlaubt sein kann, sondern ein solcher, welcher das republikanische Bildungsprinzip (durch dessen freie Entwicklung allein der politische Imperativ allmählich wirklich gemacht werden kann) und dessen Tendenz selbst zu vernichten und zu zerstören strebt, und also absolut unerlaubt ist, d.h. vom allgemeinen Willen nie zugelassen werden kann. Der absolute Despotismus ist nicht einmal ein Quasistaat, sondern vielmehr ein Antistaat und (wenn auch vielleicht physisch erträglicher) doch ein ungleich größeres politisches Übel als selbst *Anarchie*. Diese ist bloß eine Negation des politisch Positiven; jener eine Position des politisch Negativen. Die Anarchie ist entweder ein *fließender Despotismus*, in dem sowohl das Personale der herrschenden Macht, als die Grenzen der beherrschten Masse stets wechseln; oder eine unechte und *permanente Insurrektion:* denn die echte und politisch mögliche ist notwendig transitorisch.

Anmerkungen

1 In diesem Band S. 44
2 Ebd. S. 77 f., Anm. 4
3 Ebd. S. 46
4 Ebd. S. 45
5 Ebd. S. 46
6 Ebd. S. 77 f., Anm. 4
7 Ebd. S. 45
8 Ebd. S. 62
9 Ebd. S. 61
10 Jeder Staat, der einen besonderen Zweck hat, ist *despotisch*, mag dieser Zweck auch anfänglich noch so unschuldig scheinen. Wie viele Despoten sind nicht vom Zweck der *physischen Erhaltung* ausgegangen? Er ist aber *allemal* bei glücklichem Erfolg in den der Unterdrückung ausgeartet. Den praktischen Philosophen können die schrecklichen Folgen jeder auch gutgemeinten Verwechslung des Bedingten und Unbedingten nicht befremden. Das Endliche darf die Rechte des Unendlichen nicht ungestraft usurpieren.
11 In diesem Band S. 45
12 Ebd. S. 77 f., Anm. 4
13 Ebd. S. 45
14 Wenn es hier der Ort wäre, so würde es nicht schwer sein, zu erklären, warum bei den Alten die Ochlokratie immer in Tyrannei überging, und bis zur höchsten

Evidenz zu beweisen, daß sie bei den Modernen in Demokratismus übergehen muß, der Menschheit also weniger gefährlich ist als die Oligarchie.

15 In diesem Band S. 45
16 Ebd. S. 45 f.
17 Ebd. S. 78, Anm. 6
18 Ebd. S. 77 f., Anm. 4
19 Ebd. S. 45 f.
20 Ebd. S. 56
21 Ebd. S. 48
22 Ebd. S. 49 f.
23 Ebd. S. 57
24 Ebd. S. 75 f.
25 Ebd. S. 52
26 Ebd. S. 57 f.
27 Ebd. S. 81 f., Anm. 15
28 Ebd. S. 56
29 Ebd. S. 71 f.
30 Ebd. S. 73

Joseph Görres
Der allgemeine Frieden, ein Ideal*

---*et vacuum duellis Janum Quirini clausit:*
Hor. Od Libr. IV. od XVI.[1]

* Erschien zuerst bei B. Hölscher, Koblenz 1798. Orthographie und Interpunktion wurden modernisiert.

Weil jung das Pflänzchen die Erstlingsblätter entfaltet,
Schone der zarten Jugend; auch weil sich freudig zum Aether
Schwingt ihr Schoß, mit entzügeltem Wuchs die Lüfte durchran-
kend,
Schrecke nicht mit der Schärfe der Hippe sie.

                                    VIRGILS Georgicon
                        nach der Vossischen Übersetzung.

Der Fraenkischen Nation

ein deutscher Republikaner

Anzeige

Zu einer Zeit, wo das in seinen Grundfesten erschütterte Staatengebäude von Europa sich allmählich zur Ruhe hinneigt; wo die Menschheit nach achtjährigen Leiden, achtjährigem Taumel und achtjährigen Riesenanstrengungen endlich die zu stark und zu straff gespannte Feder erschlaffen läßt; wo schon das südliche Deutschland die wohltätigen Folgen dieser heilsamen Abspannung genießt; und auch das nördliche, am tiefsten blutende, nach Abschluß des so lange ersehnten Friedens schöneren Tagen entgegensieht; zu einer solchen Zeit muß es von Interesse sein, zu vernehmen, was die strenge Theorie über die Art jener Abspannung, über die Bedingungen dieses Friedens angibt, um ihre Aussprüche mit dem, was die Praxis davon realisiert, vergleichen zu können. Ich habe es versucht, dieser Aufgabe zu entsprechen, und ein Werkchen unter dem Titel: »Der allgemeine Friede ein Ideal«, das soeben die Presse verlassen hat, enthält die Resultate meiner Untersuchungen über diesen Gegenstand, die ich jetzt der Prüfung Unterrichteterer, als ich bin, überlasse. – Die Besorgung für die hiesige Gegend habe ich dem B. Hölscher übertragen, bei dem das Exemplar zu 48 kr. zu haben ist.

Görres

Wenn der unverdorbene Naturmensch im Kindesalter der Welt, dankbar seinem Stammgott die Erstlinge seiner Erzeugnisse opferte, dann sah die Gottheit sonder Zweifel mit Vergnügen auf den gutherzigen Geber hernieder; sie lächelte seiner Einfalt und freute sich ihres Gebildes.

Auch ich, o mächtige Nation! befinde mich im Falle dieser frugalen Naturkinder; ich vermag nichts zum Opfer für dich als hier meinen Erstgeborenen. Als treues Ebenbild seines Vaters teilt er seinen Haß gegen Tyrannei und Unterdrückung, aber auch seine glühende Liebe für Freiheit und Republikanism. – Zu deinen Füßen lege ich ihn hin, auf den Altar des Vaterlandes. Möge er dir ein angenehmes Geschenk sein; möge er die Gefühle dir stammeln, die seinen Vater beseelen; möge er dich überzeugen, – wenn das noch eines Zeugnisses bedarf – daß reiner Republikanism auch auf deutschem Boden keimt! – Dann wird es mich nicht gereuen, ihn unter Schmerzen zur Welt gebracht zu haben.

Der Verfasser

Vorrede

Das, was ich hier zu sagen habe, sind nur ein paar Worte über di
Geschichte dieser Blätter.

Schon vor zwei Jahren, als Jourdans Armee in Franken stand, wa
die Basis des Ganzen vollendet; was damals kühn schien, ist durc
den stürmenden Gang der Begebenheiten unserer Tage zum alltäg
lichen geworden. Ein Journal sollte den Aufsatz aufnehmen; d
aber alle diesseitigen eingegangen sind, so ward er beiseite geleg
und ein ganzes Jahr vergessen. Der Abschluß der Friedensprälimi
narien bestimmte mich aber bald, ihn noch einmal vorzunehmer
Er ward ganz umgearbeitet und sollte nun als ein besondere
Werkchen beim Abschlusse des Definitivfriedens erscheinen; abe
so groß war die Allgewalt des Aristokratismus, so sehr bewacht
er alle unsere Pressen, daß ich im ganzen diesseitigen Lande keine
Verleger oder Drucker finden konnte. Noch hatte die Cisrhenani
sche Föderation ihre Operationen nicht begonnen und das be
kannte Arretté über die Preßfreiheit bewirkt. Wollte ich also mein
Ideen nicht verloren gehen sehen, so blieb mir nichts übrig, als da
Ganze dem Direktorium im Manuskripte zu übersenden. Das ta
ich denn unterm 17. Messidor J. V., mit einer Adresse begleite
und erhielt nun unterm 13ten Fructidor eine Antwort, die ich nich
aus anmaßender Ruhmsucht, die nicht in meinem Charakter lieg
sondern der Geschichte wegen beifüge.

LE MINISTRE DE L'INTERIEUR AU CITOYEN G.[2]

Le Directoire executif me charge, Citoyen, de vous temoigner toute sa satisfaction pour l'envoi, que vous lui avez fait, d'un manuscrit allemand de votre composition. Tout annonce dans votre ouvrage, un ami sincere des hommes, puisque c'est au triomphe, et au maintien des droits de l'humanité, que vous l'avez consacré. Un pareil hommage, toujours honorable pour son auteur, ne peut sans doute convenir qu'a un Gouvernement fondé sur ses mêmes droits, et le Directoire executif est trop jaloux, de s'y conformer, pour ne pas accueiller avec intérêt tout ce qui les rappele. Je dois aussi vous prevenir, Citoyen, que votre ouvrage, apres avoir été examiné, est convenablement deposé, pour que vos idées ne soient pas perdus, et pour qu'il vous soit remis, lorsque vous jugerez a propos, de le reclamer.

Salut et Fraternité
François de Neufchateau.

In der Zwischenzeit hatte die Föderation die Pressefreiheit wieder hergestellt, und nun beschloß ich, das Ganze dem Druck zu übergeben; allein Geschäfte eben dieser Gesellschaft, an denen ich teilnahm, bewirkten, daß ich manches, was ich gern weiter entwickelt hätte, unausgeführt liegen lassen mußte. Ganz abgeschnitten von der Literatur des jenseitigen Deutschlands und Frankreichs, kannte ich nichts, was auf meinen Gegenstand Bezug haben könnte, als die im Verlaufe des Werkes zitierten Schriften. In Rücksicht der religiösen Verhältnisse bin ich beinahe ganz dem vortrefflichen Erfinder der Wissenschaftslehre gefolgt, bei den politischen aber merklich von ihm abgewichen; die Gründe zu dieser Abweichung liegen offen zu jedermanns Prüfung vor Augen. Führt der Zufall mich etwa mit einem meiner Mitarbeiter auf demselben Felde auf den nämlichen Punkt, dann wird der Leser mit einem um so größern Grade von Zuverlässigkeit auf unser Resultat bauen können. Denn es wäre doch sonderbar, wenn mehrere einander weltfremde Menschen, deren jeder die Sache aus einem andern Gesichtspunkte betrachtet, sich über denselben Gegenstand zugleich irren sollten, wenn sie es nicht wissentlich geschehen lassen wollen. Hab ich irgendwo gefehlt, so wird jeder, der mir meinen Irrtum benimmt, Anspruch auf meine Dankbarkeit machen können. Für das äußere Gewand hab ich so ziemlich gesorgt, weil ich mir einmal vorgenommen habe, keines meiner Kinder als Sansculotte in die Welt gehen zu lassen.

Geschrieben im Frimaire VIten Jahres.

Einleitung

A-t-on même jusqu'ici, avec quelque Precision, posé les Limites de ces droits soit entre les diverses sociétés, soit de ces sociétés sur leur membres, dans les troubles qui divisent chacune d'elles, soit enfin ceux de l'Individu, des reunions spontanées, dans le cas d'une formation libre et primitive, ou d'une séparation devenue necessaire?

Condorcet Esq. d. Tabl. Hist. des Progr. d. L'Esprit humain p. 340.[3]

Wenn der Kosmolog synthetisch die Gesetze und Verhältnisse der Teile des Weltalls untereinander und zum Ganzen bestimmen soll, so geht er vom ursprünglichen Zustande des Chaos aus und zeigt, indem er nichts als den empirischen Begriff der Materie zum Grunde legt, durch eine Reihe logisch aneinander geketteter Schlüsse die ganze Resultatenfolge, die aus dieser Voraussetzung herausgeht, und alle die mannigfaltigen Kombinationen, die sie zur Folge hat. Er bringt die verwickeltsten Erscheinungen auf die einfachsten Ursachen, die physischen Gesetze auf kosmische zurück, entwickelt die Revolutionen, welche die geringste Änderung dieser Gesetze in ihren Korollarien (natürliche Folge, Resultat, d. Hrsg.) hervorbringen würde; und welche Ursachen die fortschreitende Organisation des ungeformten Urstoffs beschleunigen, aufhalten oder gar zernichten können, verfolgt das ganze Gespinste der Natur, vom ersten Faden, der dasselbe an die Sinnenwelt knüpft, bis in seine verflochtensten Knoten, kurz, verwandelt die größte relative Planlosigkeit in die möglichst absolute Planmäßigkeit.

Ebenso schwingt sich der Kosmopolitiker dem Raume nach auf einen Standpunkt, von wo aus er die ganze Menschheit innerhalb seines Gesichtskreises liegen sieht, versetzt sich der Zeit nach in jene Periode, wo bei der Nichtexistenz oder der Auflösung alles gesellschaftlichen Verbandes das ganze Menschengeschlecht im Zustande der Anarchie dahinvegetiert, legt dann den zusammengesetzten Begriff des Menschen als eines tierisch geistigen Wesens mit allen ihm eignen Kräften und Leidenschaften zum Grunde und sieht nun, wie in diesem Zustande, wo jedes Individuum, indem es wieder sein selbsteigner Zweck wird, seine volle Selbständigkeit zurückerhält, wo alle jene physische und moralische Attraktions- und Repulsionskräfte freien Spielraum gewinnen, das chaotische Ansehen nur einen Augenblick dauert, nach deren Verfluß die rohe

Materie sich wieder zu ordnen beginnt.

Humanität und physisches Bedürfnis, die schon vorher das Zerstreuen der ganzen Masse verhinderten, sowie Egoismus und von ihm geleitete körperliche Stärke, die sich dem Zusammensturze derselben widersetzten, werden bald unter seinen Augen, völlig analog mit den Erscheinungen im Weltsystem in einer Art von chemischer Wechselwirkung, einzelne solcher Individuen zu Familien kristallisieren. Sind diese Völkerelemente dann wieder heterogener Art, d. i. gibt es einen Rassenunterschied zwischen ihnen, so wird sich durch das langsame Fortwirken der nämlichen Affinitäten, das Homogene nach und nach zueinandergesellen und einen Raum von zufällig bestimmter Figur und Begrenzung ausfüllen, der nun hinwiederum durch seine örtliche Beschaffenheit auf jene spezifische Differenz zurückwirken kann.

So leuchtet dem Beobachter aus der rohen Skizze schon eine große Gesetzmäßigkeit in die Augen. Zu seinen Füßen liegt die immense Karte, geteilt in vier große Beete, okkupiert von eben so viel Menschenrassen, die an den Berührungspunkten durch unmerkliche Nuancen ineinander fließen.

Der unaufhaltsam dahin wogende Bildungstrieb wird in diesen Abteilungen jene Elemente nach und nach zu Völkerstämmen gruppieren, die mit mancherlei Verflechtungen und Ramifikationen, korrespondierend mit denen der Gebirge, deren Rücken und Fuß sie bewohnen, das ganze feste Land unseres Planeten umstricken.

Ist nun die Verteilung der Materie ungleichförmig, also die nunmehr kosmisch gewordene Attraktionskraft an einem Orte stärker als am andern, so werden sich diese Stämme wieder ihrerseits auf mehrere Mittelpunkte andringen und Staaten bilden, deren dann in der Folge einige ineinander fließen, andere aber sich durch ihre Lage und innere Lebenskraft ihre Selbständigkeit sichern werden. –

So zeigt also der Kosmopolitiker, von seinen Beobachtungen geleitet, wie jene mächtige plastische Kraft die formlose Materie in vier spezifisch verschiedene, geregelte Massen ballt, wie die derselben entgegenwirkende Reaktionskraft diese Körper in eine Menge mechanisch verschiedener Teile zersplittert, die nun wieder in Unterordnungen zerfallen, bis die Teilung endlich beim letzten Atom, beim einzelnen Individuum, aufhört. Ihm liegt es nun ob, aus den Fundamentalgesetzen dieser Monas (Monade, Einheit der Materie,

d. Hrsg.) die der einfach und vielfach zusammengesetzten Verbindungen derselben zu entwickeln, die Verhältnisse der Staaten gegen Individuen, Staaten und Rassen, der Rassen gegeneinander und ihre Individuen sowie dieser selbst untereinander und die Organisierungsart, unter der diese Verhältnisse, die dem ganzen und allen seinen Teilen zuträglichste sind, zu bestimmen. Er soll den Gang der Natur bezeichnen, wie sie die Menschheit durch die Schule des Unglücks ihrem Ziele zuführt, die Mittel angeben, die Rassen, Völker und Personen ergreifen müssen, um diesen langsamen Gang der Natur, so viel an ihnen ist, zu beschleunigen, Mittel, die dem Genius dieser verschiednen Einheiten angemessen sind, und so, indem er seine Formeln dem Praktiker in Ausübung zu bringen überläßt, durch seine Bemühungen nach manchen Fluktuationen, Fermentationen und Umstürzungen den glücklichen Zeitpunkt herbeiführen, wo die treibenden Kräfte, indem sie aufhören durchdringend zu sein, zu Flächenkräften werden und, den ziehenden untergeordnet, ihre herrschende Uebermacht verlieren, wo die Menschheit, der Zucht der Leidenschaften entnommen, entweder gar keiner Verfassung bedarf oder die möglichst beste besitzt und im höchsten Vollgenusse ihrer ausgebildeten Kräfte und angeerbten Rechte den hohen Zweck der Natur erfüllt und unsern Planeten zum vollkommensten Körper seiner Art macht.

Allein so wie es zu einer Zeit, wo unsre Astronomie sich kaum über das Sonnensystem mit Sicherheit hinauszuwagen vermag, wo seit kurzem erst ein Herschel die Organisation unsers Milchstraßensystems ahnen ließ und uns die Existenz einer unbegrenzten Menge anderer außer demselben verbürgte, während noch jene nicht geringe Menge von Grundstoffen in der Physik und Chemie herumschwärmen, deren Begriff gar nicht im ursprünglichen der Materie liegt – so wie es, sag ich, in einer solchen Epoche widersinnig wäre, von einem Manne zu erwarten, daß er allen jenen oben bemerkten Forderungen an den Kosmologen entspräche, ebenso kann auch in unsren Tagen von der Erfüllung aller jener Obliegenheiten des Kosmopolitikers nicht die Rede sein. Denn wahrlich der Zeitpunkt, wo die Menschheit eben erst aus einem schweren Traume zu erwachen scheint, eben jetzt erst ihre Persönlichkeit zu fühlen beginnt und mit Lebhaftigkeit die Rechte reklamiert, die man listig ihr während ihrem Schlummer raubte, während der Despotismus alle seine Energie aufbietet, um die ihn bedrohende Katastrophe abzuwenden, während die Verhältnisse der Völker sich eben erst zu bilden anfangen und die der Rassen noch gar nicht existieren, solch ein Zeitalter ist nicht jenes einer kühlen leidenschaftslosen Reflexion. Noch ist das Brausen der gärenden Masse zu heftig, der Stock der gemachten Beobachtungen zu unbedeutend und die wenigen ja gemachten zu begrenzt der Zeit wie dem Raume nach; endlich öffnet die Menge der einwirkenden und modifizierenden Ursachen dem Zufalle einen zu weiten Spielraum, als daß man mit Grunde hoffen dürfte, aus dem verwirrten Widereinanderlaufen von Kräften und Leidenschaften allgemein geltende Prinzipien mit Erfolg zu abstrahieren oder den allenfalls gefundenen mehr als meteorologische Gewißheit zu geben.

Alles, was vor der Hand mit Rechte von dem philosophischen Politiker gefordert werden kann, ist, daß er einstweilen aphoristisch von unten herauf seine Untersuchungen bei Völkern jener Hauptrasse, die allein auf Kultur Ansprüche machen kann, beginne, daß er das Organon anzugeben suche, nach dem sie ihre Formen immer mehr jenem letzten Naturzwecke gemäß hinaufläutern können, sie in allen ihren Kollisionen verfolge und aus allen Konjunkturen Vorteil ziehen lerne. Erst dann kann er die Gesetze erörtern, nach denen diese einzelnen Staaten zu einem großen Rassenstaate verbunden werden müssen. Hat die Humanität einmal so große Fortschritte gemacht, um jenen zusammengesetzten Maschinen Leben und Dauer einzuhauchen, dann ist der Schritt bis zur Festsetzung der Verhältnisse zwischen diesen Rassenstaaten und zur Vollendung des ganzen Systems der Kosmopolitik mit keinen weitern Schwierigkeiten verbunden.

Unserer Generation war es aufbehalten, nach verflossenen Jahrtausenden voll Graus und Menschenelends plötzlich eine mächtige Nation erscheinen zu sehen, welche die durch den Rost eines so langen Zeitraums unkenntlich gemachten Menschenrechte ihrem Usurpator entriß und sie verklärt, in ihrem ursprünglichen Glanze, vor die Augen des erstaunten Europas hinpflanzte. Der mächtige Schimmer, der, wie ein Blitzstrahl alle Winkel durchdrang, schreckte die Despoten, sie blinzten das in gedrängter Fülle dahinströmende Licht an; ihnen war nur in Finsternis wohl. Sie bebten bei den schwachen tremulierenden Bewegungen, die dieser allbelebende, den trägsten Körper expandierende Stoff in ihren Völkern hervorbrachte, und sie beschlossen mit gemeinsamer Kraft, die Quelle des für sie so verderblichen Wesens zu vertrocknen.

Da fielen beinahe alle Rassenkönige über den jugendlichen Staat her. Der mächtige Stoß veränderte auf einen Augenblick seine äußere Form; aber die bald erfolgende Wiederherstellung derselben schnellte die andringenden Scharen der Despotenrotte weit weg von den Grenzen der neuen Republik. Betäubt und zusammengedonnert, standen sie eine Zeitlang da, mit allen Symptomen der ohnmächtigen Wut des aufs schrecklichste getäuschten Übermuts, trotzten noch eine Weile, schmiegten sich endlich, und einer nach dem andern erbettelt den Frieden bei dem einst so verachteten Gegner.

Bei diesen Ereignissen kann nun mit allem Rechte dem Kosmopolitiker aufgegeben werden, einen Teil seines Berufs zu erfüllen, indem er die dem Naturzwecke gemäßeste Art, jene bevorstehende allgemeine Pazifikation zu bewirken, angibt. Er soll ein Ideal aufstellen, worin den Forderungen der Natur und dem Interesse der Menschheit nicht das mindeste vergeben ist, ein Urbild, worin nach der strengsten Theorie die Rechte und Verhältnisse der teilnehmenden bestimmt sind, das er dann freilich dem praktischen Staatsmanne überlassen muß, der durch die Kenntnis der individuellen Lage, Kräfte und Verbindungen der paziszierenden Teile in Stand gesetzt wird, zu beurteilen, inwiefern bei der Realisierung derselben die Theorie von ihren strengen Forderungen nachlassen muß, wenn sie sich nicht durch gar zu große Rigidität selbst zerstören soll. Denn es ist leider das Los jeder Wissenschaft, solange sie noch ihre Kindheit nicht zurückgelegt hat, daß ihr theoretischer Teil vom praktischen durch eine große Kluft getrennt ist.

Ohne die lächerliche Arroganz zu besitzen, die mich glauben machen könnte, daß ich der Sterbliche sei, der da kommen mußte, um die Nationen über ihr Interesse beim allgemeinen Frieden zu belehren; aber ohne auch durch eine mißverstandene Bescheidenheit den Beruf von mir abzulehnen, den ich in meinem Inneren fühle, der Menschheit nützlich zu werden, glaube ich, daß es überhaupt die Pflicht jedes Weltbürgers sei, eine Regierung, die nach Aufklärung strebt, mit allen seinen Einsichten (sei ihr Grad auch noch so unbedeutend) zu unterstützen, doppelte unnachläßliche Pflicht, wenn er sich durch die Umstände der Zeit und des Orts mit einiger Wahrscheinlichkeit als integrierenden Teil eines Staates ansehen kann, dem er durch dieselbe Nutzen verschaffen soll. In dieser Hinsicht wage ich es also, der fränkischen Regierung folgende Bemerkungen zur Beherzigung vorzulegen.

Zuvörderst noch einige Prolegomena.

Vermöge des ersten Axioms der Mechanik kann ein Körper beim Wechsel seiner räumlichen Verhältnisse nicht zur Ruhe kommen, ohne vorher in Bewegung gewesen zu sein, ebenso können auch Nationen keinen Frieden unterhandeln, ohne eine angebliche Zeit im Zustande des Krieges gewesen zu sein. Bei einer philosophischen Erörterung beider Begriffe muß also der letztere der Reihe nach zuerst vorgenommen werden.

Krieg schlechthin heißt daher Suspendierung der zwischen den hadernden Nationen bisher bestandenen politischen Verhältnisse, verbunden mit dem Eintreten der militärischen.

Politische Verhältnisse nenne ich die wechselseitigen Beziehungen mehrerer Staaten als selbständige, regelmäßig geformte Einheiten, deren Gesamtzweck Erhaltung ihrer eignen Persönlichkeit und der aller ihrer koexistierenden Teile ist, militärische oder physische, die eben dieser Staaten, als künstlich organisierte materielle Körper, die von innen heraus ihre Existenz als solche behaupten, jedem äußern Angriff widerstehen und im Notfalle selbst angreifen können.

Gibt es außer jenem formalen Verhältnisse noch mehrere andere, so wird eine Suspendierung, die die ganze Totalität derselben betrifft, ein Universalkrieg heißen müssen.

Wird aber diese Totalität nicht bloß suspendiert, sondern für immer und mit dem Vorbehalte, sie nie wieder eintreten zu lassen, aufgehoben, dann entsteht ein Ausrottungskrieg, wie ihn Barrere und Fitzwilliam predigten und die Römer bei ihren meisten Fehden realisierten.

Dieser geht endlich in einen Menschenfresserkrieg, die höchste Stufe menschlicher Bosheit oder Verblendung, über, wenn der Sieger, nicht zufrieden, die Einheit des besiegten Staates aufgelöst zu haben, nun auch noch den Einheiten in demselben ihr Grab in den Individuen seiner Gesamtheit anweist und so die moralische Persönlichkeit desselben ganz zerstört, die physische aber innerhalb der seinigen konzentriert.

So wie Zwist im besondern der leidenschaftliche Zustand der streitenden Individuen ist, so ist Krieg im allgemeinen der leidenschaftliche Zustand der veruneinigten Nationen und als solcher psychologische Nationalkrankheit, die kurze Zeit vor der Aussöhnung ihre Krisis erreicht und dann den leidenschaftslosen, gesunden Friedenszustand wieder eintreten läßt.

In der Natur geschieht nichts durch einen Sprung, ist die trivialste aller Wahrheiten; alle positiven Größen der Mathematik gehen durch o ins Entgegengesetzte über, so auch hier. Wenn Nationen den Zustand eines Universalkrieges mit dem eines Universalfriedens verwechseln, so suspendieren sie zuerst das einzige bisher noch zwischen ihnen bestandene Verhältnis, nämlich das militärische, d. i. sie schließen einen Waffenstillstand und werden nun zu geometrischen Körpern, die ihren Raum einnehmen, ohne ihn zu erfüllen. Während demselben werden nach und nach die zerrissenen Fäden wieder angeknüpft und so allmählich jene bisher unterbrochene Gesundheit wieder hergestellt.

Frieden schlechthin ist daher das Wiedereintreten der mit dem Beginnen der Krankheit abgebrochenen politischen Verhältnisse verbunden mit dem gänzlichen Aufheben der militärischen.

Er wird zum Universalfrieden, wenn die Auflösung alle denkbaren Verhältnisse der kämpfenden betroffen hatte und diese nun aufs neue bestimmt werden.

Nach vollbrachter Krisis des Ausrottungs- und Kannibalenkrieges, d. i. nach Verschlingung des einen Objekts der Verhältnisse würden diese selbst aufhören und also subjektive Ruhe, Sättigung nicht Frieden erfolgen.

Der Zweck jedes Friedens ist Völkerbeglückung, das erste Requisit, um diesen Zweck zu erreichen, Dauer. Ein Frieden, der seiner Form und seinem Inhalt nach für alle Zeiten gelten kann und den Völkern für ihre ganze unbegrenzte Existenz ihren Wohlstand verbürgt, nur ein solcher kann seinen Namen sich mit Rechte anmaßen, jeder andere, der wie alle bisherigen schon bei seiner Geburt die Keime der Verwesung zeigt, ist eine Mißgeburt, ein Mittelding zwischen Krieg und Frieden, das die Menschen ärger lastet als der Krieg selbst.

Der ewige Frieden, wie ihn St. Pierre und Rousseau aufstellten und Kant gegen die engbrüstigen Einwürfe kleinmütiger Empiriker in Schutz nahm, ist also das Ideal, dem die Menschheit unaufhörlich nachstreben muß, weil in seiner Erreichung absolutes Glück für sie liegen würde, so wie Vernichtungskrieg das Urbild eines solchen, von dem sie sich immer weiter entfernen muß, weil seine völlige oder auch nur partielle Realisierung ihr unabsehliches Unglück nach sich ziehen würde.

Um nun diesem lauten Rufe der Natur zu gehorchen, ist es unsere Pflicht, die Bedingungen zu erörtern, deren Auseinandersetzung jedem eigentlichen Friedensschlusse vorangehen müssen, Bedingungen, die allein dem Frieden Allgemeingültigkeit geben können. Wenn Schranzen und Maitressen in den Tagen unserer Väter einen Frieden schlossen, dann weinte der Genius der Menschheit, denn wohl sah er, daß die Mordfackel nicht erloschen, sondern nur versteckt sei, um aufs neue, mit brennbarer Materie versehen, in der Hand der rasenden Furien desto ärgere Verwüstungen anzustellen, aber heuer wird er sich freuen, wenn er endlich einmal dem gesunden Menschenverstande das Friedensgeschäft übertragen und nun einer dauernden Ruhe ins künftige Jahrhundert entgegensieht. Machen wir einen Versuch, seinen philanthropischen Absichten zu entsprechen.

Non, si male nunc, et olim sic erit. –

Hor. Od. Lib. II. Od. XI.[4]

Der allgemeine Frieden, ein Ideal

Après avoir posé les vrais principes du droit politique et tâché de fonder l'Etat sur sa base, il resteroit à l'appuyer par ses relations externes, ce qui comprendroit le droit des gens, le commerce, le droit de la guerre et les conquêtes, le droit public, les ligues, les negotiations, les traités etc. Mais etc.

Rouss. du Contrat social. Conclusion.[5]

Im Mutterleibe gerinnt die Materie des künftigen Menschen nach elementarischen Gesetzen, und mit dem Anfange dieser Operation beginnt seine Existenz. Er durchwandert alle die Abstufungen, die das Reich dieser Kräfte mit dem der organischen verbinden, er wird zur Pflanze, wächst und vegetiert als solche noch eine Zeitlang fort, durchläuft dann alle Mittelglieder zwischen dem Gebiete der Vegetation und dem der Tierheit, wird Pflanzentier erst, Insekt in der Folge, weißes kaltes Käferblut schleicht in seinen Adern, er läutert sich dann durch alle Potenzen der Tierheit hinauf und tritt nun endlich, als das Kompendium aller Naturkräfte und Anlagen, als die zusammengesetzteste Formel unter der Sonne in unsere Außenwelt. Umgeben von Geschöpfen seinesgleichen, wird ihm eine isolierte Existenz bald unerträglich, er schließt sich an seine Ebenbilder an und knüpft nun seine Existenz an den Faden, den wir in der Einleitung verfolgten.

Auch Staaten, sahen wir, bilden sich, indem sie aus regellos angeschossnen Präcipitationen (Bezeichnung für chemische Niederschläge, d. Hrsg.) nach und nach zu organisierten pflanzenähnlichen Stämmen sich formen, dann zu selbstsüchtigen, alles um sich verschlingenden Tieren werden und erst spät, ihrer Bestimmung gemäß, sich zur höchsten Humanität hinaufarbeiten. Auch Staaten existieren wie das einzelne Individuum im Raum und in der Zeit, sind mechanisch undurchdringlich, pflanzen sich (hermaphroditisch [doppelgeschlechtlich, d. Hrsg.] und durch Intussusception [Wachstum, d. Hrsg.]) fort, bestehen aus einem sinnlichen und einem geistigen Teile, haben Rezeptivität und Spontaneität, stehen vermöge des erstern unter den Gesetzen der Natur, durch den Besitz der letzteren nur unter ihren eignen, jeder hat seine auszeichnende Physiognomie und Temperament, wird Jüngling, Mann und Greis und stirbt endlich, wenn Formenwechsel und Tod nämlich Synonyma sind.

Sofern Staaten als Erscheinungen in der Sinnenwelt existieren, wird es also auch eine Naturgeschichte für sie geben, ein System, das sie in Klassen und Ordnungen abteilt, deren spezifische Differenzen es angibt und allgemeine Ranggesetze bestimmt, unter die es alle je vorhandne oder noch existierende Gattungen und Arten dieser Naturwesen der Reihe nach subsumiert.

Sowie jeder Physik erst Naturbeschreibungen vorangehen, sowie ich die Wesen erst kennen muß, ehe ich ihre Verhältnisse gegeneinander betrachte, so wird auch hier vor der Würdigung der Staatenverhältnisse diese bezeichnende Klassifikation den Anfang machen müssen.

Materie und Form sind es, die vereinigt bei jedem Staat ins Auge fallen. Materie eines Staats ist die Summe aller in demselben verbundnen Individuen, kollektiv genommen. Zwei Staaten unterscheiden sich materialiter durch die Menge dieser Individuen, durch den Charakter derselben, insofern er auf Klima, Temperament, Rassenunterschied beruht und einen Nationalcharakter bildet. Allein eine Klassifikation nach diesen physischen Differenzen würde politische Physiologie, nicht Typologie sein und überdem keinen wesentlichen Einfluß auf unseren Gegenstand haben, mithin außer unserem Wege liegen. Nur die formale Differenzen können also hier erwogen werden.

Form überhaupt ist Verbindungsart mehrerer Teile zur Einheit, unternommen, um irgendeinen bestimmten Zweck zu erreichen. Form eines Staates ist also Verbindung aller Partialpersönlichkeiten zu einer Universalpersönlichkeit, ihr Zweck das Gesamtwohl. Diese Verbindungsart wird dann, wenn sie legal sein soll, durch den Gesellschaftsvertrag bestimmt.

In diesem Vertrage wird nun fürs erste darauf Rücksicht genommen, daß jene Universalselbständigkeit nur eine moralische Einheit ist, die als solche in der Reihe der Erscheinungen keinen Platz findet, mithin, da sie doch in derselben wirken soll, einer physischen Person inhärierend gemacht werden muß, die dann durch den Zusammenhang des inneren und äußeren Sinnes den Willen in Tat zu verwandeln vermag.

Diese Inhärenz wird nun entweder mittelbar oder unmittelbar bewirkt. Mittelbar, indem man ein transzendentes Wesen mit der obersten Selbständigkeit bekleidet, das dann entweder durch Eingebungen von oben herab Menschen zu seinen Werkzeugen macht und so physische Wirkungen hervorbringt oder durch Eingriffe in den Gang der Dinge vermöge seiner Allmacht alles auf jenen Zweck hinlenkt, oder zweitens unmittelbar, indem man einer immanenten Person dies Vorrecht zugesteht, die dann ihrer Quantität nach entweder eine Einheit oder eine Vielheit oder eine Allheit im Staate ist.

Im ersten Falle entsteht Monarchie, die ganze Nationalpersönlichkeit ist in einem Manne konzentriert.

Im zweiten Polyarchie im weiteren Sinne, eine Menge Menschen, heißen sie nun Suffeten, Archonten, Ephoren, Patrizier, Nobilis oder Pairs, teilen sich in die oberste Gewalt. Diese Form zerfällt in mehrere Unterordnungen, sie wird Hierarchie, wenn jene Menschen vom Priesterstande, Aristokratie, wenn sie vom Adel, Emporokratie, wenn es Kaufleute, endlich Polemokratie, wenn es Soldaten sind. Jede teilt sich wieder in mehrere untergeordnete Zweige, die Machthaber besitzen ihre Stelle entweder durch Wahl, durch Erbrecht, durch Zufall (Los) oder Alter.

Endlich entsteht im dritten Falle Holarchie, die ganze Nation ist Quelle und zugleich Depositär ihrer Selbständigkeit, ihr Wille hat sie selbst zum Organ und bedarf keiner künstlichen Maschinerie, um in Handlung überzugehen.

Zweitens wird die Qualität jener Universalpersönlichkeit betrachtet. Einmal denkt man sich dieselbe nämlich unzersetzt, ein andermal zerlegt in eine Universalspontaneität und in eine Universalkausalität, d. i. in eine gesetzgebende und eine ausübende Macht. Da zieht nun nach der Kategorie der Realität der Gesamtwille beide Mächte in einen Punkt zusammen, oder er entfernt sie nach jener der Negation unendlich weit voneinander, oder die entfernende und nähernde Kräfte begrenzen einander so, daß beide nach der Kategorie der Limitation in einer Art von mittlerer gemäßigter Entfernung voneinander stehen bleiben.

Was der absolute Punkt in der Geometrie ist, das ist das einzelne Individuum im Staate, was dort unendlicher Raum, ist hier die Totalität aller Bürger.

So bekommt man also erstens legislative und exekutive Macht in einem Individuum vereinigt, Despotie.

Zweitens beide Funktionen so weit als möglich voneinander getrennt, also durch die ganze Masse aller Bürger verteilt, Demokratie. Die Befugnis, diese Regierungsform Demokratie zu nennen, muß in dem Umstande gesucht werden, daß es in der Theorie völlig einerlei ist, ob ich von n herrschenden Individuum der einen Hälfte

die exekutive, der andern die legislative Macht gebe, oder ob ich die Totalsumme beider Mächte mit n dividiere und nun jedem Machthaber ein n Teil der ganzen Totalität der höchsten Gewalt übertrage, vorausgesetzt, daß in beiden Fällen kein einziger für sich ohne die Beiwirkung aller andern etwas unternehmen könne. Denn was sich der Vereinigung aller zu dem gemeinschädlichen Zwecke, sich über die Gesetze hinauszuschwingen und ihre übertragene Macht zur Befriedigung ihrer Leidenschaften zu mißbrauchen, widersetzt, ist in beiden Fällen kein physisches (also undurchdringliches), sondern nur ein moralisches Hindernis. Es liegt also einmal wie das anderemal gleich sehr an dem Willen der Machthaber, ob sie nicht, von ihrem gemeinschaftlichen Interesse getrieben, überinkommen wollen, ihrem Privatwohl das öffentliche nachzusetzen und jene Hindernisse wegzuschaffen; eine Operation, die im ersten wie im zweiten Falle gar keines Aufwandes von physischer Kraft bedarf. Die Wahrscheinlichkeit zu so einer Übereinkunft nimmt nur mit der wachsenden Zahl der Herrschenden ab, und wenn Sicherheit vor derselben der Bestimmungsgrund zur Trennung jener beiden Zweige der Staatsgewalt ist, so wird jener Zweck um so vollkommener erreicht, mithin die Trennung beider Funktionen um so größer, je größer die Zahl der Gewalthaber wird, sei es auch, daß so wie die Verteilung nach und nach die Halbierung aller Staatsbürger übersteigt, nur einige oder bei der vollkommnen Polarchie alle einen Teil der legislativen und exekutiven Macht zugleich bekommen. Die Regierung, wo daher die Entfernung beider Zweige das Maximum erreicht hat, wird die Demokratie sein.[6]
Endlich sind drittens beide Gewalten weder ganz in einer Einheit noch ganz im ganzen, sondern getrennt in einem Teile, Polyarchie im engeren Sinne. Diese Trennung wird nach dem oben vorgetragenen auf zweierlei Art bewirkt, entweder durch Erweiterung der Despotie: Unter eine Minorität von Repräsentanten wird die Staatsgewalt mechanisch verteilt, despotische Polyarchie; oder durch Verengerung der Demokratie: die oberste Gewalt wird chemisch verteilt, die Einheit oder eine Minorität bekommt die exekutive, die Totalität oder Majorität bekommt die legislative Macht, die sie nun entweder selbst ausübt, polyarchisch demokratische Form, oder durch Repräsentanten ausüben läßt, polyarchisch repräsentative, beide zusammen, polyarchisch republikanische Form.[7]
Bei der Kombination jener beiden Formengeschlechter sieht man

zuvörderst, daß Monarchie ihrem Wesen nach weder Polyarch[ie]
im engern Sinne noch Demokratie verträgt. Denn das Prinzip [der]
Teilung, das in beiden herrscht, bringt die Anzahl der Machthab[er]
wenigstens auf zwei, und dann hört die Form auf, reine Monarc[hie]
zu sein. Jede reine Monarchie ist daher Despotie. Die Polyarch[ie]
im weitern Sinne verträgt sich weder mit Despotie – denn dort [ist]
das Prinzip Vielheit, hier Einheit – noch mit Demokratie; denn h[ier]
ist es Allheit, es bleibt also bloß Polyarchie im engeren Sinne [mit]
ihren Unterabteilungen übrig.

Endlich kongruiert Holarchie weder der Despotie noch der Pol[y]
archie i. e. S., denn wo alle befehlen, alle ausüben, da kann kein T[eil]
eine oder die andere Funktion allein oder beide zusammen a[us]
üben, und so haben wir also in allem folgende Hauptformen:

a) Die monarchisch despotische
b) Die polyarchisch despotische
c) Die polyarchisch republikanische
d) Die holarchisch demokratische.

Unter diesen vier Rubriken mit ihren Unterabteilungen und [un]
zähligen Nuançen, womit sich eine in die andere verflicht, lass[en]
sich nun allen von jeher bestandenen Staaten, von dem ersten [auf]
den Ebnen von Singar, bis auf den letzten bei dem Umsturz al[ler]
Dinge, ihre gehörige Stelle anweisen.

Stellt man sich unter den beiden Brennpunkten einer krumm[en]
Linie, deren Fläche den Staat andeutet, die gesetzgebende u[nd]
ausübende Macht vor, so wird die Kreislinie der monarchisch d[es]
potischen Form entsprechen. Ein Strahl geht aus einem Bren[n]
punkte aus und wird in denselben zurückgeworfen, die Exzen[tri]
zität, das ist: die Entfernung beider Gewalten ist = o; der Desp[ot]
sitzt im Schwerpunkte der Figur, die mit dem geringsten äußer[n]
Umfang die meiste innere Fläche, d. i. Stärke, verbindet und le[nkt]
sie nach seinem Gefallen. Außer der konventionellen hieroglyp[hi]
schen Bezeichnung Despotie entspricht ihr noch die algebraisc[he]
$y^2 = a x - x^2$.

Die Polyarchischrepublikanische wird durch die Ellipse darg[e]
stellt. Die Exzentrizität ist hier mehr oder minder beträchtli[ch,]
nachdem sie mehr oder minder in die demokratische übergeht: [ein]
Strahl, der aus dem einen Brennpunkte ausgeht, wird in den an[de]
ren zurückgeworfen; beide Gewalten halten sich und die ganze [Fi]
gur um den Schwerpunkt im Gleichgewicht, wenn sie dem Inha[lt]
derselben und ihrem Abstande voneinander gemäß abgewog[en]

sind. Ihr Ausdruck $y^2 = b x - b x^2 : a$.

Der Polyarchischdespotischen korrespondiert die Hyperbel; die Exzentrizität ist negativ; der Staat, wie die Figur, in zwei Teile zerrissen, einen herrischen und einen sklavischen, ein Strahl, der aus einem Brennpunkte ausgeht, fährt so zurück, als ob er aus dem andern käme, ihr Ausdruck $y^2 = b x + b x^2 : a$.

Der Holarchischdemokratischen dient die Parabel zum Sinnbilde, beide Brennpunkte sind unendlich voneinander entfernt; Strahlen, die aus einem derselben kommen, fahren unter sich und mit der Achse parallel zurück; ihr Ausdruck der simpelste unter allen $y^2 = b x$, ihr Name, Parabel, das ist: Gleichheit.

Der Theokratie endlich wird die transzendenteste aller transzendenten Kurven, sowie der Anarchie die gerade Linie entsprechen. In ihr sind keine Brennpunkte vorhanden, alle Teile liegen beziehungslos nebeneinander, ohne weder ihre Richtung zu ändern oder irgend einen Raum einzuschließen, d.i. einen Staat zu bilden. –

Nach der Festsetzung dieser Rangordnung können wir nun wieder unseren eigentlichen Zweck: Aufstellung eines allgemeingeltenden Friedensschemas näher ins Auge fassen.

Aus der in der Einleitung gegebenen Definition eines Universalfriedens folgt, daß die Bedingungen, unter denen die Zustandebringung desselben möglich ist, auf die genaue Bestimmung aller Verhältnisse des Normalstaates (so nenne ich nämlich den, der als Sieger den Frieden schließt) als Einheit und als Koalition mehrerer selbständiger Individuen gegen den oder die Regulativstaaten (mit denen als überwundenen der Frieden geschlossen wird) ebenfalls unter jenen beiden Gesichtspunkten betrachtet, hinauslaufen. Soll er dann ferner auf Dauer Anspruch machen können, so muß noch eine sichere, wechselseitige Garantie, daß die einmal so bestimmten Verhältnisse ohne Einwilligung beider Teile nicht mehr geändert oder aufgehoben werden können, ausgefunden werden. Beschäftigen wir uns also fürs erste mit der Festsetzung jener Verhältnisse.

Verhältnisse der Dinge sind Situationen derselben, wofür Gesetze bestimmt oder denen schon vorhandene angepaßt werden sollen. Entkleiden wir eine Substanz von allen ihren Akzidenzen, so hören zugleich alle innern und äußern Verhältnisse auf, die reine nackte Substanz steht da, isoliert von aller Welt, ohne irgend eine denkbare Beziehung auf dieselbe. Bloß die Akzidenzen also oder vielmehr ihre Verbindung zur zweckmäßigen Einheit, d.i. ihre Form macht Verhältnisse möglich. Es gibt also so viel Arten, nach denen Dinge miteinander in Verhältnisse kommen können als Formen denkbar sind, nach denen ihre Akzidenzen zur Einheit verbunden werden können.

Das, was nun für eine einfache Substanz gilt, wird auch für die Verbindung mehrerer zu einem formalen Ganzen gelten müssen. Die Verhältnisse mehrerer Nationen sind daher auch so vielseitig, als oft ihre Akzidenzen nach irgendeinem Prinzip sich zur formalen Einheit aneinander fügen lassen. Die Akzidenzen eines Staates sind nun die einzelnen Persönlichkeiten seiner Individuen, der Zweck der Verbindung derselben mag nun politisch, religiös, merkantilisch oder jeder andre sein, und der Formen, nach denen diese Persönlichkeiten zu jenen verschiedenartigen Zwecken verbunden werden können, sind, wie wir soeben entwickelten, vier, nach den Regeln der Kombination werden also der verschiedenen Situationen, in die diese vier Formen gegeneinander geraten können, in allem zwölf. Z.B.

1. Die Form des Normalstaats ist die demokratische – die der Regulativstaaten ebenfalls die demokratische.

2. Die Form des Normalstaates ist die polyarchischrepublikanische – die der R.s. ebenfalls die p.r.

3. Der Normal.s. hat die polyarchischrepublikanische Form; die Regulativstaaten die despotische.

4. Die Form des Normal.s. ist die despotische, die der Reg.s. eben dieselbe und so weiter bis zur Erschöpfung jener zwölf Verhältnisse. Unter den vier oben aufgezählten Verbindungen macht allein die erste bei einer vollendeten Kultur der Majorität des Menschengeschlechtes die völlige Realisierung eines ewigen Friedens möglich; die Schwierigkeiten, die die zweite derselben in den Weg legt, sind zwar größer, aber doch im Ganzen von weniger Bedeutung, besonders bei der polyarchischdemokratischen. Endlich neigt sich die vierte ihrer Natur gemäß zu jenem obigen Schreckensideal, dem Vernichtungskrieg, und läßt, um demselben womöglich zuvorzukommen, ein sogenanntes Gleichgewichtssystem eintreten, das aber, weil bloße zurückstoßende Kräfte einander nicht einschränken können, dem ganzen Körper nur dann einige Ruhe, obgleich auf einem künstlichen Wege, verschafft, wenn, wie im dritten Falle, durch einen mächtigen republikanischen Staat eine hinreichende Ziehkraft hinzukommt. Lassen wir dann die übrigen, deren Erörterung jetzt nicht hierhin gehört, und beschäftigen uns

mit dieser, die nun unser Fall ist.

Wenn es heißt, der Normalstaat hat die polyarchisch republikanische, die Regulativstaaten die despotische Form, und durch die Einmischung dieser in die inneren Verhältnisse von jenem entstand der Krieg, der nun wieder beigelegt werden soll, so wird dabei vorausgesetzt, daß der angegriffene Teil auf das durch den Angriff erhaltene Recht sich hinwiederum in die inneren Verhältnisse der angreifenden zu mischen, um sich vor künftigen ähnlichen Angriffen zu sichern und mithin alles auf die erste oder zweite Kombination zu reduzieren, förmlich Verzicht getan habe.

Ich mag hier nicht strenge untersuchen, inwiefern ein von innen gesetzmäßig organisierter N. s. das Recht aufgeben kann, sich in die inneren Verhältnisse benachbarter, gesetzwidrig organisierter R. s. einzumischen. Der Zweck einer solchen Einmischung wäre nämlich Selbsterhaltung und Sicherheit, fortan in seinen Rechten und Genüssen durch solche zügellose Nachbarn nicht mehr gefährdet zu werden. Allein eben dieser Zweck würde durch die Erklärung, nicht eher die Waffen niederzulegen, bis alle R. s. die despotische Form verlassen hätten, vereitelt werden; indem der Despotismus in Verzweiflung alle die Riesenkräfte, die ihm vor der Hand noch zu Gebote stehen, zusammenraffen würde, um den drohenden Untergang abzuwenden; und überdem der Stolz aller Völker sich beleidigt fände, deren jedes sich genug Kraft zutraut, um sich selbst eine gesetzmäßige Form zu geben, ohne der Zwischenkunft einer anderen Macht zu bedürfen. Hätte der Stifter des peruanischen Staates allen benachbarten Völkerstämmen angekündigt: »Barbaren! Ich bin gekommen, um euern Nacken unter das Joch der Gesetze zu beugen, ihr sollt nicht mehr rauben und kriegen, keine Menschen dürft ihr mehr fressen, den Acker sollt ihr bauen, die Sonne sei euer Gott, mir und meinen Nachfolgern als Kindern derselben sollt ihr ohne Widerrede gehorchen«, so würden auf eine solche Zumutung alle sich, eifersüchtig auf ihre brutale Unabhängigkeit, vereinigt haben, über ihn hergefallen sein und den aufblühenden Staat in seiner Knospe zerstört haben. Statt dessen begnügte er sich, sein einmal gewonnenes Terrain ruhig zu bebauen und es dann seinen Nachfolgern zu überlassen, jene wilden Horden, durch Überredung, Gewalt der Waffen oder bei sonst einer Gelegenheit, die ihnen die Inkonvenienzen ihres isolierten Zustandes fühlbar machte, seinem Urstaate anzuknüpfen; und er befand sich wohl dabei. Dieselbe den Zeitumständen sich anschmiegende Politik wird auch Frankreich beobachten müssen, und es hat sie während dem Laufe dieses Krieges bei Holland, bei der cisalpinischen Republik, und da, als Venedig durch Verrat unbesonnenerweise den Umsturz einer Staatsverfassung rechtfertigte, die es nur durch Meuchelmorde und Noyaden aufrechtzuerhalten vermochte, treulich beobachtet, und es wird sie noch einmal beobachten müssen, wenn England, von der Koalition getrennt, sich selbst überlassen dasteht. Dann wird es wieder Pflicht für Frankreich sein, die Nation in ihrem Ringen nach Gesetzmäßigkeit von innen und außen zu unterstützen und durchaus keinen ruhigen Zuschauer dabei abzugeben; wenn es sich nicht vorher durch seine Stipulationen mit andern Mächten feierlich zu einer solchen Untätigkeit anheischig gemacht hat.

Das vorausgesetzt, lautet also unsere Aufgabe folgendermaßen. »Ein Staat hatte anfangs die despotische Form; durch einen gewaltsamen Umsturz wurde dieselbe in die polyarchischrepublikanische geändert. Diese Änderung hatte als Ursache die Wirkung, daß alle äußeren Verhältnisse mit einer Koalition von despotischen Staaten abgebrochen wurden. Die Angriffe der Koalition wurden abgetrieben, der angegriffene Staat erhob sich zum Normalstaate, die angreifenden sanken zu Regulativstaaten herab und unter ihnen änderten durch den Einfluß des N. s. mehrere die despotische Form, ebenfalls in eine polyarchischrepubl., und nun soll der N. s. neue Verhältnisse a) zwischen sich und den despotischen R. s., b) zwischen sich und den republ. R. s., c) zwischen den republikanischen und den despotischen R. s. ausfinden, die auf die längste Dauer Anspruch machen können, nachdem er sich vorher des Rechtes entäußert hat, sich in die inneren Verhältnisse der die despotische Form behaltenden R. s. einzumischen.«

Die Verhältnisse, die nach diesem Problem noch übrig bleiben und deren Bestimmung sich der N. s. nicht überheben kann, ohne einen dauerhaften Frieden zur Chimäre zu machen, sind erstens nach der Verschiedenheit der Dinge, die in Verhältnisse kommen.
1. Verhältnis des N. s. als Einheit gegen die Reg. s. ebenfalls als Einheiten und dieser eben so untereinander, die homogenen immer auf eine Seite genommen.
2. Verhältnis der Bürger des N. s. gegen die Individuen der R. s. und das der Untertanen dieser untereinander.
3. Verhältnis der Individuen des N. s. zu den R. s. als Einheiten und hinwiederum Verhältnis der R. s. zu den Bürgern des Norm. s.;

eben so: Verh. der Bürger der rep. R.s., zu den despot. Reg.s. und hinwiederum.

4. Verhältnis des N.s. als Einheit zu den Individuen der R.s. und hinwiederum.

Zweitens nach der Qualität der Verhältnisse selbst, a) solche, die während dem Kriege eintreten, mit dem Beginnen des Friedens aber aufhören – negative; – diese zerfallen in folgende 1. das militärische oder physische Verhältnis der kriegführenden Parteien, 2. die förderativen der R.s. als Bestandteile der Koalition, die die Urrechte des angegriffenen N.s. verletzte.

b) Solche, die während dem Frieden eintreten, mit dem Universalkriege aber wegfallen[8] – positive –, diese begreifen folgende unter sich: 1. das geometrische, 2. das politische, 3. das religiöse, 4. das merkantilische, 5. das intellektuelle oder geistige.

Erwägen wir eines nach dem andern, indem wir mit den negativen beginnen.

Militärisch nannten wir oben die Verhältnisse, in die mehrere, mit physischen Kräften versehene, geistig materielle Einheiten durch Äußerung dieser Kräfte zur Verteidigung ihrer vermeinten oder wirklichen Rechte gegeneinander geraten. Diese Einheit ist nun fürs erste Nationaleinheit; da leuchtet denn sogleich ein, daß, da dies Verhältnis unter die negativen gehört, der Friedensakt aber die Grenze des Kriegs, mithin aller Feindseligkeiten, ist, beim Abschluß desselben nichts getan werden kann als die Suspension derselben, die beim Waffenstillstande stipuliert wurde, in eine völlige Aufhebung zu verwandeln. Mehr kann hier nicht geschehen, wenn der N.s. sich nicht in die inneren Verhältnisse des R.s. mischt; etwa die Zahl der Truppen auf dem Friedensfuße bestimmen will. Die gänzliche Aufhebung aller kriegerischen Beziehungen wird dann durch folgende Formel ausgedrückt:

Erster Definitivartikel. Es soll Friede und Freundschaft und gutes Einverständnis zwischen dem N.s. und allen Regulativstaaten herrschen.

Da es keine andere militärische Beziehungen der Individuen mehrerer kriegführenden Staaten gibt, als insofern ihre Partialkräfte Bestandteile der ins Spiel gesetzten Staatskraft sind, so wird mit der Lähmung dieser Kraft auch zugleich die jener einzelnen Kräfte erfolgen; und somit in jener ersten Bedingung zugleich die Bestimmung der militärischen Verhältnisse der Individuen der N. und R. Staaten aufeinander enthalten sein.

Ein Staat kommt mit Individuen nur dann in Verhältnisse, wen
diese seine Gesetze anerkennen müssen; ein Staat bekommt auf di
Verteidigungswerkzeuge des andern nicht eher Rechte, bis selbe i
seiner Gewalt sind. Ein Soldat der Normalnation hat daher zu de
R. s. keine Verhältnisse, solange er frei ist; im Augenblick der Ge
fangennehmung aber treten dieselben ein und sind alsdann jene de
Abhängigkeit von der gesetzmäßigen Willkür der gefangenneh
menden. Ebenso umgekehrt, mit den Soldaten der R. s. Kriegsge
fangenschaft gibt dem gefangennehmenden Staate kein perennie
rendes Recht auf die Person des Gefangenen als Eigentum; sei
Recht auf denselben dauert vielmehr nur so lange, als derselbe ihr
schädlich zu werden, von seinem Staate autorisiert ist, hört also m
dem Kriege auf, und der erste Augenblick des wieder eingetretene
Friedens ist also auch der letzte der Abhängigkeit der gefangene
Individuen vom gefangennehmenden N. oder R. staat, das gibt de
II. Definitivartikel. Alle pazifizierende Staaten entlassen wechsel
seitig ihre Kriegsgefangene.
Es bedarf keines Beweises, daß jene beiden Artikel alle drei For
derungen des Problems in Rücksicht der militärischen Verhältniss
befriedigen; wir gehen daher jetzt zu den föderativen über.
Eine Menge Staaten verbanden sich, um einen anderen, der nich
ihres Sinnes war, zu befehden; siegt nun der Angegriffene und di
Angreifer suchen sich mit ihm wieder auf friedlichen Fuß zu set
zen, so wird die erste Bedingung der Möglichkeit einer solche
Versöhnung die sein: daß sie jenen kriegerischen Verband auflö
sen, um durch ihr vereinigtes Übergewicht dem N. s. keine ferne
ren Besorgnisse für seine künftige Sicherheit zu erregen. Bei de
despotischen R. s. haben die Despoten, die jene Verbindung ein
gingen, auch die Befugnis, sie wieder aufzuheben: bei den republi
kanischen bekommt sie die Nation durch Vertreibung ihrer Des
poten zugleich mit ihrer Selbständigkeit wieder. Dies Aufhebe
aber muß, wenn dem gesuchten Zweck entsprochen werden sol
zugleich mit der Versicherung begleitet sein, daß die dadurch nu
unterbrochene Verbindung nicht über lang oder kurz einmal wie
der eintrete und so das Spiel wieder von vorne beginne. Bei den re
publ. R. s. liegt diese Sicherheit nun teils in der Form, teils in ande
ren Vorkehrungen, die uns in der Folge aufstoßen werden; bei de
despotischen aber muß sie in einem feierlichen Versprechen ge
sucht werden, das dann seine Bürgschaft bei der allgemeinen Ga
rantie des Friedens findet. Aus dem bisherigen entwickelt sich

III. Def. Art. Die Reg. Staaten heben alle ihre föderativen Verhältnisse auf; die despotischen unter ihnen versprechen zugleich, sich nie mehr in eine Ligue (Liga) einzulassen, die den inneren Verhältnissen des N. s. oder der republikanischen R. s. gefährlich werden könnte.

In dieser Bedingung ist nun wieder das individuelle Verhältnis aller untergeordneten Teile der großen Föderation enthalten, was aber das Verhältnis dieser Bestandteile zu den ihnen wechselweise entgegengesetzten Staaten betrifft, so ist kein anderes Verhältnis dieser Art denkbar als eine Art von militärisch föderativem, das dann eintritt, wenn z. B. ein reicher, aber wenig kriegerischer R. s. Untertanen eines geldärmeren (oder gierigeren), aber soldatenreicheren in Sold genommen hat, damit auf diese Art zum gemeinschaftlichen Zweck jeder die ihm eigene Ressourçen aufbieten könne. Ein solches Verhältnis muß nun natürlich mit dem Kriege aufgehoben werden, weil bei einer gänzlichen Vernachlässigung desselben der zuletzt übrigbleibende R. s. mit der ganzen Macht der zertrümmert geglaubten Koalition auftreten könnte. Daraus folgt also

IV. Def. Art. Jeder paziszierende R. s. reklamiert die Truppen, die von ihm in eines andern Solde stehen.

Die vier bisherigen Bedingungen erschöpfen die negativen Beziehungen. Gehen wir daher, ohne uns aufzuhalten, zu den wichtigeren positiven über. Jeder Staat ist irgendwo im Raume; dies ist kein Punkt, keine Linie, sondern ein körperlicher Raum von drei Dimensionen, an der Außenseite unserer Erde, der aber doch gewöhnlich als eine Fläche von bestimmten Grenzen, die aber durch das Schicksal des Krieges mancherlei Veränderungen, Erweiterungen und Verengungen leidet, angesehen wird. Wenn der siegende N. s. anderwärts Gebietsteile hat, die er trotz seiner Überlegenheit mancherlei Ursachen wegen nicht zu schützen vermag, so wird er natürlich bei dem Frieden, den er vorschreibt, darauf bestehen, daß seine Feinde alle jene über ihn gemachte Eroberungen herausgeben und den geometrischen »Status ante Bellum« herstellen. Er wird aber darauf bestehen müssen, wenn er ein freier Staat ist, weil es ihm nun (wenn seine Selbsterhaltung nicht schlechterdings das Gegenteil erheischt, wo er dann freilich einen Teil zur Rettung des Ganzen aufopfern muß) durchaus nicht erlaubt ist, einen Teil seiner selbst, der sich einmal zur innern Gesetzmäßigkeit erhoben hat, wieder in die vorige Gesetzwidrigkeit zurückkehren zu lassen.

Aus demselben Grunde und unter derselben Bedingung wird er dann auch auf der Herausgabe aller Eroberungen der despotischen R. s. über die republikanischen bestehen müssen, während eine vernünftige Politik ihn auffordert, in Rücksicht auf jene despotische Staaten, die er von der Koalition ab in sein Interesse zu ziehen gewußt hat, ohne ihre Form zu ändern, – wie jetzt der Fall bei Spanien ist – dasselbe Verfahren zu gebrauchen. Es wird aber den N. s. und den republ. R. s. frei stehen, über Abtretung oder Vertauschung einiger Gebietsteile untereinander übereinzukommen, weil hier nicht von Verwechselung der Freiheit mit Sklaverei, sondern Vertauschung einer gewissen Art Freiheit mit einer etwas verschiedenen modifizierten anderen Art derselben die Rede ist, die allerdings stattfinden kann, wenn der höhere Vorteil beider Staaten sie erfordert: nur wäre es alsdann sehr unedel gehandelt, wenn der siegende N. s. die republ. R. s. bei einem solchen Tausche zu übervorteilen suchte. So bekommen wir den

V. Def. Art. Die despot. R. s. geben dem N. s. und allen seinen Verbündeten alle gemachten Eroberungen und Akquisitionen zurück, der N. s. und die republ. R. s. werden diese von ihrer Seite wechselseitige Herausgabe nach den strengsten Gesetzen der natürlichen Billigkeit regulieren.

Das geometrische Verhältnis eines Staates gegen die Individuen eines fremden wird dann eintreten, wenn die Untertanen einer kriegführenden Macht in ihrer Gegner Staaten unbewegliches Eigentum liegen haben, das während des Krieges sequestriert wurde. Dies Sequester kann auf keinen Fall länger als der Krieg dauern und darüber stipuliert der

VI. Def. Art. Jeder pazisizierende Staat hebt den Beschlag auf das innerhalb seines Gebietes liegende Eigentum der Untertanen des andern auf.

Wenn uns aufgegeben wird, die politischen Verhältnisse mehrerer kriegführenden Mächte wieder herzustellen, so haben wir die Gesetze aufzufinden, denen sich sowohl diese Nationen selbst als auch ihre Individuen bei den verschiednen Lagen, in die sie wechselseitig gegeneinander kommen können, zu fügen haben, wenn sie ihren Zweck, ununterbrochne Ruhe und Wohlstand, erreichen wollen. Beschäftigen wir uns vorerst mit der Bestimmung jener Gesetze zwischen dem N. s. und den republ. R. s. einerseits und den despotischen R. s. andererseits. –

Man hat in neueren Zeiten den Satz aufgestellt, »die Nation

erhalten sich bei der gegenwärtigen Lage der Dinge gegeneinder wie Individuen im Naturstande oder, wie andere sagen, im Zutande der Anarchie.« Allein ich behaupte, das Verhältnis zweier Nationen als solcher ist entweder = o, oder es ist gesetzmäßig. Denn man setze fürs erste; mehrere Nationen haben die polyarchischrepublikanische oder die demokratische Form. Wenn Republikanism im ersten und der Demokratism im zweiten Falle Achtung der Selbständigkeit jeder Einheit im Staate ist, so muß er auch, wenn er seine Natur nicht verleugnen soll, Achtung der Selbständigkeit jeder Staatseinheit sein, beide Formen geben also den Nationen, denen sie inhärieren, die Disposition, untereinander, in gesetzmäßige Verhältnisse zu treten. So wie nun Naturmenschen mit dem Augenblick einer allgemeinen Willensäußerung, »wir wollen einen Staat bilden«, aus dem Naturstande heraustreten, so verlassen auch Staaten, sobald sie eine jener beiden Formen annehmen, diesen Stand und erreichen eine Art von Mittelding zwischen dem gesellschaftlichen und rohen Zustande; einen fixen Punkt der Skala, wie wir oben den Waffenstillstand als einen solchen zwischen Krieg und Frieden angaben; sie leben noch gesetzlos, wollen aber schon nicht mehr gesetzlos leben und handeln daher, als ob sie Gesetze hätten.

Wird mehreren Nationen die monarchisch oder polyarchischdespotische Form aufgedrungen, so tut jedes Individuum durch die Annahme derselben auf seine Selbständigkeit so lange Verzicht, bis es sie wieder zu reklamieren im Stande ist, und die der ganzen Nation konzentriert sich in dem oder den Despoten. Kann also bei einem Haufen Automaten als Einheit kein formales Verhältnis zu einem anderen Haufen derselben stattfinden, so wird auch hier das Nationalverhältnis verschwinden und sich in das eines Despoten zum andern verwandeln. Hat eine Nation die republikanische, die andere die despotische Form, so hat man eine selbständige Einheit, mit einem Aggregate von Maschinen in Verhältnis zu setzen, das aber doch nicht das der Abhängigkeit der letzteren von der ersteren sein darf, und da ist es unleugbar, daß dies Verhältnis in jedem andern als materiellem Bezuge undenkbar ist.

Daraus folgt also fürs erste; die fränkische Nation, so wie alle republ. Reg. s., hat gar kein politisches Verhältnis mit den despotisch regierten Reg. Nationen; alle Verhältnisse reduzieren sich auf die zu den Reg. despoten und dieser hinwiederum zu den freien Nationen.[9]

Das Verhältnis einer freien Nation zu einem fremden Despot
ist nun dasselbe (wie, d. Hrsg.) mit dem der eben aufkeimend
Städte des Mittelalters zu den Raubrittern derselben Periode.
wie jene Städte das Recht hatten, diese Räuber zu zwingen, sich r
ihnen denselben Gesetzen, als Staatsbürger, zu unterwerfen,
hinfort nicht mehr als fessellose Naturmenschen zu beunruhig
und ihr Emporkommen zu erschweren, so hat auch die fränkisc
Nation das Recht zu ihrer eignen Sicherheit, die Regulativdespot
zu zwingen, ihre Willkür der Willkür der Nation und diese soda
konventionellen Gesetzen unterzuordnen und so bei allen desp
tischen R. s. eine freie Regierungsform einzuführen. Da aber
gegenwärtige Zustand der politischen Aufklärung in Europa di
Nation dahin bestimmte, jenem Rechte zu entsagen, so kümm
uns auch dieser Teil des ersten Verhältnisses nur insoweit, als
dieselbe berechtigt, für diese Entsagung alle nötige Aufopferung
von den tolerierten Despoten zu verlangen, um ihre Selbständ
keit gegen Angriffe zu sichern, denen sie von nun an beständig a
gesetzt sind.

Eben wie jene Städte mag sie sich dann auch mit R. s., die ein r
heres Interesse an sie knüpft, teils zur Schwächung der ungesellig
Partei, teils um sich der tierischen Stärke derselben zu ihrem u
der übrigen Menschheit Vorteil zu bedienen, in Verträge einlasse
die aber nur eine einseitige Garantie haben, und daher nur so lar
dauern, als diese ihre Rechnung dabei finden.

Was aber nun das umgekehrte Verhältnis, nämlich: das der R
despoten zu der Normal-, und den republ. Reg. nationen betrif
so ist es schon in der Anerkennung der inneren Verhältnisse
freien Staaten gegeben; da aber in dem von seiten der Despoten a
gesuchten Frieden alle Verhältnisse, mithin auch dies eine, b
stimmt werden sollen, so scheint zwar eine öffentliche Erklärun
wie Bonaparte bemerkt haben soll, unnötig zu sein, darf aber do
in einem vollständigen Schema durchaus nicht fehlen.

Alle bisherigen sechs Artikel gelten für die despot. R. s. so gut w
für die republikanischen; da aber hier bloß von den ersteren
Rede ist, so müssen wir von nun an die Bedingungen für beide vo
einander trennen. Wir haben daher den

VII. Def. Art. für die despot. R. s. Alle Machthaber der desp. R
anerkennen die Regierungsform des N. s. und aller republ. R.
diejenige unter ihnen, die ihr Interesse dabei finden, werden n
den freien Staaten Schutz- und Trutzbündnisse abschließen.

Das Verhältnis des Bürgers eines gewissen Staates (er halte sich un inner- oder außerhalb der Grenzen desselben auf) zu den Machthabern eines fremden Staates ist einmal das eines unabhängigen Individuums zu einem oder mehreren andern ebenso unabhängigen im Naturstande; und dann das eines von einem höheren Willen abhängigen Staatsbürgers zu eben denselben unabhängigen selbstgesetzlichen Wesen.

Vermöge des ersteren stehen beide kollidierende nur unter dem Sittengesetze; jeder kann von dem andern fordern, daß er ihn nicht als Mittel behandle; daß er von ihm in seiner Menschenwürde nicht gefährdet, in seinen Urrechten nicht gekränkt werde.

Alle jene barbarischen Anmaßungen eines Staates auf die Person oder das Eigentum eines fremden Individuums (droit d'aubaine, Strandrecht, Judenzoll) untersagt daher schon das Naturrecht bei Gelegenheit der Bestimmung unseres gegenwärtigen Verhältnisses; dagegen aber verbietet es auch einem Fremden alle Verletzungen der Urrechte des Staates, in dem er sich aufhält, durch Verschwörungen und Komplotte, erlaubt also in beiden Fällen, Repressalien zu brauchen und die Verletzer seiner Menschenwürde für eine Zeitlang verlustigt zu erklären. Der Fremde lebt daher innerhalb des Staates, ohne in demselben zu leben; er mischt sich nicht in das, was seine innere Form betrifft, trägt keine seiner bürgerlichen Lasten, kann aber auch keinen Anspruch auf seine bürgerlichen Begünstigungen machen.

In Rücksicht auf den zweiten Fall bezieht sich ein Mitglied einer Gesellschaft, das zwar seine äußeren räumlichen Verhältnisse zu derselben geändert, seine übrigen Beziehungen aber ganz und gar nicht abgebrochen hat, mithin noch immer gewisse Rechte und Pflichten in Rücksicht auf dieselbe ausübt, auf ein Wesen, das keine äußere (Welt), bürgerliche Gesetze, anerkennt, sich von allen höheren Gesellschaftspflichten loszählt und auch schon das Versprechen (vom N. s.) hat, nicht dazu gezwungen zu werden. Da erhellt denn einmal, daß jenes Gesellschaftsglied seinerseits nicht die mindeste Verbindlichkeit hat, sich mit diesen ungeselligen Usurpatoren auf einen anderen Fuß als den des Naturstandes zu setzen (weil er seine Pflicht zur Gesellschaft dadurch, daß er in einer solchen lebt, einmal schon erfüllt hat), und dann, daß, da in diesem Zustande kein moralisches Wesen irgend ein Recht eines anderen beschränken oder ihn in der Erfüllung seiner Pflichten hindern darf, er auch jetzt, selbst wenn er innerhalb des fremden Staates lebt, von

demselben in der Ausübung seiner gesellschaftlichen Pflichten u
Rechte nicht gestört werden darf.

Das alles ist unmittelbares Gebot des Sittengesetzes; da aber u
sere Despoten auch dies despotisieren zu können glauben, so m
der Friedensvertrag das Sollen in Wollen verwandeln und d
Wollen sodann durch den Zwang der Garantie für immer verbi
gen: da bekommen wir den

VIII. Def. Art. für die desp. R. s. Jeder der paziszierenden Staat
verspricht dem anderen wechselseitig, die Urrechte der innerh
seiner Grenzen sporadisch sich aufhaltenden Individuen des a
dern so lange nicht zu kränken, als diese auch die seinige ni
kränken und ihnen überdem in der Ausübung ihrer bürgerlich
Rechte und Pflichten nicht das mindeste Hindernis in den Weg
legen.

Kommen aber endlich Individuen zweier oder mehrerer vone
ander unabhängigen Staaten in Kollision, so stehen sie wieder be
als Naturmenschen unter dem Sittengesetze, das für jeden glei
sehr verbindend ist; als Bürger aber wird jeder nur den Gesetz
seines Staates gehorchen, nur seine Obliegenheiten erfüllen, s
Betragen nur nach der Norm einrichten, die derselbe ihm l
stimmt. Diese Gesetze also verbinden nur einseitig, und nun ist
Frage, welcher von zweien gegebenen Gesetzgebungen (die sich
ihren Ansprüchen sogar einander widersprechen können) müss
beide Parteien in ihren Kollisionen gehorchen; oder ist keine v
beiden, sondern eine dritte noch aufzustellende für sie verbindlic

Wären alle bisher bestehenden Staaten in einen allumfassend
Universalstaat verschmolzen und die Form desselben z. B. die d
potische, so verlöre in ihm jedes einzelne Individuum seine P
sönlichkeit, ohne doch seine Existenz zu verlieren, und die Kol
sionen, in die also mehrere derselben noch kommen könnt
würden durch die Maximen des Despoten bestimmt: durch
Gesetze der Republik und den allgemeinen Willen aber, wenn je
Form republikanisch wäre. Da aber schon der große Rassenunt
schied (der freilich bei zunehmender Kultur immer mehr v
schwindet) von allem anderen abstrahiert, eine solche Gleichfö
migkeit der Gesetze oder Maximen nicht erlaubt, so müssen v
in der Theorie sowohl als Praxis auf die gegenwärtig existierend
Partikularsysteme zurückkommen.

Man denke sich nun einmal alle diese Systeme republikanisie
so kann und muß doch nach dem eben Gesagten in jedem Sta

nach dem Bedürfnis und dem Willen seiner Bewohner eine andre Gesetzgebung herrschen; deren keine – weil das Sittengesetz es schlechterdings verbietet, daß ein Staat dem anderen seine Gesetzgebung (wie etwa die Römer taten) durch Gewalt aufdringe – bei den Kollisionen nicht verwandter Bürger auf den Vorrang Anspruch machen kann: es ist daher kein anderer Ausweg übrig, als daß sich alle Individuen als Weltbürger konventionellen Gesetzen unterwerfen, einen Völkerkodex kreieren und diesem durch die Sanktion des Gesamtwillens seine Allgemeingültigkeit geben.

Haben alle jene Staaten die illegale despotische Form, so bestimmen sich die Kollisionsgesetze durch die Maxime des Despoten; entweder, je nachdem nun beide übereingekommen sind, desjenigen, dessen Untertan der Verletzer ist, oder jenes, der dem Verletzten gebietet; für den Fall insbesondere, wo von Verletzungen die Rede ist: und an eine Feststellung dieser Verhältnisse durch den Gesamtwillen ist so lange nicht zu denken, als derselbe noch beim Fürsten im Depot liegt.

Haben endlich, wie in unserm Falle, einige Nationen die republ., andere die despot. Form, und die Gesetze für jene Kollisionen sollen durch einen Söhnungsvertrag, der auf eine Verletzung der Urrechte der ersteren durch die letztere erfolgt, bestimmt werden, so ist, da hier für einen Völkerkodex nur eine einseitige Sanktion möglich ist, kein anderes Mittel übrig, als das durch die Läsion bekommene Recht des Verletzten: dem Verletzer ebenfalls ein Urrecht zu kränken, geltend und nun die Gesetze der republ. Staaten für die Untertanen der despot. in Kollisionsfällen verbindlich zu machen. Diese Maßregel wird noch überdem dadurch gerechtfertigt, weil erstlich die republ. Gesetzgebung auf die heiligen Rechte der Menschheit gegründet ist und dem Genius der Zeit sich anschmiegt, die Despot. europäische hingegen vor Jahrtausenden mit Hintansetzung aller dieser Rechte von einem Fremdling zusammengepfuscht wurde und überdem noch von der Laune des jedesmaligen Despoten abhängt; zweitens kein Untertan der R. s. sich über Zwang beklagen kann, weil ihm auch die Gesetze, denen er sich fügt, ohne seine Beistimmung aufgedrungen wurden, und er also bei der Wahl zweier gleich sehr aufgedrungenen Gesetzgebungen ohne Zweifel nach der besseren greifen wird, weil es endlich des Republikaners unwürdig wäre, in seinen Kollisionen mit Wesen tieferer Art als er selbst von den Machthabern derselben sich bestimmen zu lassen; der an Zwang gewöhnte Sklave es aber

gar nicht befremdend finden wird, hier wie immer einer Heteronomie zu gehorchen. Daraus entwickelt sich der

IX. Def. Art. für die desp. R. s. Kommen Bürger des N. s. oder
der rep. R. s. mit den Untertanen der despot. R. s. oder umgekehrt
diese mit jenen in oder außerhalb des Vaterlandes in Kollision, die
das Eintreten der Gesetze zur Entwicklung verlangen, so sollen in
jedem Falle beide Parteien nach den Gesetzen des freiern Staates
gerichtet werden, und zwar so lange, bis durch gemeinschaftliche
Übereinkunft ein Völkerkodex adoptiert werden kann.

Gehen wir jetzt zu den Verhältnissen des N. s. zu den rep. R. s.
und zur Bestimmung der davon abhängenden Beziehungen auf die
despotischen über.

Die Geschichte der Menschheit – ein Gemälde der Situationen,
in die der Mensch gekommen ist und kommen mußte, um das zu
werden, was er sein soll –, wird von zwei Hauptsituationen begrenzt, von denen sie und alle mit ihr verwandten Untersuchungen
ausgehen und auf die sie zurückkommen müssen.

Die erste – der sogenannte Naturstand, besser der Stand der Barbarei, der Anfangspunkt der Skala, die Menschheit in der Wiege
aufs höchste im Stande, mit Schlangen zu kämpfen, der Mensch
seiner inneren Würde nach zwar schon höheres, selbstgesetzliches
Wesen, seinem äußeren Betragen nach aber ein reißendes Tier, die
Sinnlichkeit roh und ungebildet, nach Laune die unterjochte Vernunft despotisierend, das Sittengesetz ungeachtet und unbefolgt,
die tierischen Kräfte, so ungeregelt sie sind, in vollem zerstören-
dem Spiel –; die zweite der Stand der höchsten Kultur, die End-
sprosse der Stufenleiter, die Menschenwürde in ihrer ganzen Majestät, das Sittengesetz auf dem Throne, die Sinnlichkeit mit ihren
Anmaßungen zurechtgewiesen, allseitig gebildet, aber dem unbe-
schränkt gebietenden Verstande untergeordnet; tierische Kräfte
unschädlich in ihrem Konflikte, das Reich des Geistes mit dem der
Materie harmonisch ineinandergeflossen.

Zwischen diesen beiden Grenzgebieten liegen nun alle unsere gesellschaftliche Verbindungen, jenem oder diesem näher, je nachdem das Kolorit der Tierheit oder das der Geistigkeit in ihnen prä-
dominiert. Gibt es aber nun keinen anderen Weg, sich aus jenem
verworfenen Zustand zum Gipfel der Humanität hinaufzuarbeiten
als den solcher abstufenden Assoziationen, und ist das Streben
nach Erreichung desselben unbedingte Pflicht für jedes vernünftige
Wesen, so hat auch jeder Mensch im Stande der Wildheit unbe-

ingte Pflicht, denselben mit dem gesellschaftlichen überhaupt zu erwechseln.

Im reinen Stande der Barbarei, der freilich in seiner völligen Abezogenheit nirgends existiert, kann der Mensch nur als rohe ormlose Materie betrachtet werden; der Barbar im Ideal handelt, veil er das Sittengesetz in keinem Falle anerkennt und dagegen loß den Instinkt zur Norm seines Betragens macht, als Tier und ann nicht fordern, von seinesgleichen oder einem Gebildeten seier Gattung anders als wie ein solches behandelt zu werden. Er leibt zwar auch noch in diesem Zustande, von Geburt aus, ein elbständiges Wesen; seine Urrechte inhärieren ihm noch immer ort, nur die Befugnis, dieselbe zum Präjudiz eines anderen geltend u machen, verliert er durch die beständige Disposition (die er, venn er auch wollte, doch wegen des Übergewichts und der fehenden Bildung seiner Sinnlichkeit, nicht einmal aufzuheben im tande wäre) auch seinerseits diese Ausübung bei andern zu hinern. Bei jedem Schritte, um den er sich dem Stande der Kultur näert, wachsen seine Ansprüche auf eine Schätzung und derselben emäße Behandlung als geistiges Wesen. Hat er sich endlich zum Jrbilde der höchsten Kultur hinaufgearbeitet, so wird er durchaus u keiner Zeit in keinem Falle von keinem Wesen, selbst die Gotteit nicht ausgenommen, in seiner Menschenwürde gefährdet weren dürfen.

Im Augenblicke, wo eine gewisse Anzahl nicht mehr rein bararischer, sondern durch glückliche Zufälle, unter einem milden Iimmel, eine vorteilhafte Anlage etc. etwas ausgebildeter Indiviuen den Entschluß fassen, einen Staat zu formen, in demselben Momente bildet sich aus dem Geistigen, das ihnen zum Anteil geallen ist, in ihrer Mitte eine moralische Einheit, eine Universalintelligenz. Dieser wird nun vom Gesamtwillen die Aufgabe vorgeegt: »einen Weg auszumitteln, um trotz des Widerstrebens der elbstsüchtigen Tierheit, trotz der Ungebundenheitsliebe jedes inzelnen, doch im ganzen durch künstliche Mittel die wechselseiige, im soeben verlassnen Stande der Barbarei suspendierte Ausbung der Urrechte aller zu sichern.« Die Disposition, diese Urechte einander zu verletzen, dauert auch nach dieser Willensäußeung – des geringen Stocks erworbener Humanität wegen – rößtenteils noch fort; jene plastische Universalintelligenz findet lso noch immer binnen ihres Wirkungskreises eine Menge beinahe oher Materie (tierischer, mit Kultur nur tingierter Menschen) vor

sich, auf die sie – um mich des Ausdrucks eines unserer scharfsi
nigsten Philosophen[10] zu bedienen, das Zueignungsrecht hat;
übt diese Befugnis nun aus, bildet sich diese Materie zu, formt
zu ihrem Zwecke, schließt sie in bestimmte Umrisse ein, und sow
diese Formation vollendet ist, bekommt der nun ausgebildete St
durch seine vorhergegangene Kraftverwendung auch das Eige
tumsrecht auf seine Untertanen. Denn wie jedes individue
geistige Wesen, so hat auch jener Staatsgeist das Recht, jede Ma
rie, die die Spuren seiner Kraftverwendung trägt, ausschließend
besitzen. Ein Untertan eines rechtmäßig organisierten Staat
würde also dies Urrecht desselben verletzen, wenn er sich oh
Einwilligung von ihm dem Verbande entzöge; er würde seine h
vorgebrachte Form, so viel an ihm liegt, zertrümmern und ihn m
hin in seinem Besitze kränken. Nur in dem Maße schwächer wi
diese, die Teile an das Ganze kettende Befugnis des Staates, als
Augenblick der Formation die Kultur der zu formenden Indi
duen beträchtlicher war, weil alsdann die zu verwendende Kraft
demselben Verhältnisse schwächer sein mußte. Sie verschwin
aber ganz, wenn jene dem Maximum von Kultur sich unendli
genähert hatten, weil alsdann der Aufwand von Kraft zur Festse
zung einer Form, in der die Ausübung der Urrechte Aller gesiche
wird, kleiner als von irgendeiner angeblichen Größe wird; inde
es bei einem solchen Grade von Bildung keinem einfallen wird,
Rechte des andern zu kränken; und mithin gar keine Formati
zur Sicherung derselben stattfindet.

Eben wie in diesem Falle findet auch bei jedem Grade von Bildu
jenes Eigentumsrecht nicht statt, wenn die Universalintelligen
durch Zwang oder sonst eine rechtswidrig eingreifende Ursac
gedrungen, entweder eine in sich unrechtmäßige Form (die ein
anderen oder gar entgegengesetzten Zweck hat, als die höhere K
tur der geformten zu befördern) oder doch eine solche, die in d
Händen derjenigen, die durch sie mit der obersten Gewalt bekl
det werden, gar zu leicht eine solche zweckwidrige Tendenz b
kommt, adoptiert.

In beiden Fällen aber tritt im Momente eines solchen Mißbrauc
gegen die, durch diese Formen aufgestellten Machthaber u
durch sie gegen den formenden Staat selbst von seiten ihrer Unte
gebenen das Vergeltungsrecht ein; jene verletzen die Urrechte di
ser, behandeln sie als Mittel zu ihnen fremden Zwecken; und die
können nun hinwiederum, wenn keine Reformen, um sie zufried

u stellen, vorgenommen werden, ein Urrecht derselben verletzen, ie der Ansprüche auf ihre Personen verlustig erklären, und sich rer Jurisdiktion entziehen.

Ebenso wie nun nach dem bisherigen ein rechtmäßig organisierter taat im Augenblick seiner Bildung, ein inneres Zueignungs-, und ach derselben ein inneres Eigentumsrecht auf seine Individuen ekommt, ebenso erhält er nach dieser Bildung ein äußeres Zueigungsrecht auf die ihn umgebenden Barbaren, und nach der Einerleibung derselben ein ebenso gegründetes Eigentumsrecht als vie das auf seine Urbürger. Er hat nicht nötig, hierzu eine Verletung abzuwarten[11]; schon die Maxime derselben, bloß ihren Voreil zur Richtschnur und die Befriedigung ihrer tierischen Gelüste ich zum Zwecke zu machen, ist Verletzung genug. Je kultivierter ber jene Fremdlinge sind, um so schwächer wird auch hier diese efugnis; sie verliert sich ganz in Beziehung auf reine geistige Ween oder auf Idealmenschen. Ebenso wird das Zueignen solcher och ungebildeten Sporaden eine unbefugte Anmaßung, wenn der doptierende Staat unrechtmäßig organisiert ist; und sein Eigenumsrecht wird das vor dem Richterstuhl der Moral ungültige echt des stärkern sein, wenn er sie durch seine Übermacht dazu ezwungen hat, seine illegale Form zu akzeptieren. Wenden wir as auf die Verhältnisse der Staaten selbst untereinander an.

Die Geschichte und die tägliche Erfahrung belehren uns, daß die Machthaber aller bisherigen Staaten beinahe ganz im Verhältnisse igentlicher Barbaren gegeneinander und zu ihren Untertanen steen. An der Idee des Völkerrechts, das sie aber in ein Despotenecht umschufen (und umschaffen mußten, wenn sie konsequent andeln wollten), um es dann unter dieser Travestation nur insoerne achten zu dürfen, als es die Beschönigungsgründe zu ihren echselseitigen unaufhörlichen Raufereien auf Kosten ihrer armen Archiven an die Hand gab: – an dieser Idee verriet sich zwar eine chwache Spur von aufkeimender Kultur, allein seit Jahrhunderten nd sie nun schon auf der einmal erreichten Stufe derselben stehen eblieben.

Das Pittsche Aushungerungsprojekt, die Teilung Polens und ehrere andere Vorfälle des letzten Jahrzehnts haben nur zu sehr ezeigt, wie weit sie in unseren Tagen darin vorgerückt sind. Bei olch einem matten, stellenweise ganz unterbrochenen Glimmen er Humanität war also der Gedanke an einen gesellschaftlichen erein im Großen phantastisch und, wie es schien, unanwendbar

in der wirklichen Welt, bis die Französische Revolution, die
manches Wunder gebar, auch die Realisation dieser Idee mögl
machte. Diese Umwälzung mußte durch die gesetzmäßigen, M
bräuchen weniger unterworfenen Formen, die sie der Fränkisch
und in der Folge mehreren anderen Nationen gab, durch die Mer
großer, bisher nur in einigen wenigen Köpfen stagnierender Ide
die sie allgemein in Umlauf setzte, durch den imponierenden Gla
der Taten des Normalstaats, in dem durch sie veranlaßten Krie
in allen dazu empfänglichen freigewordenen Völkern jene glüc
che Disposition hervorbringen, deren Dasein wir auch vorher
tig fanden, wenn Individuen die Stimme des Pflichtgebots hö
und aus dem Stande der Barbaren herausgehen sollen.

Da wird es dann Pflicht für Frankreich sein, diese Disposition
benützen, um eine Idee zu verwirklichen, die das Altertum ni
kannte; die unter allen Jahrhunderten nur das Neunzehnte aus
bildet sehen konnte und von der die deutsche Reichsverfassu
eine fratzenmäßige Darstellung ist, nämlich: die einer großen V
kerrepublik. Durch eine feierliche Proklamation wird es alle j
Nationen, die ihm ihre Freiheit zu verdanken haben, Nordamer
nicht ausgenommen, auffordern, mit ihm einen gesellschaftlich
Verein einzugehen und zu diesem Zwecke Repräsentanten zu
nennen, um auf einem allgemeinen Völkerkonvente die Urrec
der Staaten gegeneinander zu entwickeln; eine Völkerkonstituti
aufzustellen, in der eine der besseren jener vier oben angegeber
Regierungsformen zu Grunde liegt, die Gesetze des Konflikts
nes Staates mit ihm fremden Individuen zu bestimmen und endl
jenen oben nötig gefundenen Kodex für die Kollisionen versch
den gebürgerter Individuen zu entwerfen. Den Gesamtwillen al
Nationen wird dann eine Regierung handhaben, die sich aber
in einem (noch zu bestimmenden Falle) in die inneren Verhältni
der selbständig für sich immer noch fortexistierenden Staaten
schen darf; sonst ihre Jurisdiktion nur über die äußeren Bezie
gen erstreckt; das bisher herrschende Faustrecht bei den ihr unt
gebenen Völkern abschafft; statt desselben aber einen ewig
Gottesfrieden unter dem Zwang der Gesetze einführt und so
Menschheit goldene Tage verspricht. Auch dieser Ruhm war
also vorbehalten, große Nation! Wie Sparta einst Griechenland,
wirst du jetzt Europa von seinen Despoten befreien; mitten in d
barbarischen Völkerchaos wirst du der Freiheit einen Tem
gründen, wie sie noch keinen hatte; ein Riesengebäude, aufgetür

aus den Trümmern des Despotismus, vor dem selbst der stumpfe-
ste fühlloseste Sklave mit Ehrfurcht stehen bleiben muß. Kleinliche
Seelen! die ihr Frankreich höhnet, dann seht und staunt, was eure
Despoten seit Jahrtausenden zum Ruin der Menschheit ertrotzen
wollten – Vereinigung aller Nationen zu einem Gesamtwillen –,
das bewirkt dieser Staat durch Überredung und verbreitet dadurch
Segen über die Erde.

Da Frankreich nicht leicht Zwangsrechte in Rücksicht dieses
Verhältnisses auf die rep. R. s. ausüben wird, so kann im Friedens-
schema nur hypothetisch davon die Rede sein, und nun bekommen
wir den

VII. Def. Art. für die republ. R. s. Nach dem Abschluß des Friedens werden der N. s. und die rep. R. s. über die Formierung eines
Nationalkongresses zur Bildung einer allgemeinen Völkerrepublik
übereinkommen.

Ist die Forderung dieser Bedingung erfüllt und der Völkerstaat
einmal rechtmäßig gebildet, so hat dieser eben wie vorher jeder gesetzmäßig organisierte Staat auf das rohe Individuum auch seinerseits auf die in der Barbarei fortlebenden Staaten das Zueignungsrecht. Allein da diese Völker ihrer inneren, durch die Verfassung
sanktionierten Verdorbenheit wegen noch gar nicht zum gesellschaftlichen Leben taugen und sogar durch den geringen Bestand
dieser ihrer inneren Form den Bund mit beständigen Erschütte-
rungen bedrohen würden, wenn sie ja aufgenommen wären, so
wird der Universalstaat – da ohnehin der N. s. in seinem Namen
versprochen hat, sich in ihre inneren Verhältnisse nicht zu mischen –
sich begnügen müssen, abzuwarten, bis selbe sich von innen heraus ändern. Mögen sie sich bis dahin untereinander die Hälse brechen; sie wollen ja kein besseres Los.

In einem gesetzwidrig organisierten oder verwalteten Staate hat
nach unseren Vordersätzen jedes Mitglied die Befugnis, seinen
Vertrag mit demselben aufzuheben und sich von ihm zu trennen.

Wird nun in einem solchen das Gefühl dieser Gesetzwidrigkeit
so lebhaft, daß die Mehrheit in ihm jenes Recht reklamiert und sich
von demselben loszählt, so bildet sich die Stimme der öffentlichen
Opinion, die da sagt: »wir wollen diese Verfassung nicht mehr, laßt
uns eine andere wählen.« Diese auf Änderung gestimmte Majorität
bewirkt nun entweder durch Selbsthilfe und durch gewaltsame
Mittel die Beistimmung der Minorität (die ohngeachtet ihrer geringeren Zahl doch die Stärkere sein kann), und es entsteht eine

Revolution, oder sie erlaubt sich einen solchen Kampf von Bürger gegen Bürger nicht, ohngeachtet sie von seinem guten Ausschlag für ihre Partei gewiß zu sein glaubt, sondern begnügt sich, den benachbarten Völkerstaat zum Schiedsrichter zwischen sich und der weniger kultivierten Gegenpartei zu wählen. Dann wäre es Hochverrat an der Menschheit, wenn derselbe diese Zwischenkunft ausschlagen wollte; in beiden Fällen ist es unbedingte Pflicht für ihn, seinem Nachbar allen Vorschub zu tun, um ihn aus dem verworfenen Zustande zu heben, in den ihn seine Vormünder niedergedrückt hatten. Mit seiner Hilfe muß sich die Majorität sogleich auf einen gesetzmäßigen Fuß setzen, und nun wird die Minorität, die durch den Widerspruch gegen jene in den Naturstand zurücktrat, auch als Naturmensch behandelt, und vermöge des Zueignungsrechtes dem neuen Staate beigefügt werden können, der nun seinerseits wieder einen integrierenden Teil des großen Gebäudes, des Völkerstaates, abgibt. Da es den übrigen Despoten einfallen könnte, eine solche Aneignung zu hindern, so muß ihre gegenwärtige Ohnmacht benützt werden und der N. s. sich durch den Friedensvertrag gegen ihren möglichen Einspruch sicherstellen; und nun bildet sich der

X. Def. Art. für die desp. R. s. Wenn die öffentliche Opinion in irgendeinem despot. Staate entweder durch einen gewaltsamen Umsturz oder durch Anrufung der künftigen Völkerrepublik den Willen an Tag legt, ihre bisherige Form zu ändern, so versprechen die Machthaber der R. s., sich von dem Augenblicke an nicht mehr in die inneren Verhältnisse dieses Staates zu mischen und es dem Völkerstaate zu überlassen, sich mit der soeben entstandenen Nation auf einen gesetzmäßigen Fuß zu setzen.

Nimmt man in dieser Formel einen R. s. selbst als sich freimachend an, so liegt darin das Versprechen des oder der Despoten dieses Staates, vom Augenblicke der Aufsagung seiner Verhältnisse mit seinen ehemaligen Untertanen von Seiten derselben die Wiedereinführung dieser Verhältnisse auf keine Art zu erzwingen, sondern in den Rang eines selbst vom Gesetze abhängigen Staatsbürgers zurückzutreten.

Aus dem oben Entwickelten folgt nun endlich noch, daß jene Völkerrepublik nach Vollendung ihrer Form das Eigentumsrecht auf die ihr zugebildeten Staaten bekommt, mehr oder minder, je unbedeutender oder beträchtlicher im Augenblicke der Formation ihre äußere Kultur war; solange nämlich diese Form nicht an sich oder in ihrer Darstellung in der Sinnenwelt vom Gesamtzwecke abweicht. Ein Staat, der also die Gesellschaft verläßt, um isoliert für sich zu leben oder sich gar an die Despoten anzuschließen, wird daher mit Recht zur Rückkehr gezwungen werden können, und das zwar so lange, bis alle andere das Maximum von Kultur erreicht haben, indem alsdann gar keine gesellschaftliche Verbindung mehr nötig ist. Auf zweierlei Art wäre ein solches Losreißen erklärbar; entweder durch die bloße Laune des abtrünnigen Volkes oder bei Veranlassung eines inneren Formenwechsels, eines Zurückfalls in Despotie oder gar Anarchie. Im ersten Falle wird die Regierung des Völkerstaates den abgegangenen erst durch gütliche Mittel zurückzubringen versuchen; und wenn diese fruchtlos sind, mit allem Fuge zum Zwange schreiten können. Im zweiten Falle wird er jene Veranlassung wegräumen; er wird den oder die Usurpatoren wieder unter den Willen des Volkes beugen, über den sie sich gewaltsam hervorgeschnellt hatten; (denn es ist nicht denkbar, daß eine Nation, die einmal die Vorteile einer rechtmäßigen republ. Verfassung gekostet hat, wieder unter eine unrechtmäßige oder die Gesetzwidrigkeit begünstigende despotische, von freien Stücken sich schmiegen sollte) oder im Falle der Anarchie die Ursache derselben heben und das Reich der Gesetze wieder herstellen. Auch hier könnte es den Despoten, die nur gar zu gern im Trüben fischen, in den Sinn kommen, die Ausübung dieses Majestätsrechtes der Völkerrepublik zu hemmen. Der folgende Artikel wird dieser Anmaßung begegnen.

XI. Art. für die desp. R. s. Wenn mehrere Nationen künftig mit dem N. s. im Zustande der Gesetzmäßigkeit leben werden, eine oder mehrere derselben aber verwechseln diesen Zustand mit dem der inneren oder äußeren Gesetzwidrigkeit, so haben die übrigen Glieder der Gesellschaft das Recht, den oder dieselben durch alle ihnen vom Völkerrecht erlaubten Mittel wieder unter das Gesetz zurückzuzwingen, ohne daß die nicht verbündeten desp. R. s. darin Einspruch tun dürften.

Die bisherigen Bedingungen, besonders die zehnte, so hart sie auch im Ohre der Despoten und ihres Anhangs klingen mögen, folgen doch unmittelbar aus unseren Grundsätzen; und ein absolut siegender N. s. (wie ich ihn hier voraussetze) wird schlechterdings darauf bestehen müssen, um fürs künftige Szenen, wie die in Polen, zu hintertreiben, der politischen Hyder alle Hoffnungen zu benehmen das, was sie durch Gewalt nicht vermochte, durch Schikane zu bewirken und dadurch die Ruhe von Europa auf eine lange Zeit sicher zu stellen. Der Genius der Zeit läßt uns eine Reihe von Revolutionen erwarten, die mit Schnelligkeit einander folgen werden. Wenn nun die Verhältnisse der republ. Staaten mit den neugeborenen Nationen nicht zum voraus bestimmt werden, so wird eine traurige Kette nacheinander folgender Kriege, die nur mit der absoluten Ohnmacht der Despoten und ihrer Trabanten endigen würden, die Folge dieser Unterlassung sein; statt daß jene Bestimmung denselben sogleich einen Punkt anweist, dem sie sich nur anschließen dürfen, um gegen alle Gewalttätigkeit gesichert zu sein.

Der Reihe nach begegnen uns jetzt die religiösen Verhältnisse; gehen wir daher zu ihnen über.

So wie der Wohlstand jedes einzelnen, solange er in der Sinnenwelt existiert, der untergeordnete Zweck jeder politischen Verbindung mehrerer Menschen zu einem Staate ist, so ist Wohlstand der Seele, wenn sie die Sinnenwelt verlassen hat, Hauptzweck der religiösen Verbindung mehrerer Individuen zu einer Kirche. Diese betrachtet ihren Untertan nicht als Mensch, der da gehorcht, um seine Urrechte zu sichern, sondern als Geist, der glaubt, um selig zu werden; seine Vernunft soll er ihren Dogmen gefangen geben; seine Sinnlichkeit (sein Fleisch im neuern, sein Tier im ältern Sprachgebrauche) als ein Werkzeug des Teufels bekämpfen; aber, mag er daran noch so sehr arbeiten, wenn die Gnade von oben fehlt, so wird er nichts gegen den Dämon vermögen, der sein Eigentum verteidigt. Sündlichkeit von Natur ist seine Mitgabe; in der kirchlichen Gesellschaft und durch ihre Zwischenkunft soll er sie ablegen. Vor dem Eintritt in die Kirche, im religiösen Naturstande, sind alle Menschen Kinder der Hölle, Satans Leibeigne; ewige Verdammnis ist das Los, das ihrer wartet. Der Schrecken vor solch einer Zukunft läßt sie bald einen Vertrag mit derselben schließen; sie brechen mit ihrem bisherigen Lehnsmann, die Taufe besiegelt den Verein; sie treten in den Stand der Gesellschaft, ins Reich Gottes. Sie sind nun dem Rachen des Bösen einstweilen entrückt; aber ihres vorigen Gebieters immer noch würdig; sein Einfluß dauert ständig noch fort; wenn die Kirche nicht ins Mittel tritt, so nimmt er sie mitten aus der Herde wieder heraus; aber diese übernimmt jenen Stempel der Hölle, die Erbsünde, unkenntlich, um ihn zum würdigen Bürger des Himmels zu machen. Heiligkeit ist ihr Ideal; hat sie aus allen ihren Gliedern Heilige gebildet, dann ist ihr Zweck erreicht, der Stand der höchsten religiösen Kultur tritt ein, und die Gesellschaft zerfällt.

Die Kirche ist also ein völliges Analogon des Staates; sie hat eine oberste gesetzgebende Gewalt (Nomothesie), die, indem sie eine sogenannte Liturgie aufstellt, ihren Untergebenen vorschreibt: »das und nichts anderes sollt ihr glauben, so und nicht anders müßt ihr handeln, wenn ihr das Himmelreich erlangen wollt.« Die symbolischen Bücher sind die Niederlage der Pflichten, die sie auflegt. Unter den Namen Dekretalen und Kanonen enthalten mehrere Sammlungen den Kodex ihrer Gesetze. Vermöge derselben Analogie wird die höchste Gewalt wieder unter eine Einheit, eine Vielheit oder eine Allheit verteilt sein. Sie inhäriert entweder unzerlegt oder in eine legislative und exekutive Gewalt zersetzt. Da die Kirche nur Geister, die durch die Gnade von oben erleuchtet werden, als ihre Untertanen zählt, Geister aber nur mit moralischem, nicht physischem Zwang gezwungen werden können, und nun kein Mensch moralischen Zwang auf den andern ausüben kann, so kann auch die sichtbare Kirche auf Erden die exekutive Macht nicht ausüben; sie muß selbe höheren Wesen überlassen, und jede reine rechtmäßige Kirchenverfassung muß transzendent sein, aus demselben Grunde, warum eine reine Staatsverfassung dies nicht sein darf. Ihr Direktorium ist die Dreifaltigkeit; ihre Agenten Teufel, Engel und Heilige; ihr Hochgericht die Hölle; die Vorhölle ihr Tomi (Verbannungsort Ovids am Schwarzen Meer, d. Hrsg.), das Fegfeuer ihre Bastille; im Paradiese verteilt sie Pfründen und bildet dort aus ihren Getreuen der Gottheit einen Hofstaat und ihre Minister.

Nimmt sich also die Kirche heraus, die exekutive Macht in die Hände eines oder mehrerer Menschen zu legen, so handelt sie despotisch; ihre Anmaßung ist unstatthaft, die Form nichtig. Der Katholizismus, in diesem Geiste aufgebaut, ist daher gesetzwidrig und unhaltbar. Ein Papst als Universalmonarch steht mit Unfehlbarkeit ausgerüstet an der Spitze eines ungeheuren Staates, dessen Provinzen er durch seine Prokonsuln und einen schwarzen Adel nach den Grundsätzen des Feudalsystems beherrschen läßt; in allen Städten liegen seine Garnisonen, die mit Feuer und Schwert die Regierungen des Untersuchungsgeistes zurückdrängen, indem sie eben wie die politischen Söldner durch den Zölibat genauer an sein Interesse gefesselt sind. Scheiterhaufen lodern hoch auf, wo der gesunde Menschenverstand sich nur blicken läßt, Dummheit und Aberglauben sind die Grundpfeiler der Gesellschaft. Wehe dem, der sie wankend machen will? Seine Macht verhält sich nach dem eigenen Ausdruck eines dieser Despoten zur politischen wie die Sonne zum Monde, also wenn man das Verhältnis ihres Lichtes zum Maßstabe nimmt, wie 300000:1. Nur bisweilen versammeln sich seine Magnaten – das im Kleinen, was er selbst im Großen –, um, wenn er ihnen zu mächtig wird, seine Unfehlbarkeit mit der ihrigen zu durchkreuzen; allein vom heiligen Geiste bestochen, geben sie bald den lächerlichen Anblick eines englischen Parlaments. Als Mandatarius des Himmels vermag er noch Jahrtausende nach dem Tode seines Untertans auf denselben zu wirken und ihm unendliche Seligkeit auf die schrecklichsten Qualen zu bereiten; er würde mit Weltkugeln spielen, wie er mit Weltteilen gespielt hat, wenn die Natur nicht unermeßne Räume, die selbst seine Allmacht nicht zu durchdringen vermag, zwischen sie gesetzt hätte. – Das sind die Folgen einer Kombination, die leider im Laufe der Dinge einmal existiert hat, und noch jetzt, freilich nur wie ein Alp, die Welt drückt; von der die Definition des heiligen Cyprians von der Kirche überhaupt – »est Plebs Sacerdoti adunata« (– »Das Volk ist dem Priester verbunden« Übers. d. Hrsg.) – im eigentlichen Sinn gilt.

Wer nicht glaubt, der wird nicht selig; der Schismatiker und Apostat sei verflucht und exkommuniziert, sagt die Kirche, sie hat also die richterliche Gewalt,[12] aber sie darf ihre Urteile nur sprechen, ihre Ansprüche aber auf dieser Welt nicht geltend machen, oder sie versündigt sich am Staate. Als das Konstanzer Konzil die Schismatiker Huß und Hieronymus von Prag verbrannte; als die Inquisition Myriaden von Ketzern auf dem Scheiterhaufen briet und beide glaubten, »das sei Wohlgeruch in der Nase des Herrn« da machten sie sich des Verbrechens der beleidigten Menschheit schuldig, sie schreit Weh über die blutdürstigen Henker.

Staat und Kirche, beide im reinen Sinne, haben daher gar keine Verhältnisse zueinander: das Gebiet des ersten ist Endlichkeit, das der zweiten Ewigkeit; der eine ist durch das Gesetz der Schwere an die Erde geheftet, die andere geht durch alle neun Himmel. Nur durch den Mißbrauch ihrer Macht, durch unbefugte Erweiterung ihrer Gerichtsbarkeit kommen beide in Beziehungen, die also mit dem Zurückgehn in ihre Naturgrenzen wieder aufhören. Die Wirkungsräume beider Mächte hingen nämlich von einer Seite durch einen großen Isthmus zusammen, weil ihre Machthaber Menschen sind, die sich wechselseitig die Ausübung ihrer Rechte und Befug-

...isse erschweren oder gar unmöglich machen können. So kollidiert [d]ie Kirche zum Nachteil des Staates, wenn sie Gesetze aufstellt, die [d]em Zweck des Staates entgegenlaufen. – Sie ist in dieser Hinsicht [d]em Naturrechte gemäß dem Veto desselben untergeordnet; ihre [V]erordnungen müssen, ehe sie Gültigkeit erlangen, erst seine [S]anktion (Placetum regium! – »Genehmigung des Staates«, Übers. [u. Hrsg.) erhalten, er kann die schon gegebenen revidieren und sie, [w]enn sie sich mit seinen Grundsätzen nicht vertragen, verwerfen. [D]ie Kirche überschreitet ferner ihre Grenzen, wenn sie peinliche [J]ustiz auf ihre Mitglieder ausübt, wenn sie den vom Staate verfolg[t]en und geächteten Verbrechern Asyle innerhalb ihrer geweihten [Ö]rter anweist; wenn sie Krieger von Profession, als untergeord[n]ete Machthaber ihres hierarchischen Beherrschungssystems, auf[st]ellt – sei es, um Ungläubige zu bekriegen, Ketzer auszurotten [o]der ihren Glauben zu verbreiten –; endlich wenn sie sich anmaßt, [li]egendes Eigentum im Staate zu besitzen. Jeder, der eine rohe Ma[te]rie okkupiert, um sie zu formen und dadurch zu seinem Eigen[tu]me zu machen, tut das nicht als Mitglied oder im Namen einer [tr]ansterranischen Gesellschaft, sondern als Mensch vermöge seiner [U]rrechte. Wird er also Bürger, so wird er samt seiner Akquisition [E]igentum des Staates; der Kirche gibt er nur seine Seele, um sie se[li]g zu machen. Hat die Kirche sich aber mehr angemaßt, so ist die [R]eklamation des Staates noch nach Jahrtausenden gültig; er tritt [in] sein Eigentum ein und muß sich nun mit denjenigen, die im [G]lauben auf das Fundament der kirchlichen Rechte ihre Kräfte auf [di]e Materie verwandten, abfinden: eine Erörterung, die bloß die [in]neren Verhältnisse eines Staates zu seiner Kirche betrifft und also [ni]cht weiter vor unser Forum gehört.

[D]er Staat lädiert die Rechte der Kirche, wenn er sich in ihre innere [O]rganisation, insofern sie neben der seinigen bestehen kann, ein[m]ischt; wenn er ihrer gesetzgebenden Gewalt illegale Fesseln an[le]gt, wenn er durch gewaltsame Mittel ihre Existenz antastet [u]sw.

[U]m nach diesen Vordersätzen auf die Bestimmung der äußeren [B]eziehungen des N. s. zu den fremden R. Kirchen, die allein unsers [A]mtes ist, zurückzukommen, so erhellt – da im Friedensvertrage [b]loß die Demarkationslinie zwischen jenem Staat und ihm stati[st]isch (hier: rangmäßig, d. Hrsg.) fremden Kirchen gezogen wer[d]en soll – erstens, daß der N. s. gegen die Kirchen des despot. und [d]er rep. R. s. und der politischen Gesellschaften der ersteren gegen

die religiösen der zweiten und hinwiederum gar keine Verhältni
haben, solange die letztern nämlich die Grenzsteine der erste
nicht verrücken. Ein solches Versetzen aber, wo es statt hat, ka
auf zweierlei Arten geschehen; entweder durch widerrechtli
Schlüsse des ganzen Universalkirchenstaates, und diese kann
Staat verwerfen, wenn er sie für seine Form und seinen Zweck
passend findet, oder zweitens durch solche unrechtmäßige E
griffe von Seiten einer in statistischer (hier: rangmäßiger, die Hrs
Hinsicht ihm fremden Univ. kirchenprovinz, indem sie über ei
Teil seiner Bürger die gesetzgebende Gewalt ausübt. Der Staat
nicht bloß berechtigt, die Angriffe dieser zweiten Gattung auf se
Majestätsrechte abzuwehren, sondern er ist nicht einmal verb
den, eine solche Heteronomie anzuerkennen. Wenn Staat und K
che aus denselben Subjekten zusammengesetzt sind, so kann ers
rer dafür sorgen, daß die andere mit der Aufklärung des Zeitalt
ziemlich gleichen Schritt halte. Das wird aber ganz und gar ni
der Fall sein, wenn derselbe Mensch als Erdenbürger einem fre
Staate angehört, als Himmelsbürger aber einem despotischen
geordnet ist, dessen Machthaber in ihrem blinden Glauben s
dem Strom des Verderbnisses entgegensetzen zu müssen glaub
und, wenn ihr Bemühen auch fruchtlos ist, doch wenigstens hin
dem Jahrhundert zurückbleiben und am Ende mißliche Kollis
nen zwischen Staat und Kirche veranlassen. Um diesem vorzube
gen, hat also der Staat das Recht (da ohnehin durch die Ausübu
desselben die Kirche überhaupt nicht gekränkt, sondern nur i
Departementaleinteilung geändert wird), von den Machthabe
statistisch fremder Kirchen diese Entsagung ihrer gesetzgebenc
und richterlichen Gewalt über einen Teil seiner Bürger zu verl
gen. Dies mit dem obigen zusammengenommen gibt den

XII. Def. Art. für die desp. R. s. Der Papst gesteht im Namen
Kirche dem N. s. und den rep. R. s. das Veto in Rücksicht a
schon gegebenen oder noch zu gebenden Gesetze, die ihrem F
vat- oder Gesamtzweck entgegenlaufen, zu; diese machen sich a
hinwiederum anheischig, dasselbe sowie ihre Macht überhau
nicht zur Kränkung der gegründeten kirchlichen Gerechtsamen
mißbrauchen. – Die geistlichen Machthaber aller Regulativkirch
entsagen ihrer Gerichtsbarkeit und allen damit verknüpften Re
ten und Besitzungen über die Untertanen des N. s. und der r
R. s., diejenigen mit einbegriffen, die diese Gesellschaften währe
des Krieges sich angebürgert haben. Dieselbe Verzichtleistung

agegen auch die Kirche des N. s. und der rep. R. s. in Rücksicht
er desp. R. s.

VIII. Art. für die rep. R. s. Die geistlichen Machthaber jedes pa-
iszierenden Teiles oder die weltlichen in ihrem Namen tun wech-
elweise Verzicht auf ihre kirchlichen Gerechtsame auf die Bürger
es anderen.

So wichtig die geometrische Abrundung der Staaten für die Ruhe
er Länder ist, ebenso wichtig ist die durch die obigen beiden Arti-
el mit ihr in Verbindung gesetzte religiöse für den ungehinderten
ortgang der Aufklärung. Jene Stipulationen werden also nicht für
ußerwesentlich angesehen werden dürfen. –

Was nun das religiöse Verhältnis der Individuen eines Staates zu
iner ihm geographisch oder spezifisch fremden Kirche betrifft, so
ieht man leicht, daß dies nicht anders als verneinend sein kann.
eine Kirche soll sich anmaßen, einen Fremden in der Ausübung
er Pflichten, die ihm die seinige auflegt, solange diese nur der Mo-
alität und dem Gesamtzweck nicht entgegenlaufen, zu hindern.
st dies letztere aber der Fall, so hat der Staat des in seinen Urrech-
en gekränkten die Pflicht, selbe zurecht zu weisen. Die Bestim-
nung dieses Verhältnisses gehört also nur insofern in den Frie-
ensvertrag, als die Möglichkeit eines solchen Mißbrauchs durch
hn abgeschnitten werden soll. Nur der fremde religiöse, eben wie
er politische geheime Proselytenmacher (Loyalist und Lojolaist)
ann keinen Anspruch auf diese Toleranz machen. Dieser setzt
ich nämlich in den Mittelpunkt eines Systems von Anhängern, de-
en er sich als Werkzeug bedient oder doch bedienen kann, um die
Gesellschaft meuchlings anzufallen; diese kann ihn also auch sei-
em Gewerbe gemäß behandeln und ihn mit allen Zwangsmitteln,
ie ihr zu Gebote stehen, an der Ausführung seiner Projekte hinern. Verfährt er in seinen Bemühungen aber öffentlich, dann ist
ie Kirche zwar auch gegen ihn in den Stand der Notwehr versetzt;
llein er ist in diesem Falle ein Feind im offenen Felde, sie darf ihn
ur mit denselben Waffen bekämpfen, womit er angreift: mit
Gründen oder mit physischen Kräften, je nachdem auch er sich der
inen oder der andern bedient oder zu bedienen Miene macht. Mit
ieser Einschränkung erhalten wir den

XIII. Def. Art. für die desp. R. s., IXter für die rep. R. s. Alle welt-
iche und geistliche Machthaber jedes paziszierenden Staates ver-
prechen die Bürger der andern, in der Ausübung ihrer religiösen
flichten, wenn diese nur nicht mit dem Sittengesetze oder dem

Staatszweck im Widerspruche stehen, nicht zu hindern, noch sel
in ihrem Wirkungskreise gewaltsam zu stören, solange sie nicht a
anderen Wegen, als dem friedlichen der Publizität, Proselyten
machen suchen.

Da jede Kirche die richterliche Gewalt auf ihre Genossen ausü
so kommt bei den Kollisionen zweier Bürger verschiedener K
chen die Frage zurück: welcher von beiden Gesetzgebungen
kollidierenden Parteien beiderseits gehorchen müssen. Allein die
Bestimmung gehört nicht vor den Richterstuhl des Staates; er
einen Eingriff in die Befugnisse der Kirchen, die allein ihre Ve
hältnisse untereinander bestimmen können, wenn er sich dam
abgibt. Mögen also damit unsere Theologen nach Belieben sch
ten, wir befassen uns nicht mit ihren Spinnwebziehereien.

Da endlich die Keime zu einem religiösen Völkerstaate (in de
nämlich nur die von Rousseau sogenannte Religion des Mensch
herrschend, die praktische Vernunft allein gesetzgebend ist)
Frankreich und allen rep. R. s. noch unbeträchtlich sind, die po
tische Aufklärung durch schnelle Stöße, die religiöse aber in eine
schleichenden Tempo fortrückt, politische Revolutionen dah
den religiösen immer voreilen und sonach die der Völkerrepubl
zugebildeten Völker auch ohne Schwierigkeit jenem religiös
Bunde sich einverleiben, wenn einmal die Stunde dazu geschlag
hat, so wäre es überflüssig und nutzlos, wenn der N. s. etwas üb
die künftigen religiösen Verhältnisse zu den despot. reg. Kirche
wie vorhin zu denselben Reg. staaten, bestimmen wollte. Wir g
hen daher ohne weiteren Eingang zu den merkantilischen Verhä
nissen über.

Handel schlechthin in der Theorie ist die Bestimmung der Ve
hältnisse des disponiblen Eigentums (der Ware, sie sei nun ein Pr
dukt der Industrie oder der Kunst) eines Individuums zu dem ein
andern. Wird diese Bestimmung zugleich mit der wechselseitig
Veränderung der Proprietärverhältnisse der Ware zum Eigentüm
verbunden, so entsteht Handel in praxi. Jener Handel ist Tausc
handel, wenn beide Glieder des Verhältnisses Waren sind; Gel
handel, (nicht Goldhandel, der zum Tauschhandel wird, wenn d
Staat Gold und Silber zur Ware erklärt) wenn sie gar keinen od
doch unverhältnismäßig geringen inneren, (in unmittelbarer B
ziehung auf die Bedürfnisse der Menschen) hingegen einen groß
konventionellen Wert haben; Handel im engeren Sinne, wenn e
Glied eine Ware, das andre aber ein solches imaginäres Surroga

endlich Menschenhandel, wenn derselbe ein Untertan der handelnden oder jeder anderen wie immer gefärbten Nation ist. Die Verhältnisse zwischen Ware und Ware, Geld und Geld oder Ware und Geld, d. i. die Preise, sind also die Gesetze oder besser Maximen des Handels, die also mit Zeit und Ort variieren und vom Verhältnisse der Geldmenge zur Warenmenge und der größeren oder geringeren Seltenheit eines von beiden abhängen.

Eine Menge Individuen, welche die nämlichen Maximen anerkennen, bilden eine Handelsnation, die wegen des geringen Umfanges, in dem eine und dieselbe Maxime herrscht, nur eine verhältnismäßig geringere oder größere Zahl von Subjekten und ein weiteres oder engeres Terrain begreift (hier: umfaßt, d. Hrsg.), je mehr oder minder Flüsse, Meere, Kanäle, Landstraßen den wechselseitigen Verkehr erleichtern. Es gibt daher gar keine große Handelsnation, und eben dieselbe politische zerfällt in eine ungemeine Menge kleiner Handelsstaaten, deren jeder andre Gesetze anerkennt und sich keiner obersten Gesetzgebung (im Geldhandel etwa zum Teil ausgenommen) zu unterwerfen gezwungen ist. –

Das erste merkantilische Verhältnis, das uns nun aufstößt, ist das zwischen eigentlichen Staaten, wenn sich nämlich einer derselben herausnimmt, den Verkehr der ihm zugeteilten Handelsnationen auf Kosten der allgemeinen Handelsfreiheit (die als ein Urrecht des Menschen nicht verletzt werden darf) fremder Staaten zu erweitern und sich seiner bewaffneten Macht bedient, um eine gewisse Superiorität auf den Meeren zu behaupten. Solche Anmaßungen sind nichtig und dem Völkerrechte zuwider. Da sie aber mehr als einmal Europa mit Blut überschwemmten, so wird es nicht außerwesentlich sein, auch diesem Unfug hier vorzubeugen: dafür sorgt der

XIV. Def. Art. für die desp. R. s. Die politischen Machthaber der desp. R. s. versprechen, die allgemeine Freiheit des Kommerzes des N. s. und aller rep. R. s. nicht im mindesten (es geschehe denn durch gemeinschaftliche Übereinkunft) einzuschränken, noch ihre Flaggen zu insultieren. Eine völlige Gleichheit soll auf allen Meeren herrschen. – und der

Xte Def. Art. für die rep. R. s. – Freiheit, Gleichheit, Brüderschaft unter allen Handelsnationen der künftigen Völkerrepublik.

Ist uns aufgegeben, einer Menge Individuen eine freie rechtmäßige merkantilische Form zu geben, so wird das auf folgende Art geschehen müssen. Erstens nach dem Prinzip der Freiheit; jedes Individuum hat das Recht, die Handelsmaximen theoretisch im-

mer, die Verhältnisse der Ware zu ihren Eigentümern aber nur
dann, wenn er einer derselben ist oder von dem Besitzer den Auf-
trag dazu hat, zu bestimmen; zweitens nach dem Prinzip der
Gleichheit, keiner kann dem Handelsbürger eine Maxime aufdringen, ohne daß dieser sie nicht hinwiederum gegen ihn geltend machen könnte; endlich drittens nach dem Prinzip der Abhängigkeit
jeder Bürger ist dem Gesamtwillen untergeordnet. Das erste verbietet alle Kauf- und Handwerksgilden, die den übrigen Teil der
Nation als Laien ausschließen; das zweite alle Monopolien, die je
dem Bürger Zwangsgesetze auflegen, ohne daß die Begünstigter
von ihm wieder darunter gebeugt werden könnten, wenn es ihn
etwa einfiele, mit denselben Waren zu handeln; das dritte endlich
gibt der Nation die legislative Macht. Dies übt sie dann nun entwe
der in Masse aus und durch die wechselseitige Konkurrenz, bei
sich die Ausbrüche der Habsucht gegenseitig aufheben, bestimm
sich der Marktpreis als augenblickliche Norm des Wechselver
kehrs; oder sie überträgt es einem oder mehreren, gemeiniglich der
Machthabern des politischen Staates als Repräsentanten, und dies
bestimmen dann das Maximum.[13]

Die einzige Funktion der exekutiven Macht ist der Handel i
praxi. Daher erhellt fürs erste, daß, da zu jedem solchen Hand
in praxi wenigstens zwei Handelnde gehören, eine Allheit also we
der mit sich selbst und auch nicht mit einem ihrer Teile handel
kann, wenn sie Allheit bleiben soll, überdem eine Handelsnatio
als Einheit nur selten disponibles Eigentum (wie etwa einige afr
kanischen Völkerstämme ihre Gummiwälder) besitzen; – sag ic
daß beim inneren Handel die eigentliche demokratische Form g
nicht, beim äußeren aber nur in einigen wenigen Fällen und bei
nem gewissen tieferen Grad von Kultur stattfinden kann. Ferne
wird auch die despotische (wo ein Mensch mit Ausschluß aller a
deren allein den Handel der ganzen Nation als oberster Gesetzg
ber und Exekutor führt) zwar stattfinden können, wird aber wo
nie in ihrem ganzen Umfang stattgefunden haben. So wird also n
die polyarchischdespotische, wo gesetzgebende und ausübend
Macht in den Händen einer privilegierten Kompagnie sind, und d
polyarchischdemokratische, wo die erste allen, die da hande
können, die letzte aber nur allen, die wirklich handeln, inhärie
mit allen ihren Zwischenstufen im gemeinen Leben Anwendu
finden.

Sollen nun wieder mehrere Handelsnationen zu einem groß

Völkerstaate verbunden werden, so gibt es aus demselben Grunde wieder nur zwei Arten, nach denen dies möglich ist, und zwar: a) mehrere polyarchischdespotische oder demokratische Handelsstaaten sollen nach der ersten Form verbunden werden; b) mehrere pol. desp. oder dem. H. s. sollen nach der letzten Form verbunden werden.

Bei der ersten dieser beiden Verbindungen müßten die Machthaber eines Handelsstaates oder mehrere derselben, in einem politischen vereinigt, die Selbständigkeit aller andern verschlingen, ihre Willkür dominieren, alle Schätze der Welt in dem Tempel ihres Mammons zusammenfließen, alle Industrie sich bloß bei ihnen konzentrieren; die ganze Nation würde zur Gilde, alle andere sänken zum Pöbel herab, der sich von dem übermütigen Geldadel hudeln lassen müßte, der abgefeimteste Luxus bei den Tyrannen im Kontraste mit der dumpfesten Abspannung aller Kräfte bei den Sklaven, ungeheures Sittenverderb, Tod aller Humanität: das wären die unseligen Folgen eines Systems, dessen Realisierung der stolze Pitt ambitiierte (anstrebte, die Hrsg.), und die den Genius der Menschheit, wenn ihm die Wahl zwischen demselben und einer Universalmonarchie oder Hierarchie freigestellt würde, unschlüssig ließe, wonach er greifen sollte.

Beim zweiten Falle müssen die Nationen oder ihre merkantilische Machthaber oder beide zusammen nach dem Prinzip der Freiheit sich wechselweise ganz uneingeschränkten Handel zugestehen; zweitens, nach dem Prinzip der Gleichheit, ist keine verbunden, sich einem Monopol der andern zu unterwerfen, wohl aber beide nach dem der Abhängigkeit gewissen Maximen, die aber konventionell sein müssen.

Ein republ. N. s. kann schlechterdings keinen Beruf in sich fühlen, mit seinen Nachbarn in jene despotischen Verhältnisse zu treten: noch weniger dieselben unter den verschiedenen Handelsstaaten, die seine Gesamtheit ausmachen, einzuführen. Da aber beidemal doch unumgänglich Verhältnisse[14] stattfinden müssen, wenn der Handel nicht ganz unterbleiben soll, so bleibt nichts übrig, als den Handelsnationen der besiegten R. s., wie vorhin die Gesetzgebung des N. s., so auch hier jene zweite Organisierungsart aufzudringen. Da bilden denn zuerst eine Menge politisch verwandter Handelsnationen einen republikanisch-merkantilischen Völkerstaat, der sich dann auf andere benachbarte, ihm politisch fremde Handelsstaaten – die nichtsdestoweniger in ihrem Innern die despotische

Form behalten können – erstreckt und endlich eine merkantilische
Universalrepublik bildet. Folgender Artikel legt den Grundstein
zu diesem Verein.

XV. Def. Art. für die desp. R. s. Der N. s. und die rep. R. s. gestat
ten im Namen ihrer Handelsnationen den Untertanen der desp
R. s. uneingeschränkten freien Handel mit allen Handelsstaaten de
Mutterlandes und ihren Kolonien; dagegen verstatten die despoti
schen R. s. hinwiederum den Bürgern des N. s. und der rep. R. s
eben diesen Handel mit ihren Untertanen. Keiner der paziszieren
den Teile ist dabei verbunden, das Monopol einiger Machthabe
des andern anzuerkennen.

Für die rep. R. s. enthält der zehnte für sie bestimmte Artikel die
Förderationselement. –

Diesen Bedingungen gemäß entsagt also England seiner Naviga
tionsakte in bezug auf die freien Staaten; zwar ein hartes Opfer
weil sie bekanntlich unter allen Ursachen am meisten dazu beitru
Englands Handel auf jene Höhe zu bringen, auf der derselbe jetz
glänzt –, das dieser Staat aber der Menschheit für alle die mannig
faltigen Übel, die er ihr zufügte, schuldig ist. Die Worte: am me
sten begünstigt – am wenigsten begünstigt, werden aus der Han
delssprache verschwinden; Portugal wird aufhören, bloß Englan
Spekulationen ausschließlich offen zu stehen; Spanien wird sei
bisher so eifersüchtig bewachten Kolonien der Industrie und d
Konkurrenz der europäischen Republiken öffnen; Holland sei
Molukken dem allgemeinen Verkehr aufschließen; die Arroga
des britischen Neptuns aufhören, und somit in zwei Artikeln d
simpelste und bestmöglichste Handelstraktat mit dem Frieden z
gleich geschlossen. Nach dem bisher gewöhnlichen Verfahren b
hielt man sich freilich diese Abschließung bis nach der des Friede
vor, um Zeit zu gewinnen und darauf sinnen zu können, wie ei
Partie es anfangen müsse, um durch verfängliche Artikel die ande
auf die lukrativste Art zu überlisten und die Vorteile des Trakta
bloß auf sich zurückfließen zu machen: allein das sind egoistisc
Kunstgriffe, die einer republikanischen Regierung unwürdig sin

Wie lange wird man wohl noch zögern, die liberalen Grundsätz
die man in der Politik schon als allgemein gültig anerkennt, au
für den Handel geltend zu machen. Eine Regierung, die als solc
gar keine unmittelbare Jurisdiktion über die ihr zugeteilten Ha
delsnationen hat, verbietet diesen Nationen, gewisse Produk
(hier ist nur von den entbehrlichen die Rede) auszuführen, oc

was noch schlimmer ist, sie gebietet den Handelsnationen eines fremden politischen Staates, gewisse andere Produkte nicht einzuführen, und zwar unter dem nichtigen Vorwande, dadurch die inländische Industrie zu beleben. Allein man bedenkt nicht, daß eben dadurch diese Industrie in den engen Kreis ihres Geburtsortes gebannt wird, da nun auch ihrerseits jede ausländische Nation diesen oder wieder anderen Waren den Eingang versagt. Freilich wird bei dem gegenwärtigen Falle der größte Vorteil auf der Seite der rep. Staaten sein, weil ihnen alle desp. R. s. offen stehen, diesen aber nur Frankreich, Holland, Italien mit ihren Kolonien. Allein dieser Verlust wird sie bewegen, nun auch ihrerseits dieselben Verhältnisse einer allgemeinen merkantilischen Freiheit und Gleichheit untereinander eintreten zu lassen und so einen großen kaufmännischen Völkerstaat als Vorläufer des großen politischen zu stiften, bei dem sich der Handel gewiß besser befinden wird als bei den bisherigen engbrüstigen und verkümmerten Grundsätzen eines alles nur auf sich beziehenden merkantilischen Egoisms.

Die Anmaßung, ein selbständiges Wesen – sei es nun ein Weißer oder Schwarzer – als eines der Glieder der Handelsverhältnisse aufzustellen, hat von jeher auf Humanität einen so äußerst verderblichen Einfluß gehabt, daß die Fränkische Nation sich unendlich um die Menschheit verdient machen würde, wenn sie die gegenwärtigen Konjunkturen dazu benützte, dieselbe von solch einer Geißel zu befreien, da die Staaten noch nicht Moralitätsgefühl genug geäußert haben, um sich von freien Stücken dazu zu bequemen. Es wäre daher dem reinsten Kosmopolitism, den jede brave Nation als Nationaltugend besitzen muß, gemäß noch folgende Nebenbedingungen einzuschalten.

Alle Machthaber der R. s. versprechen künftig weder ihre noch die Untertanen eines andern, auch außereuropäischen Staates, zum Gegenstande eines menschheitschändenden Handels zu machen.

Die Aufstellung dieser Bedingung ist freilich kein Gebot der Pflicht, sondern nur eine Handlung der Tugend, und für diese getraue ich den Machthabern Frankreichs Gefühl genug zu, um erwarten zu können, daß sie dieselbe nicht vernachlässigen werden, da ja ohnedem England in seinen vorigen Friedensvorschlägen auf die Festsetzung eines Systems für die Kolonien antrug. Der Menschenfreund wird dabei bedauern, daß Hessen, von jeher die Bude des weißen Menschenhandels, ohne diese Bedingung den Frieden erhielt.

Intellektuell nenne ich die Beziehung zweier Nationen als Gesellschaften nach einem gewissen Prinzip geordneter rationeller Wesen, die nach Wahrheit und Aufklärung ringen. Dies Prinzip ist republikanisch, wenn einmal jedes Glied jener Gesellschaft die Freiheit hat, auf seinem Wege Wahrheit aufzusuchen und die gefundene mitzuteilen, ohne von einer höhern Macht, die ihm ihre Überzeugung aufdringen will, ohne die seinige gelten zu lassen, darin kontrolliert zu werden, und dann, wenn alle die Verstands- und Naturgesetze als höchste Instanz anerkennen. Despotisch ist das Prinzip, wenn eine besondere gelehrte Kaste des Staates allein die gesetzgebende, ausübende und richtlicher Gewalt hat und sich über jene höchste Instanz hinaussetzt. So war und ist es noch beinahe bei allen alten und neueren Nationen des Orients; Ägyptens Priester, Indiens Braminen, Chinas Mandarinen hatten allein echte probehaltende Wahrheit in ihren Comptoiren (Kontoren?, d. Hrsg.). Spuren derselben finden sich auch bei uns in den kritischen Tribunalen Englands, den Bücherinquisitionen Österreichs, dem der Aufklärung in allen Ländern entgegenstrebenden Despotismus der Pfaffheit, der Verketzerungssucht der Obskuranten und Jesuiten, den russischen literarischen Auto da Fe's; dies ausgenommen, nähern sich alle Nationen Europas so ziemlich der ersten Form.

Auch hier läßt sich ein literarisch republikanischer Völkerstaat bilden, dessen Entstehung bloß die düstere Politik der lichtscheuen politischen und religiösen Machthaber hindern könnte; diesem Hindernisse muß daher durch den allgemeinen Frieden vorgebeugt werden. Der folgende Artikel ist dazu bestimmt, selbe wegzuschaffen.

XVI. Def. Art. für die desp. R. s. XI, für die rep. R. s. Die unterhandelnde Parteien versprechen, das literarische Kommerz ihrer Nationen nicht zu erschweren oder gar zu verhindern und dem Strome der Aufklärung aus einem Lande in das andere wechselseitig freien Lauf zu lassen.

Aus der Erörterung des Individualverhältnisses folgt als nähere Bestimmung des vorhergehenden

XVII. Def. Art. für die desp. R. s. XII. für die rep. Jedes Individuum des N. s. so gut als der rep. R. s. kann in den desp. R. s. durch den Weg der Publizität so viel Aufklärung verbreiten, als es für ratsam findet, wenn es nur innerhalb der Schranken der Moralität bleibt und keine geheime Schleichwege betritt. Dasselbe Recht haben umgekehrt die Untertanen der desp. R. s. in den freien Staaten;

der Staat erlaubt also den literarischen Bürgern des andern die uneingeschränkteste Preßfreiheit in seinem Gebiete.

Das wird nun zwar alles gräßlicher Mißlaut im Ohre jener Nachtvögel sein, die gar zu gern die ganze Welt mit ihrem Mantel der Liebe zudeckten, um dann mit der Menschheit darunter blinde Kuh zu spielen; allein der Theoretiker geht seines Weges fort, ohne sich an das Gesumme dieser Insekten zu stören; er folgert aus seinen Grundsätzen, was da folgen will. Derjenige, der sie realisiert, muß freilich wissen, inwieweit jene ihrer Einsprache Gewicht geben können und dieser Kenntnis gemäß schonend zu verfahren wissen, bis auch sie ihr Ephemerenleben (hier: Eintagsfliegenleben, Hrsg.) ausgelebt haben.

Die Bestimmung aller denkbaren Verhältnisse, in die Staaten gegeneinander kommen können, wäre also hiermit geendigt, und nun müssen wir noch der zweiten Forderung unserer Aufgabe entsprechen, nämlich eine Garantie zur Fixierung der einmal bestimmten zu finden, ohne die alle unsere bisherigen Bemühungen fruchtlos wären. Beginnen wir mit unserem Geschäfte sogleich ohne weitere Zögerung.

Man sieht auf den ersten Blick, daß eigentlich vier Bürgschaften hier aufzustellen sind. Erstens nämlich, Garantie für den N. s. von seiten der rep. R. s.; zweitens Garantie für die rep. R. s. von seiten des N. s.; drittens Garantie für die desp. R. s. von seiten des N. s., und der rep. R. s.; endlich Garantie für den N. s. und die rep. R. s. von seiten der desp. R. s.

Die ersten beiden müssen einmal in der inneren Form der einander wechselweise garantierenden und dann in der oben adoptierten Völkerrepublik gefunden werden. Da nämlich die bösen Folgen, die nach jeder unmoralischen Handlung (hier Bruch des Versprechens) selten ausbleiben, die Nation am meisten, die Despoten aber gar nicht lasten, so wird ein Volk, das hierin freie Hände hat, eine solche Handlung seines eigenen Interesses wegen um so eher unterlassen, als bei ihm noch hundert Reizungsmittel (worunter Eroberungssucht und Hofkabale oben anstehen), die bei ungezügelten Fürsten stattfinden, wegfallen. Eine Regierungsform, in der also die öffentliche Opinion ein entscheidendes Gewicht hat, wie es bei der rein republikanischen der Fall ist, wird bei der Gesellschaft, der sie inhäriert, die Disposition zum Kriege nach und nach ganz aufheben, und das um so mehr, je reiner sie ist. Was aber das zweite Fundament dieser Garantie, nämlich jenes Universalgou-

vernement betrifft, so sollte ja dasselbe eben darum eingefü[hrt]
werden, um die äußeren Verhältnisse der ihr zugeordneten Staa[ten]
gegeneinander zu bestimmen, ihren gewaltsamen Zusammenst[oß]
zu verhüten, sie alle mit dem Band der Gesetze zu umschlingen u[nd]
so die Wiederholung der Szenen, die Griechenlands Boden sel[bst]
in der schönsten Periode seiner Freiheit mit Blut düngten, zu v[er]
hindern. Glaubt sich ein Freistaat von dem anderen übervorte[ilt,]
so bringe er seine Klagen bei dem Obertribunal an, und ihm w[ird]
Gerechtigkeit widerfahren. Freilich wird noch zur Zeit Frankre[ich]
wegen seines imponierenden Übergewichts dominieren; allein d[as]
Übel wird bald vorübergehend sein und die Mäßigung der Mac[ht-]
haber dieses Staates sowie die Dankbarkeit gegen ihre Befreier v[on]
seiten der Nationen es dieselbe immer leichter ertragen machen [als]
die vorige Anarchie ihrer Beherrscher. Mit der zunehmenden K[ul-]
tur, wenn mehrere Völker sich an den Bund anschließen, wird [es]
vollends ganz verschwinden. Die erste und zweite Garantie si[nd]
daher schon mit der genauen Erfüllung der Bedingungen für [die]
rep. R. s. gegeben, bedürfen also keines eigenen Artikels. Nur [die]
dritte und vierte erwarten also noch unsere Bestimmung.

Bei tierisch geistigen Wesen gibt es zweierlei Gewähr für ihre [ge-]
genseitigen Versprechungen; eine moralische dadurch, daß s[ich]
beide Teile der höheren Gesetzgebung der praktischen Vernu[nft]
freiwillig unterwerfen; und eine physische, die der Stärke. Die er[ste]
kann immer wechselseitig für beide Teile geltend sein, die zwe[ite]
nie. Denn im Augenblicke der Anerkennung der Autorität [des]
Sittengesetzes von beiden Teilen sind beide vor seinem Richt[er-]
stuhle gleich sehr gebunden; die Bürgschaft ist Wechselbürgscha[ft.]
Wird aber die Stärke zum Garanten gewählt, so kann das nur a[uf]
dreierlei Art geschehen. Entweder gibt ein Staat, um sich der L[ei-]
stung der Versprechungen eines andern zu versichern, einem dr[it-]
ten diese Stärke zur Disposition; allein dann haben beide wied[er]
eine Bürgschaft gegen diesen dritten nötig, daß er das ihm anv[er-]
traute Zwangsmittel nicht zu ihrer Unterdrückung mißbrauc[he.]
Oder beide verteilen jene Stärke zu gleichen Teilen unter sich, u[nd]
dann heben sich beide gegeneinander auf, und es bleibt nichts z[ur]
Bürgschaft als der beiderseitige gute Willen. Oder endlich ein[er]
bekommt sie ganz, und dann wäre die Garantie nur einseitig: [der]
Schwächere wäre dem Gutdünken des Stärkern überlassen. F[ür-]
sten achten bei ihren Verhältnissen untereinander keine als [die]
letzte; dafür wird ihnen auch die Ehre zuteil, bei der vorhanden[en]

Untersuchung, von republikanischen Nationen – die dadurch, daß sie mit ihresgleichen keine andere als moralische Garantie anerkennen, sich zu reinen geistigen Wesen qualifizieren – ihrer eigenen Würdigung gemäß behandelt zu werden. Nun wird es zwar noch eine geraume Zeit zugehen, bis Frankreich und die anderen rep. R. s. das Ideal einer Nation – die aufs genaueste die Gesetze der Moralität in den Verhältnissen zu ihren Nachbarn befolgt, ohne je, durch Abweichen von denselben, Nationalsünden zu begehen – auch nur seinen Hauptzügen nach erreichen; allein der Wahrscheinlichkeitskalkül zeigt doch, daß die Zahl der Fälle, worin solche Sünden von ihrer Seite begangen werden können, unverhältnismäßig kleiner ist als bei den desp. Staaten. Daher lautet unsere Aufgabe folgendermaßen: »ein seinen Maximen nach beinahe geistiges Wesen hat mit einem, seinen Handlungen nach, beinahe tierischen gewisse Verhältnisse bestimmt: welche Garantie soll den beiderseits eingegangenen Verbindlichkeiten gegeben werden?« Hier sind nur zwei Fälle möglich: entweder die Garantie ist einseitig – das erste muß auf seine Maximen Verzicht tun und die Handlungsweise des anderen annehmen – oder die Garantie ist allseitig, und das zweite vertauscht seine Handlungsweise mit des ersteren Maximen. Da das letzte von einer Menge launischer Menschen, die mit ihrem Willen die Welt aus ihren Angeln heben zu können wähnen, nicht zu erwarten ist, so wird nur der erste Fall eintreten können, und nun ist die Frage, in wessen Schale muß das Übergewicht der Stärke gelegt werden, um die Waage im Gleichgewicht zu erhalten, in die der rep. Staaten oder in die der despotischen? Man kann, wenn man den Sinn der Aufgabe auch nur oberflächlich betrachtet, keinen Anstand nehmen, dasselbe den ersteren zuzusprechen. Denn die rohe tierische Stärke der letzteren gibt ohnedem dem Hebel zu ihrem Vorteil eine Überwucht, der nur der Enthusiasmus – eine Feder, die aber bald erschlafft und dann durch die sanfteren Gefühle des Friedens ersetzt wird, die aber im Kampfe gegen die zerstörenden Kräfte des Krieges nicht auszuhalten vermögen – von der anderen Seite im gegenwärtigen Kriege das Gleichgewicht zu erhalten vermochte.

Die freien Staaten bekommen also die Befugnis, ihre Macht so sehr als möglich zu vermehren, um jedem Einbruche Trotz bieten und jede Übertretung der eingegangenen Bedingungen bestrafen zu können. Sind nun diese Staaten durch das Glück der Waffen zu Normalstaaten geworden, so haben sie auch das Vermögen, das, was sie wollen, in Erfüllung zu bringen, und daher sind für unseren Fall die drei Fragen, die ich mir vor jeder Handlung tue, darf ich? kann ich? frommt es mir? zur Genüge beantwortet, und nun muß die Handlung selbst folgen. Diese besteht denn hier in der Republikanisierung so vieler desp. R. s. als nur immer die Umstände der Zeit und des Ortes es erlauben; zweitens in der Einschließung aller republikanisierten in die ihnen von der Natur angewiesenen Grenzen.

Was das erste betrifft, so muß dies ganz dem praktischen Politiker, der da weiß, wie weit er gehen kann, ohne in der Folge zum Rückgehen sich gezwungen zu sehen, überlassen sein; die Theorie kann sich nicht damit bemengen. Wenn Bonaparte die heilige Flamme der Freiheit bis an die Grenzen des Landes trägt, wo sie einst am hellsten loderte, so winkt ihm die Theorie Beifall zu; sie sagt aber nicht: du darfst nicht rasten, bis du auf die Mauern von Wien und Rom die dreifarbige Fahne aufgepflanzt hast. Was aber das zweite angeht, so ist dies allerdings von ihrem Ressort; hier sagt sie, »es ist eine Regel der Klugheit, die nicht ohne empfindliche Folgen verletzt werden darf, daß alle Staaten die ihnen von der Natur gezeichneten Umrisse aufsuchen und sich denselben anschmiegen.« Alles in der Natur ballt sich, sagt unser Lichtenberg; auch für Staaten gilt diese Regel, sie kommen nicht eher in Ruhe, bis sie wie die Knöpfe elektrischer Gerätschaften abgerundet sind und nun der Habsucht die wenigste Berührungsfläche anbieten. Ohngeachtet die Wichtigkeit dieser Regel in Rücksicht auf die Naturgrenze überhaupt und die Rheingrenze insbesondere in den Preisschriften über diesen Gegenstand hinlänglich erörtert worden ist, so erlaube man mir doch, noch folgende Ideen darüber beizufügen.

In den Kinderjahren der Menschheit sah der zuerst gesetzmäßig organisierte Teil derselben, nämlich der ackerbauende, durch die beständigen Angriffe der benachbarten Jäger und Hirten in seinem Eigentum gefährdet, bald mit seinem Schaden ein, daß er dasselbe gegen jene Angriffe mit einer Schutzwehr versehen müsse, die ihn in seiner Abwesenheit bewahrte; er umzäunte also dasselbe. Setzten nun jene rohen Natursöhne ihre Angriffe nichtsdestoweniger fort, durchbrachen die Dämme, die zu ohnmächtig waren, den alles zermalmenden Egoism eines Wilden aufzuhalten, und die kultiviertere Nation sah sich etwa in eine Insel oder ein von allen Seiten unzugängliches Tal eingeschlossen, dann verordnete dieselbe wohl einmal eine allgemeine Jagd auf diese Räuber, die mit der Säuberung ihres Gebietes nach einer totalen Expulsion derselben endigte, und nun genoß der Sieger innerhalb seiner natürlichen Grenzen seines Eigentums in Ruhe. –

Die Natur selbst wollte die vier verschiedenen Menschenrassen so unabhängig als möglich voneinander machen; sie trennte daher die weiße von der gelben in Indien und der schwarzen in Afrika durch ungeheure Wüsteneien, Steppen und Gebirge, alle drei von der kupferfarbigroten in Amerika durch Meere, die an einer Seite eng genug begrenzt waren, um von Asien aus Bevölkerung zuzulassen, von der anderen Seite aber Jahrtausende hindurch der Habsucht und der Herrschgier – dem mächtigsten Sporn der Menschen – Grenzwand waren. Ihre Welten trennte sie durch ungeheure Leeren: allein die Wohnorte ihrer Menschenrassen isolierte sie nicht auf diese Art; sie wollte nur ihre Verunreinigung, die Ausbrüche ihres wechselseitigen Hasses verhindern: allein ihre allgemeine kosmopolitische Verbindung hindern, das wollte sie nicht; alle ihre Anstalten zielen vielmehr darauf hin, dieselbe bestmöglichst darauf vorzubereiten. Die Menschen haben bisweilen diesem Zweck entgegenzuarbeiten geschienen: allein auch das lag in ihrem Plane, weil sie ohne das miteinander nicht bekannt geworden wären.

Es ist daher dem Gange der Menschheit und dem Zwecke der Natur gemäß, wenn ein Staat sich in seine natürlichen Grenzen einengt oder ausdehnt. Wenn Europas Nationen je eine allgemeine gesetzmäßige Verbindung eingehen und diese Verbindung gegen die Angriffe der asiatischen Horden durch natürliche Grenzen schützen wollten, wer würde es diesem Weltteile zur Sünde auslegen, wenn er seine Grenzen so weit in Asien hinein vorrückte, daß sie ihm sicher genug dünkten, allen Angriffen dahinter Trotz bieten zu können?

Natürliche Grenzen sind trocken, oder sie sind naß. Trocken sind Gebirge und Wüsten, nasse Meere und Flüsse. Jene schützen sich selbst, teils durch die natürlichen Hindernisse, die sie dem Angreifer mehr als diese in den Weg legen; teils durch die Freiheitsliebe ihrer Anwohner – Gebirg- und Wüstenvölker noch selten (wenn auch nur in ihrem Glauben) Sklaven waren – diese befördern den Handel und mit ihm den Flor des Staates, schwächen aber eben daher den Mut und die Sittlichkeit ihrer Anwohner, bedürfen daher noch einer künstlichen Befestigung, die für Gebirgbewohner schon nicht so nötig wäre.

Hätte das kultivierte Europa natürliche Grenzen gehabt, es hätte ohne Furcht dem Amphibion (hier: Doppelwesen, d. Hrsg.) von tiefer Barbarei und schwacher Kultur in die Augen sehen können, das jetzt, an der seichten Grenze gelagert, die zivilisierte Menschheit in seinem Rachen zu begraben droht.

Man hat die Vorteile, welche Frankreich durch die Rheingrenze an Volksmenge, Handel und Industrie gewinnen würde, weitläufig aufgezählt; aber einen, der den größten Einfluß auf das innere Wohlsein der Republik haben würde, scheint man vergessen zu haben. Im vorigen Jahrzehnt nämlich fiel in Deutschland bekanntlich jene Revolution vor, wodurch sich dies Land theoretisch um die Kultur der Menschheit beinahe ebenso verdient gemacht hat als Frankreich praktisch; ich meine: die Reformation der Philosophie durch unseren unsterblichen Kant. Ein gründliches, allen Angriffen trotzendes System der Moral, eine neue Formation beinahe des ganzen wissenschaftlichen Gebietes und ein seinen Gegenstand fest ins Auge fassender, vorher unbekannter systematischer Geist, der den ganzen Umfang unseres Wissens umspannte, waren die wohltätigen Folgen dieser großen Veränderung der Dinge, die nicht weniger in die Theorie der Erziehung – in der es auch schon vorhin Deutschland vor allen Ländern am weitesten gebracht hatte – den wichtigsten und unverkennbarsten Einfluß zu äußern begann. Frankreich, nach mehr als achtjährigen Agonien, nach Verfluß jener anarchischen Periode, die auf die Moralität und die Kultur seiner Bewohner den nachteiligsten Einfluß äußerte, muß jetzt mehr wie je das Bedürfnis einer auf feste Grundsätze gebauten Erziehungsmethode und einer richtigen unantastbaren Moral fühlen. Beides nun bieten ihm die Rheinländer an. Zwar wird jener Staat auch ohne nähere Verbindung mit diesen Gegenden doch über kurz oder lang dasselbe Ziel erreichen; allein dies wird doch weit früher und inniger durch eine Amalgamation mit jenem wichtigen Teile von Deutschland geschehen, der Männer genug besitzt – und in der Folge noch mehrere, die ihr Freiheitssinn zu ihm hin treibt, sich assimilieren wird –, die, vertraut mit dem heurigen Zustande unsers Wissens, zum Organ dienen werden, durch die sich beide durch eine mächtige Kluft (die deutsche Sprache) getrennte Nationen ihre Aufklärung einander mitteilen können. Dann wird das Französische Phlogiston (Feuerluft, d. Hrsg.), mit dem deutschen Oxyde zementiert, einen philosophischen König bilden, wie ihn die Welt noch nie sah, und der gleich dem Steine der Weisen die

Existenz der Nation, die ihn besitzt, auf Ewigkeiten verlängert.

Das meine Ideen über das »frommt es mir«: kommt nun noch, wie einige Preisschriftsteller gezeigt haben, dazu: die Unterlassung wird von schädlichen Folgen für mich sein, dann wüßte ich nicht, aus welchem Grunde man die Handlung unterlassen wollte. Der Rhein muß daher die Düne der Republik werden. Dies gibt den XVIII. Def. Art. für die despot. R. s. Der N. s. und die rep. R. s. haben die Befugnis, gegen die desp. R. s. soviel wie möglich das große physische Gesetz der Naturgrenzen geltend zu machen. Demzufolge macht der Rhein die Scheidewand zwischen Deutschland und Frankreich, die Alpen zwischen Frankreich und Italien und die Pyrenäen zwischen jenem und Spanien. Savoyen, Nizza, Belgien, Cisrhenanien, Jersey und Gernesey fallen demzufolge an den N. s.

XIII. Def. Art. für die rep. R. s. Alle paziszierenden Freistaaten versprechen auf heiligste, ihre eingegangenen wechselseitigen Verbindlichkeiten pünktlich zu erfüllen. Das Faustrecht soll zwischen ihnen abgeschafft und die Regierung der Völkerrepublik der Gerichtshof für ihre Klagen untereinander sein.

Somit wäre also unsere vorgehabte Untersuchung geendigt, und in achtzehn Artikeln für die despotischen sowie in dreizehn für die republikanischen Regulativstaaten hätten wir das Ideal eines Friedens aufgestellt, der unserem Bedünken nach bis zur bevorstehenden allgemeinen Reform aller europäischen Staaten aushalten wird.

Diesen Bedingungen gemäß sieht also Österreich alle seine hochmütigen Teilungsprojekte in Staub zerfallen, das Wort Integrität wird im Lexikon der Reichssprache eine neue einschränkende Klausel erhalten, Rußland wird die lächerliche Ukase widerrufen, die es mit dem Beginnen des Krieges gegen die Franzosen erließ, und endlich Pitt mit Bestürzung einsehen, daß er trotz der Floskel, womit er die Debatte über die Kriegserklärung eröffnete – »ein solcher Krieg, wenn er für Frankreich glücklich ausfiele, könnte für die Engländer nichts anderes als ein Krieg der Vernichtung sein. Denn nicht eher bis die britische Nation ganz ausgerottet wäre, bis sie ihren ganzen Charakter umwandelte, bis sie ihre Ehre aufgäbe, nicht eher könnte sie Frankreich in einem solchen Kriege triumphieren lassen«, – daß er, sag ich, trotz dieser arroganten Sprache, seinen Nacken vor einer freien Nation beugen mußte, die ihm zeigte, was Mut über Tücke vermag.

Die Fränkische Regierung muß nun ihr inneres und äußeres Verhältnis mit ihren Nachbarn am besten übersehen können, ihre Urteilskraft muß ihr an die Hand geben, inwiefern die Nachteile eines unbiegsamen Beharrens auf den strengen Forderungen der Theorie die zu erhaltenden Vorteile überwiegen könnten, während Nachgiebigkeit zur rechten Zeit dieselbe verdoppeln würde; sie kann bedenken, daß nicht bloß die folgende Generationen, sondern auch die jetzige, die schrecklich unter dem Kriege leidet und verwildert, Ansprüche auf ihre Aufmerksamkeit macht, und sie muß daher am besten wissen, wieviele und welche dieser Artikel sie realisieren will und kann. Sie hätte die eroberten Länder diesseits des Rheins dem höheren Interesse der Menschheit in Italien aufopfern können: allein sie hätte sich auch in diesem Falle die Inkonvenienzen, die dieser Schritt für Frankreich haben müßte, das Unglück der Bewohner dieser Gegenden sowie die Ansprüche, die sie durch ihre Aufopferungen auf die Dankbarkeit der Nation sich erworben haben, nicht verhehlt. Es hing von ihr ab, diesen Ländern nach dem Wunsche eines großen Teils ihrer Bewohner die Independenz zu schenken und eine besondere unabhängige Republik daraus zu bilden, sie hätte selbe sogar der Batavischen Republik einverleiben können; das alles verschlägt der Theorie nichts. Ihr genügt es, die Rechtmäßigkeit und den Nutzen ihrer Aussprüche gerechtfertigt zu haben. Sie sagt kalt und fest: »Dort steht das vorgesteckte Ziel, dort vorbei geht der Weg, auf dem ihr dasselbe gewiß erreichen werdet. Fehlt euch nun der gute Willen, reichen eure Kräfte nicht so weit, glaubt ihr bessere und bequemere Fußpfade zu wissen, wohlan! so wählt sie; ich zwinge niemand, den meinigen zu gehen.« Mit diesem Ausspruch verliert sich unsere bisherige Führerin aus unserem Gesichte, und wir schließen daher mit dem vortrefflichen Fränkischen Philosophen, womit wir begannen:

»Il arrivera donc ce moment, où le soleil n'éclairera plus sur la terre, que des hommes libres, et ne reconnoissant d'autre maître que leur raison, où les Tyrans et les esclaves, les prêtres, et leur stupides, où hypocrites instruments n'existeront plus, que dan l'histoire, et sur les theâtres, où l'on ne s'en occupera plus, que pou plaindre leurs victimes, et leurs dupes, pour s'entretenir par l'hor reur de leurs excès, dans une utile vigilance, pour savoir recon noître et étouffer sous le poids de la raison, les premiers germes d la superstition et de la tyrannie; si jamais ils osoient reparaître.«

1 ...verschloß das Tor des Janus Quirinus(-Tempels), da es keine Kriege mehr gab. (Übers. d. Hrsg.)

2 Der Minister des Inneren an den citoyen G.

Das vollziehende Direktorium beauftragte mich, Ihnen, Citoyen, seine Genugtuung für die Übersendung des deutschen Manuskripts Ihres Werkes auszusprechen, dessen ganzer Inhalt auf einen echten Menschenfreund hinweist, da es dem Siege und der Aufrechterhaltung der Menschenrechte gewidmet ist. Eine solche, den Verfasser ehrende Huldigung, kann ohne Zweifel einer auf eben diesen Rechten gegründeten Regierung nur schicklich erscheinen, und das vollziehende Direktorium ist eifrigst darauf bedacht, alles, was diese Rechte anbelangt, mit freundlichstem Interesse aufzunehmen. Ich darf Sie, Citoyen, auch versichern, daß Ihr Werk, um Ihre Ideen nicht in Vergessenheit geraten zu lassen, nach vorhergehender Prüfung angemessen aufbewahrt wurde und Ihnen zu jeder Ihnen gelegenen Zeit zurückerstattet werden wird. (Übers. d. Hrsg.)
Salut et fraternité
Francois de Neufchateau.

3 Hat man denn überhaupt bis jetzt die Grenzen dieser Rechte mit einiger Genauigkeit festgesetzt – sei es zwischen den verschiedenen Gesellschaften in Kriegszeiten, sei es die der Gesellschaften über ihre Mitglieder in Zeiten der Entzweiung und Wirren, sei es endlich die der Individuen, der freiwilligen Zusammenschlüsse im Falle einer freien und ursprünglichen Neugründung oder einer notwendig gewordenen Trennung?
Condorcet, Entwurf einer historischen Darstellung der Fortschritte des menschlichen Geistes. (Übers. v. Alff-Schweppenhäuser, stw 175, Frankfurt 1976.)

4 Steht es heute auch übel, wird es künftig nicht so sein. (Horaz; Übers. d. Hrsg.)

5 Nachdem ich die wahren Grundsätze des Staatsrechts festgestellt und mich bemüht habe, dem Staate durch sie eine feste Grundlage zu geben, würde nur noch übrigbleiben, ihn durch seine äußeren Beziehungen zu stützen, was jedoch ein Eingehen auf das Völkerrecht, den Handel, das Kriegs- und Eroberungsrecht, das öffentliche Recht, auf Bündnisse, Unterhandlungen, Verträge usw. erfordern würde. Allein...
Rousseau, Der Gesellschaftsvertrag, Schluß. (Aus der Reclamausgabe, Stuttgart 1966; Übers. v. H. Denhardt.)

6 Daraus folgt denn auch, daß Demokratie nicht, wie einige wenige neuere, unter andern Kant behaupten, ihrem Wesen nach Despotism sei. Denn wäre sie das, so liefe ja auch des letzteren zur Erreichung des ewigen Friedens vorgeschlagner Völkerbund auf die Organisation einer Völkerdespotie hinaus, indem auch in einem solchen Bunde wie in einer Volksregierung alle befehlen, alle ausüben, und alle gehorchen. Jede Verfassung, sie sei, welche sie wolle, wäre überdem, da bei ihrer Akzeptation die Wahl der Repräsentanten und Magistratsglieder eine Funktion der exekutiven Macht ist, weil sie sich mit einem partikularen Gegenstande beschäftigt, diese Wahl aber vom ganzen Volke geschieht, daß also in diesem Augenblicke eine Demokratie mithin nach jener Vorstellung Despotie bildet, so wäre, sag ich, jede Verfassung auf Despotie gegründet, also illegal. Demokratie verhält sich vielmehr zur Despotie, wie jede menschliche Autokratie zur hyperphysischen Theokratie. Es mag sein, daß diese Verfassung am leichtesten in Anarchie sich auflöst, den meisten inneren Stürmen ausgesetzt ist, dem Parteigeist den freiesten Spielraum ver-

173

schafft, für das gegenwärtige, alle vorhergegangene und noch manche kommende
Menschengeschlechter schlechterdings gar nicht paßt, so sind das alles doch nu
Inkonvenienzen, die nicht der Form, sondern nur der Materie, der dieselbe ange
paßt werden soll, aufgebürdet werden müssen. Wenn einmal Moralität nicht meh
örtlich unter den Menschen angehäuft, Aufklärung nicht wie heuer das Los einige
wenigen sein wird, dann wird sie zuverlässig in ihre Rechte wieder eintreten un
das Repräsentationssystem, für jetzt ein absolut notwendiges Übel, verdränger
Heuer, nach Erfindung der Buchdruckerei, wird sie dann auch mit weit wenige
Schwierigkeiten als im Altertum verbunden sein, da jetzt nicht einmal Volksve
sammlungen mehr nötig sind und so dann das wenigsten Aufwand das meiste Gu
bewirkt werden kann. »S'il y avoit un peuple de Dieux, il se gouverneroit démo
cratiquement. Un gouvernement si parfait ne convient pas a des hommes«, sa
der unsterbliche Verfasser des Contrat social, aber er sagt auch, »la souveraine
ne peut être représentée, par la même raison, qu'elle, ne peut être alienée, elle co
siste essentiellement dans la volonté générale, et la volonté ne se représente poin
elle est la même, ou elle est autre, il n'y a point de milieu«. [Gäbe es ein Volk vo
Göttern, so würde es sich demokratisch regieren. Eine so vollkommene Regierun
paßt für Menschen nicht. Derselbe Grund, aus dem die Staatshoheit unveräuße
lich ist, spricht auch für ihre Unteilbarkeit, denn der Wille ist allgemein oder
ist es nicht; es gibt kein Mittelding. Übers. d. Hrsg.] Und ein Volk von Gottheit
(nicht Göttern), wenn seine Existenz möglich wäre, würde am besten in der Ana
chie leben, für vollkommen ausgebildete Menschen wird keine andere als Dem
kratie auf den Vorzug Anspruch machen können.

7 Ein merkwürdiges Analogon zu dieser Formenklassifikation liefert uns das linn
ische Sexualsystem. Hier ist die Form, Verbindungsart der Fruktifikationsteile z
Einheit, deren Zweck Fortpflanzung ist. Man betrachtet nun zuerst die Quali
dieser Einheit, da zersetzt sich dieselbe dann in einen männlichen fortpflanzend
Teil und in einen weiblichen, die nun beide entweder an einem Individuum, an
ner Blüte sich vereinigen, Zwitterblumen, Polygamia, botanische Despotie Ite
XXIte Klasse, oder soweit als möglich voneinander getrennt sind, männliche Te
auf einer Pflanze, weibliche auf der andern, Dioecia, botanische Demokrat
XXIIte Klasse, oder endlich in eine gemäßigte mittlere Entfernung voneinan
gerückt sind, männliche und weibliche Fruktifikationsteile zwar nicht in ein
Blüte, aber auch nicht an verschiedenen Pflanzen, also getrennte Geschlechter a
einer Pflanze, Monoecia, botanische Polyarchie, XXIte Klasse. Man betrach
nun wieder, um die Klassen dieser Reihen zu bekommen, die Quantität dieser E
heiten und macht beide kollektiv einer absoluten Einheit inhärierend, erste Kla
(erste Ordnung) oder einer Vielheit, erste Klasse zweite Ordnung bis XIIIte Kla
und XIII bis XXIV oder einer Allheit, XIIIte Klasse, letzte Ordnung. Man
kommt endlich die Unterordnungen, indem man die beiden Funktionen, jede
sich, nach den drei Kategorien der Quantität betrachtet, z. B. männliche Einh
weibliche Einheit, erste Klasse, erste Ordnung, monandria monogynia, männli
Einheit weibliche Vielheit, ein Staubfaden, mehrere Stempel, erste Klasse, zwe
dritte etc. Ordnung, monandria di – tri – tetragynia etc, – männliche Einheit, we
liche Allheit – ein Staubfaden, soviel Stempel als nur irgend in der Natur existier
Monandria Polygynia. Eben so männliche Allheit, weibliche Allheit, Polyan
Polygynia etc. Endlich drittens Cryptogamie, gar keine Form ist sichtbar XX
Klasse, botanische Anarchie. Thunberg erzeigte der Botanik also einen schlech
Dienst, als er die vier letzten Klassen unter die zwanzig übrigen verteilte, un
wäre, glaub ich, überhaupt der Mühe wert, die Botanik einmal streng nach die

oder einem ähnlichen Prinzip zu reformieren, um zu sehen, ob man auf diesem Wege nicht zu natürlichen Ordnungen gelangte, was schon so lange das Pium Desiderium aller Botaniker war.

8 Aufhören muß hier nur relativ genommen werden, kein einziges Verhältnis hört während des Krieges ganz auf, es wäre ein Unglück für die Menschheit, wenn ein absolutes Aufheben nur möglich wäre; allein sie werden doch alle beinahe ganz abgebrochen, und dies beinahe ganz, muß hier für Totalität genommen werden.

9 Wenn daher das vollziehende Direktorium vor geraumer Zeit seine Verhältnisse mit dem schwedischen Despoten aufgab, die schwedische Nation aber versicherte, daß sie nichts destoweniger auf seine freundschaftlichen Gesinnungen zählen dürfe, so war das eben so viel, als ob es einen Haufen Klötze seiner politischen Freundschaft versichert hätte; denn ein Haufen Klötze ist die schwedische und jede andere despotische Nation in politischer Hinsicht.

10 Des Verfassers der Beiträge zur Berichtigung der Urteile des Publikums über die franz. Revolution. I. Th. p. 135. – Wenn ich übrigens sage, der rohe Barbar ist ein Tier, eine Sache, für die das Zueignungsrecht stattfindet, so vergesse ich keinen Augenblick hinzuzusetzen: er darf nicht als eine Sache, die immer Sache bleibt, sondern muß als ein kontinuierlich zur Persönlichkeit fortschreitendes Individuum behandelt werden; das Zueignungsrecht gilt nur dann, wenn es durch seine Anwendung jenes pflichtmäßige Fortschreiten befördert; ist aber nichtig, wenn es dasselbe hemmt oder unmöglich macht. – Der Wahnsinnige ist in seiner Raserei ein reißendes Tier für die Gesellschaft, und diese hat das Recht, ihn als solches zu betrachten; nur mit dem Vorbehalt, daß sie sich dabei erinnere, daß er Ansprüche auf eine Behandlung hat, die seine Rückkehr von der Tierheit zur Menschheit möglich macht. Sie darf ihn nicht töten, nicht in einer Wüste aussetzen, wohl aber während seiner Agonien ihn an eine Kette legen und der Vorsorge eines Arztes übergeben. Ebenso, wenn der ungesellige Neuholländer oder der raubsüchtige Buschhottentotte die Herden des kultivierten Kolonisten wegtreibt, seine Ernte verbrennt, ihn selbst einzeln überfällt und ermordet, dann ist es unerlaubt, daß der verletzte Ansiedler einen Ausrottungskrieg gegen die tierischen Verletzer führt, eine Parforcejagd gegen sie anstellt, um sie wie wilde Schweine, die seinen Acker verwüsten, zu töten; aber er hat das Recht, sie zu zähmen, um sie aus Raubtieren in Haustiere und so allmählich in Menschen zu verwandeln. Er hat die Befugnis – vorausgesetzt, daß er sein Eigentum mit Rechte besitzt – sie, wenn sie nicht von selbst aus seiner Nachbarschaft weichen, in Gesellschaften (Herden) zu sammeln oder der seinigen anzuknüpfen, ihnen Gesetze anzupassen und die Ausreißer zurückzuholen und zu strafen. Dasselbe ist der Fall mit jenen einzelnen Menschen, die in ihrer Kindheit in die Wälder gerieten, dort verwilderten und nun durch Zufall wieder in die Gesellschaft geraten.

11 »Gemeiniglich nimmt man an, daß man gegen niemand feindlich verfahren dürfe, als nur, wenn er mich schon tätig lädiert hat, und das ist auch ganz richtig, wenn beide im bürgerlich-gesetzlichen Zustande sind. Denn dadurch, daß dieser in denselben getreten ist, leistet er jenem (vermittels der Obrigkeit, welche über beide Gewalt hat), die erforderliche Sicherheit. – Der Mensch aber (oder das Volk) im bloßen Naturstande benimmt mir diese Sicherheit und lädiert mich schon durch eben diesen Zustand, indem er neben mir ist, obgleich nicht tätig (facto), doch durch die Gesetzlosigkeit eines Zustandes (statu injusto), wodurch ich beständig von ihm bedroht werde, und ich kann ihn nötigen, entweder mit mir in einen gemeinschaftlich gesetzlichen Zustand zu treten oder aus meiner Nachbarschaft zu weichen.« Kant zum ewigen Frieden p. 19. (In diesem Band S. 77).

12 Chor-Send-Kirchen-Gottesgericht waren ehemals die Richterstühle in Deutschland, von wo aus sie dies Majestätsrecht vorzüglich ausübte, die aber jetzt alle bis auf den Beichtstuhl reduziert sind.

13 Diese Übertragung hat allerdings, besonders bei den unentbehrlichen Lebensbedürfnissen, ihr Gutes, weil durch sie der Wucher legale Grenzen bekommt; allein man sieht auch, daß sie gar zu leicht großen Mißbräuchen unterworfen ist, die denn auch in der Robespierrschen Periode wirklich eingetreten sind. Durch die Hemmung aller Zufuhr war damals die Warenmenge vermindert; die Geldmasse hingegen durch beständige Assignatenemissionen ins Ungeheure vermehrt; und doch nahm das Maximum auf alles dies keine Rücksicht, es war daher gewalttätig und verderblich. Will man daher nicht, zur Verhütung jener Mißbräuche, eine Art von Gleichgewicht zwischen den Repräsentanten des merkantilischen Willens, wie es bei denen des politischen schon existiert, durch eine förmliche Konstitution einführen – eine Einrichtung, deren Aufstellung und Erhaltung mit vielen Schwierigkeiten und Aufwand verknüpft und nichtsdestoweniger nutzlos wäre – so lasse man die bisherige Volksregierung unangefochten, und der Staat begnüge sich, der Polizei die Aufsicht über den Wucher und die Agiotage (Diskont) zu geben.

14 Diese Verhältnisse werden sich jedoch bei der gegenwärtigen Lage der Dinge auf Individualverhältnisse einschränken, weil, wie wir soeben sahen, Handelsstaaten als solche kein disponibles Eigentum zu besitzen pflegen; also als Individuen nicht untereinander oder gegen Individuen in merkantilische Beziehungen, die einer weiteren Bestimmung bedürften, kommen können.

15 Sie wird also kommen, die Zeit, da die Sonne hienieden nur noch auf freie Menschen scheint, die nichts über sich anerkennen als ihre Vernunft; da es Tyrannen und Sklaven, Priester und ihre stumpfsinnigen oder heuchlerischen Werkzeuge nur noch in den Geschichtsbüchern und auf dem Theater geben wird; da man sich mit ihnen nur noch befassen wird, um ihre Opfer zu beklagen und die, die sie zum Narren machten; um im Gefühl des Schreckens über ihre Untaten sich in heilsamer Wachsamkeit zu erhalten und den Blick zu schärfen für die ersten Keime des Aberglaubens und der Tyrannei, damit diese unter dem Gewicht der Vernunft erstickt werden können, sobald es ihnen gelingen sollte, wieder hervorzubrechen! (Übers. d. Hrsg.).

stw 95 Peter Winch
Die Idee der Sozialwissenschaft und ihr Verhältnis zur Philosophie
Aus dem Englischen von Roland Pelzer
176 Seiten
Im Anschluß an die Philosophie Wittgensteins und dessen Auffassung der Regeln von Sprachspielen als Formen sozialer Lebenswelten bemüht sich Winch um die linguistische Grundlegung einer verstehenden Soziologie. Er zeigt, daß für das Vorgehen im Bereich der Sozialwissenschaft naturwissenschaftliche Verfahren nicht vorbildlich sein können und wendet sich damit gegen das Selbstverständnis einer Soziologie, die sich am behavioristischen Modell der Gesetzmäßigkeit beobachtbaren Verhaltens orientiert.

stw 98 *Seminar: Geschichte und Theorie*
Umrisse einer Historik
Herausgegeben von Hans-Michael Baumgartner und Jörn Rüsen
Die gegenwärtige Neuorientierung der Geschichtswissenschaft an sozialwissenschaftlichen Methoden und Theorien trifft auf ein zunehmendes Interesse der systematischen Sozialwissenschaften an historischen Problemstellungen. Beide Tendenzen führen zu den prinzipiellen Fragen nach Voraussetzungen, innerer Logik, Zweck und Funktion historischen Denkens. – Die Beiträge dieses Bandes bezeichnen den Umkreis möglicher Antworten auf diese Fragen.

stw 99 Aaron V. Cicourel
Methode und Messung in der Soziologie
Aus dem Amerikanischen von Frigga Haug
317 Seiten
Die quantitative Erfassung dessen, was Max Weber als »soziales Handeln« beschrieben hat, ist nach wie vor für die Soziologie problematisch. Unter dem Einfluß von Schütz erkennt Cicourel, daß die Analyse der Strukturen der Alltagswelt im Hinblick auf Handeln und Sprache unabdingbare Voraussetzung für die Umformung dieser Strukturen in gemessene Daten ist. Die ausführliche Darstellung der in der Soziologie gebräuchlichen Meßverfahren gerät so nicht zum Selbstzweck, ist aber für den So-

zialwissenschaftler unabdingbares Wissen über sein Handwerkszeug.

stw 102/stw 103 *Seminar: Familie und Familienrecht*
Band 1 und Band 2
Herausgegeben von Spiros Simitis und Gisela Zenz
352 Seiten
Familienrechtliche Entscheidungen, die sich vordergründig noch immer in einem scheinbar rein juristischen Rahmen abspielen, lassen sich in Wirklichkeit nur dann überzeugend begründen, wenn auch die Erkenntnisse all der anderen Disziplinen erarbeitet werden, die sich ebenfalls mit Funktion und Bedeutung der Familie auseinandersetzen. Umgekehrt kann kein Sozialwissenschaftler, der sich mit der gegenwärtigen Situation der Familie beschäftigt, Existenz und Auswirkung der rechtlichen Bestimmungen ignorieren. Die Notwendigkeit neuer, von Anfang an interdisziplinär angelegter Perspektiven bedarf insofern fast keiner Begründung, und zwar ohne Rücksicht darauf, ob eine mehr theoretisch orientierte innerwissenschaftliche Diskussion, die Alltagspraxis der Gerichte, Jugendämter und Sozialarbeit überhaupt oder die Reform des geltenden Rechts im Vordergrund steht.

stw 105 Maurice Merleau-Ponty
Die Abenteuer der Dialektik
Aus dem Französischen von Alfred Schmidt und Herbert Schmitt
281 Seiten
In den *Abenteuern der Dialektik* legt Merleau-Ponty seine persönliche und sehr differenzierte Abrechnung mit zeitgenössischen Versionen des Marxismus vor: einmal mit dem objektivistisch erstarrten Stalinismus, der den historischen Prozeß zum Naturprozeß uminterpretiert, zum anderen mit dem »Ultra-Bolschewismus« Sartres, für den die Kommunistische Partei zur Zentrale des Weltgeists wurde.

stw 107 Pierre Bourdieu
Zur Soziologie der symbolischen Formen
Aus dem Französischen von Wolfgang Fietkau
201 Seiten
Anders als der »harte Kern« des französischen Strukturalismus demonstriert Bourdieu, daß diese Methode zu

Ergebnissen von entschieden politischer Relevanz führen kann.

Die in diesem Band zusammengestellten Aufsätze diskutieren die erkenntnistheoretischen Implikationen und Voraussetzungen der strukturalen Methode auf dem Gebiet der Soziologie, indem sie im konkreten Fall die Relevanz dieser Methode für soziologische Probleme aufzeigen

stw 108 J.-B. Pontalis
Nach Freud
Aus dem Französischen von Peter Assion, Hermann Lang, Eva Moldenhauer, Anette und Georg Roellenbleck
332 Seiten

Pontalis verfolgt die Absicht, Freuds theoretische Positionen zu überprüfen und sie dort, wo es notwendig erscheint, kritisch fortzuentwickeln, um die Psychoanalyse als wissenschaftliche Theorie für die Gegenwart handhabbar zu machen. Ausgangspunkt von Pontalis' Untersuchung ist die These, daß sich für die Psychoanalyse »nach Freud« neuartige Probleme stellen, die es erst einmal zu formulieren gilt. Das betrifft insbesondere die Rolle der Sprache als Brücke zwischen Analytiker und Patient, als Mittel und Ziel des therapeutischen Prozesses, schließlich als Medium, in dem die Heilpraxis zur Theorie gerinnt.

stw 110 Theodor W. Adorno
Drei Studien zu Hegel
144 Seiten

Adornos Arbeiten über Hegel – Konzentrat einer lebenslangen Beschäftigung mit dessen Philosophie – können als Propädeutik zu einer intensiveren Hegellektüre verstanden werden. Freilich macht es Adorno dem Leser nicht leicht, sich mit der Hegelschen Philosophie und ihren terminologischen Eigenheiten anzufreunden. Die unbestreitbaren Schwierigkeiten und Rätsel, die Hegel seinen Rezipienten aufgibt, werden von Adorno nicht im Sinne klassifikatorischer Zuordnungen und vorschneller Identifizierungen aufgelöst – sie werden zuallererst einmal benannt und damit zu Bewußtsein gebracht. Freilich zeigen Adornos Analysen auch, daß der Leser nicht vor Hegel kapitulieren muß. Adornos Empfehlung an den potentiellen Hegelleser lautet: »Der war nie der schlechteste Leser, welcher das Buch mit despektierlichen Randglossen versah.«

stw 117 Erik H. Erikson
Der junge Mann Luther
Eine psychoanalytische und historische Studie
Übersetzt von Johanna Schiche
320 Seiten
Eriksons berühmtes Buch *Kindheit und Gesellschaft* behandelt das Ineinandergreifen von individuellen Lebensstufen und grundlegenden menschlichen Institutionen. Sein Buch über den jungen Luther schildert den inneren Zusammenhang einer dieser Stufen – der Identitätskrise – mit dem Prozeß ideologischer Erneuerung in einer Geschichtsperiode, in der organisierte Religion die ideologische Vorherrschaft ausübte.

stw 119 Serge Leclaire
Der psychoanalytische Prozeß
Versuch über das Unbewußte und den Aufbau einer buchstäblichen Ordnung
Aus dem Französischen von Norbert Haas
176 Seiten
Leclaires Buch über den psychoanalytischen Prozeß enthält den Entwurf einer Theorie der Psychoanalyse, die – einerseits – ein notwendig allgemeines Bezugssystem zur Verfügung stellen muß, mit dessen Hilfe sich die Fülle des in einer Analyse produzierten Materials erfassen läßt, ohne dadurch – andererseits – den Zugang zum je Spezifischen, Individuellen, Besonderen zu verstellen. Leclaire diskutiert dieses Grundproblem an den zentralen Kategorien der Psychoanalyse, die ihrerseits auf zwei Analysen zurückbezogen werden, an deren Verlauf illustriert wird, wie das Besondere materielle Gestalt gewinnt in der Form von »Buchstaben«, die in ein »Buch« eingeschrieben sind, das nichts anderes ist als der Körper. – Die Psychoanalyse versucht, den Sinn jener »Buchstaben« zu entziffern.

stw 123 *Sprachanalyse und Soziologie*
Die sozialwissenschaftliche Relevanz von Wittgensteins Sprachphilosophie
Herausgegeben von Rolf Wiggershaus
352 Seiten
Die Auswahl der in diesem Band enthaltenen Beiträge zu einer linguistisch, einer phänomenologisch und einer kom-

munikationstheoretisch orientierten Soziologie versucht
deutlich zu machen, daß die von Wittgenstein bereitgestell-
ten Elemente einer Analyse des Alltagshandelns nur von
einer sozialwissenschaftlichen Position stimmig weiterge-
dacht werden können, die nicht bei der theoretischen Anerkennung kontingenter existierender Lebensformen ste-
henbleibt, sondern über Wittgensteins eigene sozialwissenschaftlichen Konsequenzen seiner späten Sprachphilosophie
hinausgeht.

stw 125 Heinz Kohut
Die Zukunft der Psychoanalyse
Aufsätze zu allgemeinen Themen und zur Psychologie
des Selbst
304 Seiten
Nach Kohuts Ansicht stellt die Ausbildung der Psychoanalyse einen bedeutsamen Schritt in der Geschichte der
Wissenschaft und möglicherweise sogar einen entscheidenden Wendepunkt in der Entwicklung der Kultur dar: Mit
der Ausbildung der Psychoanalyse ist es dem Menschen
gelungen, Introspektion und Empathie in Werkzeuge einer
empirischen Wissenschaft zu verwandeln.

stw 131 Vladimir Propp
Morphologie des Märchens
Herausgegeben von Karl Eimermacher
304 Seiten
Propp geht nicht vom Stoff aus, sondern von Formen und
Strukturen des Märchens, um zu zeigen, daß die verschiedenen Elemente eines Märchentextes, seien sie inhaltlich
auch noch so heterogen, nach einer spezifischen Logik einander zugeordnet sind und sich auf ein strukturelles
Grundprinzip reduzieren lassen. Zur Erklärung der Morphologie des Zaubermärchens ist es gleichgültig, ob der
Drache die Zarentochter oder der Teufel die Bauerntochter
entführt – wichtig ist allein, daß sich beide Varianten
einem Strukturprinzip verdanken, das sie hervorbringt.
Die Nähe dieses Verfahrens zu dem des Strukturalismus
ist unübersehbar. Deshalb bringt der Anhang unter anderem einen Diskussionsbeitrag des französischen Ethnologen
Claude Lévi-Strauss unter dem Titel »Die Struktur und
die Form. Reflexionen über ein Werk von Vladimir
Propp«.

stw 135 Johann Jakob Bachofen
Das Mutterrecht
472 Seiten
Eine Untersuchung über die Gynaikokratie der Alten Welt
nach ihrer religiösen und rechtlichen Natur
Eine Auswahl. Herausgegeben von Hans-Jürgen Heinrichs

stw 136 *Materialien zu Bachofens ›Das Mutterrecht‹*
Herausgegeben von Hans-Jürgen Heinrichs
464 Seiten
»Die Erscheinung dieses Mannes ist faszinierend«, sagte
Benjamin über ihn, und ein andermal: sein Name werde
immer dort genannt, »wo die Soziologie, die Anthropologie, die Philosophie unbetretene Wege einzuschlagen sich
anschickten«.

stw 137 Jacques Lacan
Schriften I
Ausgewählt und herausgegeben von Norbert Haas
256 Seiten
In der neueren wissenschaftlichen Diskussion über die
Psychoanalyse vertritt Jacques Lacan einer der bedeutsam-
sten Positionen. Sein Werk hat Horizonte eröffnet, die
die Arbeiten von Psychoanalytikern wie Pontalis, Laplan-
che, Leclaire und Mannonis, aber auch von Autoren wie
Ricœur, Foucault, Derrida und Althusser ermöglicht haben.

stw 138 F. W. J. Schelling
*Philosophische Untersuchungen über das Wesen
der menschlichen Freiheit
und die damit zusammenhängenden Gegenstände*
Mit einem Essay von Walter Schulz:
Freiheit und Geschichte
in Schellings Philosophie
128 Seiten
Schellings Philosophie, zumal seine Spätphilosophie, die er
zuerst in der Schrift *Philosophische Untersuchungen über
das Wesen der menschlichen Freiheit und die damit zusammenhängenden Gegenstände* (1809) entfaltet hat, hebt die
klassische Metaphysik des Geistes auf. Sie weist auf die
philosophischen Systeme Schopenhauers und Nietzsches sowie auf deren wissenschaftliche Fortbildung in der modernen Anthropologie und Psychoanalyse voraus. Ebendies

arbeitet Walter Schulz in seinem Essay *Freiheit und Geschichte in Schellings Philosophie* heraus.

stw 139 *Materialien zu*
Schellings philosophischen Anfängen
Herausgegeben von
Manfred Frank und Gerhard Kurz
480 Seiten
Schellings philosophische Anfänge sind noch weitgehend unaufgeklärt. Der vorliegende Materialienband macht daher in erster Linie auf ein Desiderat der Forschung aufmerksam: Welche Bedeutung hat Schellings Philosophie für die Entwicklung des Deutschen Idealismus? Welche politischen Implikationen hat seine Philosophie? – Der Band bietet unter zugleich chronologischen und systematischen Gesichtspunkten Quellen und Abhandlungen zu wesentlichen Aspekten der Frühphilosophie Schellings.

stw 141 Karl-Otto Apel
Der Denkweg von Charles Sanders Peirce
Eine Einführung in den amerikanischen Pragmatismus
384 Seiten
Apels Darstellung des philosophischen Hintergrundes der Entstehung des Pragmatismus bei Charles Sanders Peirce und von Peirces Denkweg vom Pragmatismus zum Pragmatizismus ist eine umfassende Auseinandersetzung mit dem Werk von Peirce, die den historischen Ort dieses Werkes bestimmt und seine vielfältigen fruchtbaren Wirkungen für das philosophische und wissenschaftstheoretische Denken der letzten Jahrzehnte aufweist. Sie ist zugleich eine Einführung in den Pragmatismus, den Apel – neben dem Marxismus und dem Existentialismus – als eine der heute wirklich funktionierenden Philosophien begreift, das heißt: als eine Philosophie, die Theorie und Praxis des Lebens faktisch vermittelt.

stw 144 *Seminar: Philosophische Hermeneutik*
Herausgegeben von Hans-Georg Gadamer und Gottfried Boehm
352 Seiten
Die philosophische Hermeneutik lehrt keine bestimmte Wahrheit, vielmehr repräsentiert sie ein kritisches Reflexionswissen, dem es darum geht, Erkenntnischancen offenzulegen, die ohne sie nicht wahrgenommen würden.

stw 145 G. W. F. Hegel
Grundlinien der Philosophie des Rechts oder Naturrecht und Staatswissenschaft im Grundrisse
Mit Hegels eigenhändigen Notizen und den mündlichen Zusätzen
544 Seiten
Hegels »Rechtsphilosophie – darin liegt das Geheimnis ihrer gedanklichen Provokationen und ein Schlüssel zu ihrer wechselvollen Wirkungsgeschichte – ist philosophisches Lehrbuch und politische Publizistik, gelehrter Traktat und aktuelle Kampfschrift in einem.« (Manfred Riedel)

stw 146 Shlomo Avineri
Hegels Theorie des modernen Staats
Übersetzt von R. und R. Wiggershaus
336 Seiten
Avineris Studie rekonstruiert die politische Philosophie Hegels. Sie macht deren Stellenwert – insbesondere den der Rechtsphilosophie – einerseits in Hegels philosophischem System, andererseits in den politischen Auseinandersetzungen seiner Zeit klar. Hegels politische Philosophie erscheint als der erste große Versuch, den ökonomischen und gesellschaftlichen Gegebenheiten der Moderne gerecht zu werden.

stw 147 Sören Kierkegaard
Philosophische Brocken
De omnibus dubitandum est
Übersetzt von Emanuel Hirsch
208 Seiten
Das zentrale Thema der Schrift *Philosophische Brocken* ist das Verhältnis von Wissen und Glauben. Ein vorläufiger Titel Kierkegaards lautete: »Die apologetischen Voraussetzungen der Dogmatik oder Annäherungen des Gedankens an den Glauben«. Der Titel *Philosophische Brocken* wendet sich ironisch gegen den Totalitätsanspruch der idealistischen (insbesondere der Hegelschen) Systemphilosophie.

stw 148 Fredrick C. Redlich/Daniel X. Freedman
Theorie und Praxis der Psychiatrie
Aus dem Amerikanischen von Hermann Schultz und Hilde Weller
1216 Seiten. 2 Bände

Dieses Lehrbuch wendet sich an Studenten und Ärzte, insbesondere Nervenärzte, an Psychologen, Soziologen und Sonderschulpädagogen, an Sozialarbeiter, medizinisches Pflegepersonal und interessierte Laien – kurz: an alle, die in ihrer Ausbildung oder in ihrer beruflichen Praxis mit den Problemen psychischer Gesundheit und Krankheit zu tun haben. Psychiatrie wird von den Verfassern als eine *angewandte Humanwissenschaft* verstanden, die sich mit Erforschung, Diagnose, Vorbeugung und Behandlung gestörten oder von der Norm abweichenden Verhaltens befaßt.

stw 149 Urs Jaeggi
Theoretische Praxis
224 Seiten
In der deutschen Strukturalismus-Debatte ist der strukturale Marxismus in die sozialphilosophische Fragestellung aufgesogen worden. Als Kritiker am Hyper-Empirismus, als Gegner der »Rhapsodie von Fakten«, steht er andererseits quer sowohl zu einem Spät- oder Neohegelianismus wie auch zu den Exerzitien einer wortgetreuen Marx/Engels-Exegese. Jaeggi versucht herauszuarbeiten, weshalb der strukturale Ansatz dabei nicht gegen die historisch-materialistische Methode ausgespielt werden kann, sondern im Rahmen des historischen Materialismus richtige Fragen formuliert und reformuliert.

stw 151 Clemens Lugowski
Die Form der Individualität im Roman
Mit einer Einleitung von Heinz Schlaffer
240 Seiten
Seit ihrem ersten Erscheinen (1932) ist Lugowskis Abhandlung nur wenigen Fachgelehrten bekanntgeworden: einer der bedeutendsten Beiträge zur Literaturwissenschaft ist noch zu entdecken. Seine Parallelen liegen außerhalb der zünftigen Germanistik: in Cassirers *Philosophie der symbolischen Formen*, in den kunsttheoretischen Arbeiten der Warburg-Schule, im russischen Formalismus.
In der gegenwärtigen Situation der Literaturwissenschaft, die sich in textlinguistische und sozialgeschichtliche Schulen getrennt hat, kann dieses Buch an vergessene Vermittlungen erinnern: an ästhetische Sinnformen, an die besondere Weise der Dichtung, Leben und Welt deutend darzustellen.

stw 154 Jürgen Habermas
Zur Rekonstruktion des Historischen Materialismus
352 Seiten
Die in diesem Band zusammengefaßten Arbeiten zielen
alle auf die Rekonstruktion des Historischen Materialismus ab. Rekonstruktion heißt hier: eine Theorie ausein-
andernehmen und in neuer Form wieder zusammensetzen,
um das Ziel, das sie sich gesetzt hat, besser zu erreichen.

stw 155 Peter Weingart
Wissensproduktion und soziale Struktur
256 Seiten
Die in diesem Band zusammengefaßten Arbeiten zielen
alle auf die Begründung und Explikation eines neuen An-
satzes in der Wissenschaftssoziologie. Ihr systematischer
Zusammenhang ergibt sich aus dem Versuch, Wissen als
»soziale Kategorie« zu fassen. Damit eröffnet sich die
Möglichkeit, die historische und aktuelle Analyse der Wis-
senschaftsentwicklung und -politik über die Beschränkun-
gen der in diesem Feld vorherrschenden Begriffsraster hin-
auszutreiben.

stw 156 *Seminar: Kommunikation, Interaktion, Identität*
Herausgegeben von Manfred Auwärter, Edit Kirsch
und Klaus Schröter
Der Band enthält Arbeiten aus der Interaktions- und Kom-
munikationsforschung, die u. a. als Beiträge zur Klärung
folgender Fragen gesehen werden können: Wie interpretieren Individuen wechselseitig ihre Äußerungen und Handlungen? Wie stimmen sie Erwartungen aufeinander ab?
Wie verhalten sie sich im Fall der Enttäuschung von Erwartungen? Was folgt daraus für den Prozeß, in dem
grundlegende interaktive und kommunikative Fähigkeiten
erworben werden und Identitäten aufgebaut und bewahrt
werden?

stw 157 Heinz Kohut
Narzißmus
Eine Theorie der psychoanalytischen Behandlung
narzißtistischer Persönlichkeitsstörungen
Aus dem Amerikanischen von Lutz Rosenkötter
400 Seiten

»Ohne Frage ist dieses Buch ein Meilenstein, nicht nur in der Fortentwicklung der Psychoanalyse über Freuds ursprüngliche Ansätze hinaus, sondern auch im so langsam und zäh fortschreitenden Erkenntnisprozeß des Menschen über seine eigene Natur.«   *Jürgen vom Scheidt*

stw 158 Norbert Elias
Über den Prozeß der Zivilisation
Soziogenetische und psychogenetische Untersuchungen
Erster Band: Wandlungen des Verhaltens in den weltlichen Oberschichten des Abendlandes
350 Seiten

stw 159 Norbert Elias
Über den Prozeß der Zivilisation
Soziogenetische und psychogenetische Untersuchungen
Zweiter Band: Wandlungen der Gesellschaft. Entwurf zu einer Theorie der Zivilisation
508 Seiten
Die Soziologie des 20. Jahrhunderts konzentriert sich vor allem auf Zustände. Die langfristigen Transformationen der Gesellschaft und Persönlichkeitsstrukturen hat sie weitgehend aus den Augen verloren. Im Werk von Norbert Elias bilden diese langfristigen Prozesse das zentrale Interesse: Wie ging eigentlich die »Zivilisation« im Abendlande vor sich? Worin bestand sie? Und welches waren ihre Antriebe, ihre Ursachen oder Motoren?
Bei Elias' Arbeit handelt es sich weder um eine Untersuchung über eine »Evolution« im Sinne des 19. Jahrhunderts noch um eine Untersuchung über einen unspezifischen »sozialen Wandel« im Sinne des 20.; seine Arbeit ist grundlegend für eine undogmatische, empirisch fundierte soziologische Theorie der sozialen Prozesse im allgemeinen und der sozialen Entwicklung im besonderen.

stw 160 Hans G. Furth
Intelligenz und Erkennen
Die Grundlagen der genetischen Erkenntnistheorie Piagets
Übersetzt von Friedhelm Herborth
384 Seiten
Hans G. Furth hat den ersten Versuch einer systematischen Darstellung der Theorie Piagets unternommen, und er hat,

wie Piaget selbst es formuliert, »diese Aufgabe außerordentlich erfolgreich gelöst«. Piaget zwingt zu einer Revolution unserer Anschauungen, wie es außer ihm in der Neuzeit nur Kopernikus, Darwin und Freud getan haben.

stw 164 Karl-Otto Apel
Transformation der Philosophie
Band 1: Sprachanalytik, Semiotik, Hermeneutik
384 Seiten

stw 165 Karl-Otto Apel
Transformation der Philosophie
Band 2: Das Apriori der Kommunikationsgemeinschaft
464 Seiten
Transformation der Philosophie meint die Transformation der Transzendentalphilosophie des Privat-Subjekts in eine Transzendentalphilosophie der Intersubjektivität.

stw 166 *Seminar: Theorien der künstlerischen Produktivität*
Entwürfe mit Beiträgen aus Literaturwissenschaft, Psychoanalyse und Marxismus
Herausgegeben von Mechthild Curtius unter Mitarbeit von Ursula Böhmer
464 Seiten
Die in diesem Band versammelten Beiträge aus westlichen und östlichen Ländern geben einen Überblick über den gegenwärtigen Stand der »Theorie« künstlerischer Produktivität und einen Ausblick auf mögliche Weiterentwicklungen dieser Theorie.

stw 176 Emile Durkheim
Soziologie und Philosophie
Mit einer Einleitung von Theodor W. Adorno
Übersetzt von Eva Moldenhauer
160 Seiten
Die Aufsätze und Diskussionsbeiträge, die unter dem Titel *Soziologie und Philosophie* zusammengestellt und zuerst 1924 veröffentlicht wurden, führen in ein für Durkheims Denken zentrales Gebiet: in die von ihm intendierte Wissenschaft der Moral, die sowohl individuelle als auch kollektive moralische – und das heißt zugleich anthropologische, psychologische und soziologische – Phänomene erfassen will.